마녀는 어떻게 만들어지는가

송요훈 이도경 전지윤 지음

마녀는 어떻게 만들어지는가

검찰과 언론, 혐오와 낙인의 카르텔

메디치

추천사

박노자
노르웨이 오슬로대 교수

현대인들은 정보의 바닷속에서 산다. 하지만 이 바다의 흐름은 꼭 자연 발생적인 것만은 아니다. 이 사회를 지배하는 우파언론과 정치검찰, 보수 정치인 등이 필요가 있을 때 '사건'을 터뜨려 (촘스키의 적절한 표현대로) 여론을 "날조"하는 것은 자주 있는 일이다. 이런 "여론 날조"의 최악의 사례는 바로 조국 교수에 대한 마녀사냥이나 윤미향 전 의원에 대한 4년에 걸친 집요하고도 악의적인 여론 살인이었다. 이 책은 손영미 소장의 목숨을 빼앗은, 그야말로 살인적인 윤미향 마녀사냥의 과정과 메커니즘, 동력, 그리고 그 배경이 된 이해관계 등을 훌륭하게 밝혀낸다. 이 책이 많이 읽혀 더이상 이 나라에서 마녀사냥에 안타까운 목숨들이 희생되지 않는 데 보탬이 됐으면 한다.

이봉수
제주 한국미디어리터러시스쿨 원장

'자유민의 성' 또는 '자유 도시'를 뜻하는 독일 프라이브루크(Freiburg)에서 유독 많은 마녀사냥이 이뤄졌다는 사실은 의미심장하다. 한국 기성 언론의 절대다수는 21세기에도 '언론 자유'라는 이름 아래 끝없이 마녀사냥을 자행하고 있다. 마녀사냥꾼들은 노무현, 노회찬을 희생양으로 삼았고, 김대중, 윤미향, 조국, 이재명에게 끊임없이 독화살을 퍼부어 만신창이로 만들었다. 영국의 일간지 〈가디언〉은 2020년 1월 4일 기사에서 '최진실에서 차인하에 이르기까지 30명의 연예인 등이 악성 기사와 댓글로 자살했다'며 '비난 게임은 결코 바뀌지 않을 것'(The blame game never changes)이라고 보도한 바 있다.

하지만 '무기 대등의 원칙'은 그만두고라도 언론 피해자에게 회초리 하나 쥐어주려던 징벌적 배상제마저 무산됐다. 언론 현업단체와 학계는 언론 자유를 침해한다며 자율규제를 주장하고 있으나 자율과 규제는 원래 형용모순이다. 마녀사냥을 통해 집권하고 가짜뉴스에 빠져 내란을 일으켜 온 국민이 피해를 입었는데도 언론 피해구제 방안은 논의w되지 않고 있다.

이 책은 윤미향 사례를 중심으로 마녀사냥이 동력을 얻는 메커니즘을 파헤치고, 통제받지 않는 절대권력, 곧 언론과 검찰의 '마녀사냥 카르텔'을 어떻게 해체할 것인지 방법을 제시한다. 초고를 줄 그어가며 하룻밤에 독파한 건 처음인데, 그만큼 분노가 치밀면서도 흥미진진했기 때문이다.

채영길

한국외국어대학교 미디어커뮤니케이션학부 교수

　이 책은 언론, 검찰, 정치권력, 지식인 집단이 결합한 일종의 카르텔이 어떻게 한 개인을 공적 사냥감으로 만들어가는지를 해부한 기록이다. 저자들은 이 책을 통해 '누구든 마녀가 될 수 있다'는 사실을 명확히 제시하며, 한국 사회의 공론장이 어떻게 프레임과 이미지 조작을 통해 스스로 정치 권력화되고 폭력화되는지를 비판적으로 분석한다. 이 책은 하나의 사건을 넘어, 권력과 언론이 결탁하여 "정의"의 기억과 연대를 파괴하는 방식 그 자체를 날카롭게 문제 삼는다.

　2024년 12월 3일, 대한민국 민주헌정을 뒤흔드는 내란 시도가 현실이 되었던 한국 사회에서 이 책이 던지는 질문은 서늘하다. 과거를 파괴한 자들은 현재도 파괴한다. 저자들은 윤미향 의원과 손영미 소장을 둘러싼 마녀사냥의 전 과정을 기록함으로써, 권력이 어떻게 진실을 침묵시키고 연대를 고립시키는지를 보여주며, 다시는 이러한 일이 반복되지 않도록 우리 사회 전체에 성찰과 책임을 요청한다. 이 책은 말해지지 못한 진실을 복원하고, 민주주의가 무너지는 가장 음산한 방식에 맞서 싸운다는 점에서, 지금 우리 시대에 반드시 읽어야 할 기록이다.

추미애
22대 국회의원, 전 법무부 장관

일본이 아시아·태평양 지역의 여성들에게 저지른 일본군 '위안부' 범죄는 명백한 국가폭력 범죄다. 그 국가폭력을 해결하기 위해 모든 것을 바친 윤미향은 국회에 들어오자마자 오히려 사법 피해자가 됐다. 나는 윤미향 사건은 한마디로 윤석열의 친일공작 사건이라고 생각한다. 일본 극우단체와 국내 정치공작 세력이 윤미향을 제물 삼기로 오래동안 노려보았고 마침내 윤석열 검찰에게 먹잇감으로 던져준 것이다. 겉보기에 윤석열 검찰의 개혁 저항으로 보이지만 그렇게 단순하지만은 않다. 이 땅의 민주세력을 걸림돌로 여겨온 일본과 국내 극우파의 기획과 음모에 모두가 놀아난 것이다. 윤미향은 위안부 문제를 국제적 인권연대의 의제로 올린 수십 년의 활동을 통해 그들 입장에서 제거해야 할 표적이 되었다.

검찰과 언론이 윤미향에 대해 '준사기'와 '맥주파티' 등등을 만들어 조롱하고 마녀사냥 할 때 나 또한 검찰과 언론의 마녀사냥의 피해자로서 그것이 얼마나 억울하고 고통스러운 경험이었을지 잘 안다. 이 모든 게 쿠데타의 전조였는데 그를 지켜주어야 할 정당이나, 대부분의 사람들은 그것을 알아차리지 못했다. 이 책은 그러한 잘못이 다시 반복되지 않도록 우리를 일깨울 것이다.

마녀사냥의 기억을 톺아봐야 하는 이유

검찰공화국으로 가는 변곡점, 두 번의 마녀사냥

2024년 12월 3일, 윤석열 대통령은 충격적인 친위 쿠데타를 시도했다가 실패하고 결국 집권 3년도 안 돼 몰락하고 말았다. '검찰 공화국' 또는 '신검부'라고 불린 윤석열 정부의 핵심에는 정치검찰과 족벌·상업 언론의 유착을 통한 '검찰-언론 카르텔'이 존재했다. 윤석열 검찰총장이 정치인으로 변신해 대통령이 되기까지, 이 기득권 카르텔은 혐오와 낙인찍기를 앞세운 두 번의 마녀사냥을 통해 권력을 장악하고 공고히 했다.

그 첫 번째는 2019년 어마어마한 정치적 소용돌이를 일으켰던 '조국몰이'였다. 2019년 여름부터 시작된 '조국몰이'는 특수통 검사 70명과 수사관까지 총인원 100여 명이 투입돼 70여 군데를 압수수색하고 조국, 부인, 동생, 딸, 아들, 모친, 친척들로까지 확대돼 나갔다. 조국몰이가 한창 진행되는 와중에는 하루에도 수백 건의 관련 기사가 쏟아졌고, 일부 지식인들도 검찰, 언론과 연합전선을 구축해서 조국과 그의 가족을 물어뜯었다.

조국 전 조국혁신당 대표는 그 광풍이 지나고 난 뒤 당시를 기억해 쓴《조국의 시간》에서 그때의 경험과 고통을 이렇게 묘사하고 있다.

"수십 개의 칼날이 몸속으로 계속 쑤시고 들어오는 느낌이었다. 가족의 살과 뼈가 베이고 끊기고 피가 튀는 모습을 두 눈 뜨고 보아야 하는 끔찍한 절통(切痛)이었다. … 나와 내 가족은 괴물로 낙인찍힌 후 발가벗겨진 채 조리돌림을 받고 멍석말이를 당했다. … 매일매일 또 무슨 기사가 실리는지 아침부터 밤까지 걱정해야 했다. 기사 하나하나가 몸에 박히는 표창 같았다."

6년이 지난 지금 돌아보면 2019년 당시 검찰과 언론이 조국 가족에게 제기한 혐의 중 대부분은 사실과 거리가 멀었다. 특히 사모펀드, 대선자금 조성 등은 하나도 입증되지 않았다. 실소유주도, 정경유착도, 공모도, 권력형 비리도 없었다. 검찰은 조국 전 대표를 기소할 때 이 혐의들을 명시하지 못했다. 결국 '유죄'로 남은 것은 유재수 감찰 무마 의혹과 함께 봉사활동 표창장과 인턴활동 증명서, 온라인 쪽지시험 조력뿐이었다.

윤석열 '검찰 공화국' 탄생 과정에서 빼놓을 수 없는 두 번째 마녀사냥은 이듬해인 2020년 벌어진 윤미향 전 의원에 대한 공격이었다. 조짐은 총선을 앞두고 윤미향 당시 정의기억연대 이사장이 더불어시민당 후보로 나섰을 때부터 나타났다. 조선일보는 "반미 외치던 시민당 비례 윤미향, 딸은 미국 유학, 남편은 보안법 기소자" 등의 내용으로 기사를 내며 공격을 시작했다. 일본의 우익과 언론들도 공개적으로 불안감과 반대 의사를 드러냈다.

윤미향 전 의원과 이용수 할머니 사이의 갈등과 오해는 사태의 본질이 아니었다. '이용수 기자회견'은 이들에게 사냥과 몰이를 시작할 좋은 빌미와 신호탄이 됐을 뿐이다. 이후 족벌·상업 언론의 지면은 연일 "반미·반일 외친 윤미향, 딸은 미국 유학중" 같은 자극적 제목들로 도배됐다.

김경율 회계사, 전여옥 전 의원 등이 나서서 '돈미향' '앵벌이' '흡혈귀' '악마' 같은 극단적 표현으로 윤 의원을 공격했다. 그런 주장이 인용된 기사들에는 '그 돈들은 조총련으로 갔을 것', '파렴치한 위선자', '기생충', '간첩' 등 온갖 막말과 댓글이 달렸다. 2021년 연말에 지인이 소셜미디어에 올린 위로의 글에 윤미향은 이렇게 답을 달았다.

"쉽지 않다. 눈물이 마르지 않고, 너덜거리는 심장을 한 결 한 결 붙이는 작업을 매일 매일 반복하느라 육신의 세포 줄기 줄기가 다 흩어져버리고 그냥 영혼만 덩그러니 남아 있는 것 같은 그런 착각이 들기도 해."

침묵과 방관, 동조···
잘못된 대응이 마녀사냥을 완성했다

거의 4년 내내 진행된 수사와 재판에서 윤미향을 '파렴치한 사기꾼'으로 만들면서 언론을 도배하던 20개의 혐의 중 12개는 이미 경찰 조사와 검찰 기소 단계에서 모두 무혐의 처리나 불기소 처분이 됐다. 그리고 1심 결과에서는 그중에서 다시 7가지가 무죄로 판결났다. 실체 없는 마녀사냥의 본질이 드러난 순간이었다. 그러자 윤석열 정권의 검찰과 족벌·상업 언론들은 불만을 터트리며 사법부를 향해 노골적인 압박을 가했고, 결국 2심과 상고심에서는 무죄였던 7가지 혐의 중 2가지가 다시 유죄로 뒤집혔다.

물론 2019년 조국몰이와 2020년 윤미향 마녀사냥은 그것이 시작된 계기, 구체적 전개 과정, 마녀사냥의 주도 세력, 그것이 낳은 사회적 반작용 등에서 차이점이 있다. 조국몰이는 조국 법무부 장관의 임명과 검찰 개혁의 본격화에 대한 반격으로 정치검찰의 주도성이 분명한 마녀사냥이었다. 반면에 윤미향 마녀사냥은 2020년 총선에서 민주당이 압승을 거둔 이후 위기감을 느낀 보수 세력이 반격하면서 시작됐고, 족벌·상업 언론들이 앞장서고 정치검찰이 뒤를 따르는 방식으로 진행됐다.

이런 차이점에도 불구하고 2019년 조국몰이와 2020년 윤미향 마녀사냥을 통해 우리는 사실상 동일한 메커니즘과 패턴을 발견할 수 있다. 유례를 찾기 어려운 마녀사냥 속에 거대한 혐오, 낙인, 편견이 부추겨졌다. 압도적인 양의 기사와 보도들이 쏟아지면서 여론이 거기에 동조하게 됐다. 여론이 한쪽으로 기울자 사람들은 더욱더 주류적 의견에 줄을 섰다. 혐오의 감정은 쉽게 전염됐고, 여기에 동조하지 않는 사람은 고립의 압박을 느껴서 침묵하게 됐다. 극단적 주장이 더 힘을 얻게 됐고, 사람들은 공격받는 사람의 고통에 둔감해졌다.

두 번의 마녀사냥은 침묵과 방관, 동조 속에서 완성됐다. 기득권 카르텔은 원하는 바를 얻었고, 그 과정에서 '내로남불과 위선적 586'은 민주·진보진영을 조롱하고 압박하는 강력한 공격 프레임이 됐다. '공정과 상식'을 앞세운 윤석열과 정치검찰은 마침내 최고 권력을 차지했다. 그들은 집권 내내 폭정을 지속하다가 끝내는 친위 쿠데타까지 시도해 이 나라의 민주주의를 송두리째 파괴하려 했다.

'마녀사냥'은 사실 윤석열 정권만의 문제가 아니다. 식민지, 분단, 전쟁, 독재를 거쳐온 한국 사회는 주기적이고 구조적인 마녀사냥의 시스템과 메커니즘이 작동하고 있었다. 전 사회적인 혐오와 낙인의 표적이 되는 집단이나 대상은 매번 달랐고, 누구라도 크고 작은 마녀사냥의 표적이 되었다. 대개 기득권 우파와 억압적 국가기구들이 그것을 주도했고, 언론이 앞장섰다.

따라서 지금 필요한 것은 이러한 마녀사냥의 메커니즘을 파악하고, 이를 막을 수 있는 방법을 찾는 것이다. 이 책에서는 그와 같은 문제의식 아래 지난 마녀사냥을 돌아보고 분석하면서 교훈과 과제를 도출하고자 했다. 그동안 많은 관련 도서가 출간된 2019년 조국몰이보다는 2020년 윤미향 마녀사냥의 사례에 집중했다.

다음 '마녀사냥'을 막기 위해 무엇을 할 것인가!

친위 쿠데타의 실패로 윤석열 정권이 몰락하고 새 정권의 탄생을 눈앞에 둔 시점에서 이 책이 나오는 것은 여러 측면에서 의미가 있다. 먼저, 윤석열 정권과 마녀사냥 카르텔은 큰 타격을 받았지만, 그 희생자들의 명예 회복과 피해 보상은 이루어지지 않고 있기 때문이다. 지금 수감 중인 조국 전 대표의 상황이 바로 그 생생한 증거다. 내란 수괴 윤석열은 감옥 밖에서 자유롭게 돌아다니지만, 마녀사냥의 희생자일 뿐 아니라 윤석열의 쿠데타를 막아내는 과정에서 큰 공을 세운 사람이 감옥에 들어가 있는 현실은 부조리하다. 이 책의 주인공이라 할 윤미향 전 의원도 마찬가지다. 그나마 조국 전 대표는 지난 총선에서 부분적으로나마 명예 회복을 했지만, 윤미향 전 의원은 그런 과정조차 없었다. 그는 대법원의 유죄 판결을 통해 '확인된 마녀'로 여전히 많은 이들의 기억 속에 남아 있다.

이러한 현실의 부조리를 인식하고 극복하기 위해 이 책을 썼다. 이는 단지 조국 전 대표나 윤미향 전 의원 개개인의 명예 회복 차원이 아니다. 이것은 윤석열 정권의 뿌리와 성격을 정확하게 분석하고 평가하기 위해 필요한 작업이다. 윤석열 정권은 검찰-언론 카르텔이 힘을 모아서 세운 정권이며, 그들이 내세운 것처럼 '공정과 상식'이 아니라 2016년 촛불혁명의 성과를 뒤집기 위해서 표적을 정해 인간사냥을 한 것일 뿐이었다.

2024년 4월 22대 총선에서 참패하고 그들이 구축한 프레임에 결정적 금이 가기 시작하면서, 윤석열과 마녀사냥 카르텔은 반세기만의 군사 쿠데타라는 최후의 막장극으로 향하게 됐다. 조국 전 대표도 옥중에서 보낸 한 편지에서 "'검찰총장 윤석열' 안에 '내란수괴 윤석열'이 이미 내재하고 있었던 것"이라며 이를 지적했다. 이러한 분석과 평가가 필요한 더욱 중요한 이유는 우리 사회가 마녀사냥에 속수무책으로 휩쓸리던 지난 오류의 반복을 피해야 하기 때문이다.

예컨대 일제 해방 이후에도 친일 검찰과 언론에 마녀사냥을 당했던 사람들의 삶은 여전히 고달팠다. 반면, 친일의 과거를 지우고 친미파로 변신한 세력들은 나중에 다시 손쉽게 권위주의 독재 세력에 편입되는 어두운 역사가 반복됐다. 이런 악순환을 끝내고 철저한 검찰과 언론 개혁으로 마녀사냥 카르텔을 해체하기 위해서는, 그들이 벌인 마녀사냥과 그 수법을 철저히 파헤치고 그것에서 벗어나기 위한 방안을 찾아야 한다.

더구나 검찰-언론 카르텔은 위기에 몰릴 때마다 또 다른 마녀사냥에 의존해서 돌파구를 찾아왔다는 것을 기억해야 한다. 쿠데타 실패와 권력 상실의 불리한 정치 구도 속에서 기득권 우파와 검찰-언론 카르텔은 잠시 몸을 낮추겠지만, 반격의 기회를 노릴 것이 분명하다. 어느 정도 시간이 지나, 이번 대선에서 새로 탄생할 정부가 조금이라도 빈틈을 보이기 시작하면 이들은 여지없이 그 기회를 낚아채며 새로운 마녀사냥에 나설 것이다.

이것이 지레 겁먹은 과도한 걱정일까? 아니다. 우리는 이미 검찰-언론 카르텔의 다음 마녀사냥을 목격한 바 있다. 윤석열 정권 탄생 이전부터 지금까지 계속되고 있는 세 번째 마녀사냥, 바로 이재명 '사법 리스크' 공세가 그것이다.

극단적 '이재명 포비아'를 만들어내며 살인미수 정치테러까지 낳았던 이 마녀사냥은, 이재명의 공직선거법 위반 항소심의 무죄 판결과 윤석열의 쿠데타 실패와 탄핵 이후에도 쉽게 가라앉지 않았다. 대선을 코앞에 두고 조희대 대법원이 항소심을 뒤집고 유죄취지 파기 환송으로 이재명 대선 후보 자격을 박탈하려는 사법쿠데타를 시도한 배경이 여기에 있다. 다행히 이 사법쿠데타는 거대한 대중적 분노와 민심의 폭발로 신속하게 진압됐지만, 그 불씨는 여전히 꺼지지 않았다고 할 수 있다. 대선에서 이재명 후보가 당선되더라도, 검찰-언론-사법 카르텔은 '이미 진행 중이던 재판은 불소추 대상에서 제외된다'는 주장을 굽히지 않을지 모른다.

이재명은 이미 윤석열 임기 중에만 6번이나 검찰에 기소를 받았고 지금도 5개의 재판이 남아 있다. 이 중에 무엇이든 이용해 다시 공격을 시작할 가능성은 충분하다. 새로운 꼬투리도 얼마든지 만들어낼 수 있고, 새 정권에서 중요한 개혁을 추진

할 그 누구라도 '제2의 조국', '제2의 윤미향'으로 만들려는 시도가 언제든 재발할 수 있다. '조국몰이'와 '윤미향 마녀사냥'이 오히려 민주진영이 집권한 상황에서 벌어졌다는 사실을 잊지 말아야 한다.

그런 점에서 다음 '마녀사냥'의 가능성을 우려하고, 대비의 중요성을 이해하는 독자들은 이 책에서 마녀사냥의 메커니즘과 패턴, 주된 무기와 작동 방식을 분석하며 제대로 대처하기 위한 교훈과 과제를 찾을 수 있을 것이다.

감사의 말을 붙이며

이 책은 세 명의 저자가 말 그대로 함께 썼다. 각각 독립적인 글들을 쓰고 모은 것이 아니라, 나눠맡되 겹치는 영역에서 함께 썼으며 또 각자 쓴 글을 세 명이 다 같이 돌려보고 함께 상의하며 다듬었다. 송요훈은 1, 2부와 부록의 글들을 주로 썼고, 이도경은 2부와 3부와 4부의 글들을 주로 썼다. 전지윤은 프롤로그와 1부와 3부의 글들을 주로 썼고, 책 전체를 재구성하며 다듬는 일을 맡았다.

이 책이 나오는 과정에서 스스럼없이 여러 자료와 정보를 제공하고 인터뷰 등에 응해주신 윤미향 전 의원과 남편인 김삼석 선생님, 이나영 정의연 이사장과 강경란 국장, 그리고 정의연 활동가 분들에게 깊이 감사드린다. 자신들이 직접 경험한 고통스러운 기억을 다시 돌아보는 것이 쉽지 않았겠지만, 기꺼이 응하고 도움을 주셨다. 또한 다양한 자료를 제공해준 민언련 조선희 활동가와 한국언론정보학회 김재영 교수께도 고마움을 전한다. 이런 책이 필요하다고 조언하며 처음에 세 필자를 연결해주고, 다른 언론들이 기피하던 윤미향 마녀사냥과 관련된 글들을 기꺼이 실어주셨던 〈시민언론 민들레〉와 이명재 에디터, 김호경 에디터에게도 깊이 감사드린다.

끝으로 마녀사냥이 가져온 낙인과 편견에 대한 부담에도 불구하고 이 책의 출판을 맡아주신 메디치 출판사와 직원분들께도 정말 감사드린다. 특히 배소라 이사와 최세정 편집장 두 분이 초안을 보고 제안한 재구성 방안은 이 책이 더 분명한 틀을 갖추는 데 큰 도움이 됐다. 오랜 기간 꼼꼼히 편집, 디자인, 제작 과정을 맡아서 수고해주신 진용주 편집자의 노력 덕분에 마침내 이 책이 나올 수 있었다.

더이상 이러한 마녀사냥이 되풀이되고 억울한 희생자가 나오지 않는 세상을 우리가 함께 만들어나가는 데 이 책이 두고두고 꺼내 볼 수 있는 유용한 무기가 되기를, 검찰 개혁과 언론 개혁을 바라는 독자들에게 다가가고 공유될 수 있기를 기대한다.

2025년 5월 18일
송요훈, 이도경, 전지윤

차례

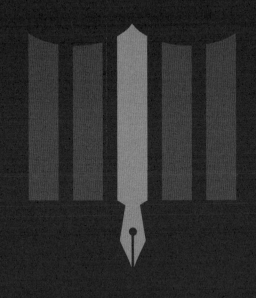

산산조각 난
손영미의 삶과 꿈

일본 정부를 향하여 전쟁 범죄에 대한 반성과
사과를 요구하는 일본군 '위안부' 피해자 운동은 한국을 넘어
전 세계적인 의미와 성과를 낳았다. 사람들은 일본군 '위안부'
피해자 운동이라고 하면 흔히 김복동 할머니, 이용수 할머니
또는 윤미향 의원 들을 떠올린다. 하지만 이 운동은 대중적으
로 많이 알려진 사람들뿐만 아니라 눈에 보이지 않은 수많은
이들의 오랜 땀과 눈물로 만들어졌다. 그중에 누구보다도 기억
돼야 할 한 사람이 있다. 바로 손영미 정의기억연대 마포쉼터
(평화의우리집) 소장이다.

　원래 수녀가 꿈이었던 손영미 소장은 2004년부터 정의기억
연대(정의연)와 함께했다. 손 소장은 고작 80만 원을 받으면서
쉼터에 24시간 상주하며 8명의 '위안부' 피해 할머니들을 돌봤
다. 할머니들을 돌보는 간호사, 의사, 가정부, 복지사, 상담사,
교사 노릇을 모두 해내야 하는, 그 누구도 쉽게 감당할 수 없는

초인적인 일이었다.

 활동 초기에는 손 소장도 1년 동안 사표를 3번이나 낼 정도로 힘겨워했다고 한다. 하지만 3번째 사표를 내던 날, 윤미향 대표와 함께 펑펑 울고 난 이후부터는 16년 동안 그만두겠다는 이야기를 한 번도 하지 않았다. 여러 어려움을 감내하며 운동을 이어나가는 정의연 활동가들이 얼마나 의미 있는 일을 하고 있는지를 지켜보면서, 끝까지 함께하기로 마음을 정한 것이라 짐작해볼 수 있다.

 손 소장은 매일같이 할머니들을 목욕시키고, 온갖 심부름을 하면서 지극 정성으로 돌봤다. 할머니들의 식성과 건강 상태에 맞춰 따로 맞춤형 식단을 준비할 정도였다. 그리고 명절이나 할머니들의 생일 때는 항상 '상다리가 부러지도록' 음식을 준비하고 축하 행사를 열었다. 역사의 아픔을 간직한 할머니들의 마음을 따뜻하게 보듬으려는 손 소장의 마음이었다.

 이렇게 늘 바쁘다 보니 막상 자신의 가족 제사도 잘 챙기지 못했고, 명절 때도 거의 쉬지 못했다. 김복동 할머니가 남긴 영상을 보면 "자기 할머니한테도 이렇게 못 해. 천상에서 좋은 일 하라고 내려 보낸 사람 같아"라며 손영미 소장에게 고마워하는 장면이 나온다. 할머니들은 손 소장을 '천사'라고 불렀다.

 손영미 소장은 쉼터 일에 헌신하는 틈틈이 경기대 사회복지대학원에 입학하여 석사를 마치고 박사 과정까지 밟았다. 손 소장이 2009년에 쓴 논문 〈쉼터 생활을 중심으로 본 일본군 '위안부'의 삶에 관한 사례 연구)를 보면, 쉼터 활동을 하며 겪은 어려움이 드러나 있다. "불안정한 저임금 구조 속에 쉼터의 실질적인 운영자인 실장에게 안정적인 서비스의 지속을 바라는 것은 거의 희생에 가까운 일이 아닐 수 없다." 그러면서도 "쉼터는 ('위안부') 피해자들이 여생을 보내기 위한 마지막 삶의 터전"이라고 밝혀두었다. 자신이 감당해온 희생에 따르는 고민과 쉼터 활동에 대한 자부심이 모두 느껴지는 서술이다.

이렇게 '위안부' 할머니들과 함께해온 손영미 소장의 힘겹지만 보람찼을 삶은 2020년 5월 초, '윤미향 마녀사냥'이 시작된 순간부터 산산이 부서지기 시작했다. 언론이 주도하고 검찰이 신속하게 가세한 '윤미향 마녀사냥'은 2020년 6월 초에 절정으로 치달았다. 검찰과 족벌·상업 언론은 손영미 소장을 윤미향 의원과 엮어서 '비리와 횡령'의 핵심 인물로 옭아매려 했다. 이들의 움직임은 당시 많은 사람이 '누가 죽더라도 끝까지 가보자는 살기가 느껴질 정도의 조리돌림과 몰아가기'라고 지적할 정도로 무자비했다. 조선일보 기사 [윤미향 딸, 김복동 장학금 받았다]가 대표적이다. 윤미향 의원이 명백한 사실로 그것을 반박하자, 조선일보는 또 다른 쟁점으로 옮겨가면서 마녀사냥을 지속했다.

족벌·상업 언론뿐만이 아니었다. 안타깝게도 한겨레와 경향신문 같은 '진보 언론'도 이 사태를 은근히 방조했다. 몰아가기와 '동조 편견'에서 자유롭지 못했고, 검증되지 않은 의혹을 퍼

나르고, 새로운 의혹을 찾아내 '단독'과 '속보'로 올리기도 했다. 이런 가운데 결국 많은 이들이 우려하던 일이 벌어졌다.

2020년 6월 6일, 거의 모든 언론사 홈페이지 대문에 "(윤미향과 정의연이) '위안부' 피해자를 팔아먹었다"는 이용수 할머니의 발언을 인용한 자극적인 제목의 기사가 올라갔다. 바로 그날, 손영미 소장은 스스로 목숨을 끊었다. 비극적인 소식이었다. 수십 년 동안 힘든 일을 마다하지 않고 일본군 '위안부' 피해 할머니들을 돌보며 곁을 지켰던 손 소장의 안타까운 죽음에 많은 이들이 분노와 슬픔의 눈물을 삼켰다.

> "5월 20일 정의연 사무실 압수수색, 5월 21일 피해자들의 쉼터 '평화의 우리집' 압수수색이 이어졌다. 검찰의 마녀사냥식 수사와 잦은 연락, 언론의 무분별한 의혹 제기, 과도한 취재 경쟁, 하루 종일 쏟아지는 전화 벨소리, 초인종 소리, 쉼터 앞에 진을 치고 카메라 세례를 퍼붓는 기자들…. 불안한 하루하루 자신의 삶이 송두리째 부정당하는 것 같다며 고통을 호소하셨던 쉼터 소장님은 6월 6일 스스로 목숨을 끊었다."[1]

하지만 윤미향을 겨냥한 마녀사냥은 여기서 끝나지 않았다. 오히려 시작이었다. 손영미 소장의 억울하고 비극적인 죽음을 집어삼키면서 더 활활 타오른 윤미향 마녀사냥은 무엇 때문에 시작됐고, 어떻게 진행됐고, 어떤 결과를 낳았을까?

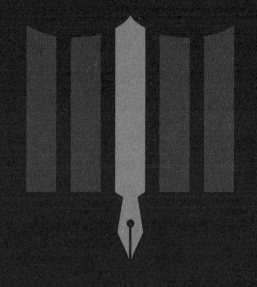

1부

윤미향 마녀사냥의
배경과 전개

1장
윤미향은 어떻게 표적이 됐는가

　　문재인 정부의 임기가 후반부로 접어들던 2020년 4월 15일, 당시 21대 총선에서 국민은 민주당에 의석수 180석이라는 압승을 안겨주었다. 투표율 66.2%. 1992년에 치러진 14대 총선 이후 가장 높은 투표율이었다.

　이 압도적 승리는 무엇을 의미했을까? 문재인 정부와 민주당이 코로나 팬데믹 상황을 잘 대처했다는 세계적 평가를 받은 것에 대한 보답일까? 아니면 재난지원금을 받은 유권자들이 고마움을 표현한 것일까? 그건 너무나 단순한 해석일 것이다. 민주당의 압승은 단지 집권여당인 민주당에게 주는 포상이 아니었다. 그것은 수구 기득권 정당에 발목 잡힌 채 지지부진했던 사회·정치적 개혁 과제를 완수하라고 문재인 정부에 힘을 실어주는 것이자, 더 잘하라고 내리치는 채찍이었다.

　당시에는 역사상 처음으로 북미 정상회담이 싱가포르와 베트남 하노이에서 잇달아 열리고, 2019년 6월에 남북 정상과 미국 대통령이 판문점에서 회동하여 전 세계의 이목이 집중되던 시기였다. 하지만 이 세 차례 만남은 종전선언과 평화협정 등 항구적 평화 정착으로 이어지지 못했다.

문재인 정부의 개헌안은 국회에서 가로막혔고, 최저임금 인상과 소득주도성장은 족벌언론과 보수 야당의 반대로 계속 브레이크가 걸리고 있었다. 부동산 문제를 해결하기 위해 정부에서 여러 대책을 내놓았지만 부동산 투기는 잡힐 줄 모른 채 하루가 다르게 집값이 치솟았다. 또 기득권 세력의 노골적인 사보타지로 검찰 개혁과 사법 개혁은 지지부진하기만 했다. 이 상황을 지켜보는 민주당 지지층의 피로도 또한 점점 높아지고 있었다.

이런 상황에서 치러진 선거 결과가 '민주당 180석 압승'이었다. 이는 다수의 유권자가 '정권 심판과 야당의 견제'보다 '문재인 정부의 개혁 추진'에 힘을 실어주었다는 의미라 할 수 있다. 21대 총선의 결과는 2016년에 일어난 '촛불 혁명'과도 이어져 있다. 광장에서 '이게 나라냐'라고 외쳤던 사람들은 '촛불 정부'가 들어섰지만, 촛불 혁명 이전에 구성된 20대 국회에서 다수 의석을 차지하고 있는 보수 정당이 개혁을 가로막고 있다고 판단했다. 그래서 행정부만이 아니라 의회 권력까지 민주당에 맡기면서 '이제 거대 보수 야당의 발목잡기에서 벗어나 속시원하게 촛불의 희망을 실현해보라'고 등을 떠민 것이었다.

마녀가 필요했던 2020년의 맥락과 특징

21대 총선은 당시 기득권 세력과 보수 야당에 엄청난 충격이었다. 그들에게 선거 결과는 더이상 친미, 냉전, 재벌, 영남과 강남에 기반한 기존의 이데올로기와 정책으로는 승산이 없음을 보여준 것이다. 아무리 종편과 족벌언론에서 매일같이 문재인 정부를 비난하고 보수 세력을 찬양하는 방송과 보도를 해도 먹히지 않는다는 뜻이기도 했다.

특히 보수 기득권 세력에게 이 결과가 더 충격이었던 것은 21대 총선 직전에 소위 '조국 사태'가 있었기 때문이다. 조국 사태는 촛불 혁명에서 시작된 변화를 뒤집기 위해 정치검찰과 족벌·상업 언론이 손을 잡고 일으킨 '소프트(연성) 쿠데타'라고 보는 게 더 정확할 만큼 한국 사회에 거대한 소용돌이를 일으켰다. 당시 윤석열 검찰총장의 수사 지휘와 거의 모든 언론이 쓰나미처럼 내보내는 보도 속에서 조국은 '내로남불'과 '파렴치한 위선자'의 상징이 됐다.

이 여파로 문재인 정부의 지지율은 거듭 하락했고, 여론은 계속 악화됐다. 광화문에는 '조국 사퇴와 정권 퇴진'을 외치는 시위대가 등장했다. 결국 조국 법무부 장관은 취임 한 달 만에 사퇴했다. 그 후로 보수 우파와 족벌·상업 언론은 '공정과 상식을 짓밟은 문재인 정부와 586'이라는 프레임으로 공격을 계속하며 민주당을 압박했다. '조국의 강을 건너지 못한 민주당은 총선에서 패배할 수밖에 없다'는 게 기득권 우파와 족벌·상업 언론의 주장이자 기대였다.

그런 만큼 민주당이 패배는커녕 과반이 넘는 의석을 확보한 총선 결과는 기득권 세력에게 더더욱 충격으로 다가올 수밖에 없었다. 그들은 조국 사태라는 거대한 소용돌이 속에서도 촛불 혁명이 낳은 사회 개혁에 대한 희망과 기대가 사라지지 않았다는 것을 깨닫지 못했다. 오히려 서초동에 모여 '검찰 개혁'을 외치는 촛불 시민들의 힘을 우습게 봤다가 뒤통수를 맞은 셈이었다.

조선일보는 민주당의 총선 승리를 "슈퍼 공룡 정당의 탄생"이라고 표현했다. 총선으로 입법부까지 장악한 문재인 정권이 국회선진화법을 뛰어넘어 모든 안건을 단독 처리하며 국정을 마음대로 주도할 수 있게 됐다면서 강한 경계심과 두려움을 드러냈다.

민주당의 압승에 경계심을 드러낸 건 기득권 우파와 조선일보만이 아니었다. 이미 반도체 수출 규제 문제로 문재인 정부와 한차례 충돌했던 일본의 아베 정부와 우익 세력들도 한국의 선거 결과를 주시하고 있었다. 요미우리신문과 산케이신문 등 일본의 우익 매체들은 특히 윤미향의 출마와 당선 가능성에 주목했다. 일본 우익 세력들은 일본군 '위안부' 문제가 한일 간의 문제를 넘어 여성 인권을 짓밟은 반인륜적 전쟁 범죄라는 인식이 국제사회에 널리 퍼지는 것을 극도로 경계하며 방해해왔기 때문이었다.

일본 우익 매체들은 '윤미향 국회의원'이라는 사실을 받아들일 수 없다는 듯 몹시 언짢고 불편한 심정을 담은 기사를 쏟아냈다. 마치 한국의 '친일' 세력에게 일본의 마음을 알리기라도 하듯 엄청난 공세였다. 조선일보는 윤미향에 대한 일본 우익들의 불편한 시각을 담은 요미우리신문 기사를 인용하여 도쿄 특파원이 작성한 기사를 게재했다. [日 요미우리, 정대협 전 대표 국회 입성 가능성에 경계심]이라는 제목의 기사는 "한국인 위안부 지원단체의 전 대표인 윤미향 후보가 총선에서 당선권 안에 있으며, 그가 국회의원으로 변신하면 위안부 문제로 한국 정부에 대일 강경 자세를 더 강화하라고 촉구할 거라는 분석이 나온다"는 내용을 담고 있었다.[2] 하지만 조선일보는 무슨 이유에서인지 이 기사를 곧 삭제했다. 국내의 친일 세력에게 '윤미향의 국회 진출을 저지하라'는 일본의 지령을 전하는 것이냐는 조롱에 부담을 느껴서였을까?

이처럼 한국의 기득권 우파와 일본의 아베 정부와 우익 세력은 민주당이 압승하고 윤미향이 국회로 진출한 21대 총선 결과에 강한 거부감과 불안감을 느꼈다. 이들에게는 이 상황을 타개할 방안이 필요했고 그에 따라 다시 집어든 것이 바로 '마녀사냥'이다. 이는 정치적 위기에 몰리거나 국면 전환이 필요한 경우에 기득권 우파와 검찰-언론 카르텔이 흔히 쓰는 방법이었다.

그러므로 새로운 국회가 구성되는 시점에 윤미향 의원을 표적으로 한 마녀사냥이 시작된 건 우연의 일치라고 보기 어렵다. 한국과 일본 우익 세력에게 윤미향 의원은 공공의 적이었다. 그리고 이 마녀사냥이 성공한다면 윤미향 의원과 소속 정당인 민주당뿐만 아니라 한국의 진보적 시민운동에 타격을 가할 수 있을 것이 분명했다.

그렇다면 윤미향 의원은 어떤 과정을 거쳐 한국의 기득권 우파와 족벌언론, 일본의 아베 정부와 우익 세력 모두의 눈엣가시가 되었을까?

왜 윤미향인가: 마녀사냥의 역사적 뿌리

윤미향은 20대 초반부터 일본군 전시 성범죄의 진실 규명과 '위안부' 피해자들에 대한 일본 정부의 사죄와 배상을 위해 30년 넘게 싸워왔다. 이 투쟁은 일본군 '위안부' 문제 해결을 위한 국제적 연대를 일으켰고, 유엔도 움직였다. '전범국가'라는 과거를 덮어버리고 '정상국가'로 재무장하려는 일본의 지배층과 과거 청산보다는 한미일 동맹 강화를 더욱 중요한 과제로 여기는 한국 기득권층에게 윤미향과 정의연의 존재는 매우 불편한 눈엣가시일 수밖에 없었다. 역사학자인 박노자 교수는 바로 여기에 윤미향을 향한 마녀사냥의 출발점이 있다고 지적했다.

"그들이 보기에는 '위안부' 인권 회복 운동 그 자체는 '미래 지향적인 한일 관계', 즉 중국을 암묵적으로 겨냥하는 자민당과의 파트너십 강화의 '장애물'에 불과합니다. 지금 피해자와 지원자 사이의 노골화된 갈등 국면을 이용해서, 저들이 그 '장애물'을 제거하려고 하는 것입니다. … 아주 단순화시켜서 이야기하자면, 정의연에 대한 마녀사냥의 근원적인 이유는 정의연의 운동이 한-미-일 삼각 동맹의 '발전'에 걸림돌이 됐기 때문입니다."[3]

한국의 보수 세력이 일본군 '위안부' 운동을 방해하는 움직임은 '위안부' 피해자들이 처음으로 목소리를 내고, 윤미향 같은 사람들이 그들을 지원하는 정대협 활동을 시작하던 1990년대 초반부터 이미 존재했었다. 1993년, 신혼부부였던 윤미향 활동가의 남편인 김삼석 씨가 여동생인 김은주 씨와 체포돼 안기부(국정원의 전신)에 끌려간 일이 그 시작이었다. 김삼석 씨와 김은주 씨는 불법으로 감금된 상태에서 잠 안 재우기, 성고문, 강제 날인 등의 인권 침해를 당했고, 간첩으로 조작되었다.

안기부 수사관들은 당시 임신 중이던 부인(윤미향)도 가만두지 않겠다며 협박했고, 고통과 절망 끝에 김삼석 씨는 혀를 깨물고 머리를 벽에 부딪쳐 자살을 시도했다. 나중에 윤미향 의원은 "응급차에 실려 병원으로 달려가는 그 순간, 자유를 느꼈다고 말할 때 그(김삼석 씨)는 울고 있었습니다"라고 당시의 고통을 돌아봤다.(윤미향 페이스북, 2018.6.23.) 당시 〈9시 뉴스〉와 조중동 같은 언론의 대대적인 방송과 보도로 김삼석 남매에게는 '남매 간첩단'이라는 흉악한 이름표가 붙었고, 윤미향 활동가에게는 '간첩의 아내'라는 낙인이 찍혔다.

김삼석 씨는 감옥에서 4년을 채우고야 나올 수 있었지만, 나중에 이 사건은 프락치 백흥용 씨가 독일에서 양심선언을 하면서 안기부가 만들어낸 조작이었다는 사실이 드러났다.[4] 하지만 이때 만들어진 '간첩'과 '간첩의 아내'라는 낙인은 우파 세력이 윤미향과 정대협(정의연)의 활동을 공격할 때마다 계속 등장했다.

"할머니들을 앵벌이 시키고 돈을 빼돌렸다"는 비난도 사실 2020년에 처음 등장한 것이 아니다. 1995년, 일본 정부는 정부 차원의 공식적인 사죄와 배상을 회피하기 위해 민간 차원에서 모금한 기금을 아시아 '위안부' 피해자들에게 지급하는 '여성을 위한 아시아 평화 국민기금(아시아여성기금)'을 추진했다. 일본 정부와 한국 정부는 '위안부' 피해자들과 가족들에게 위로금을 받아들이라고 회유했다. 당시 아시아여성기금은 피해자들이 갈수록 나이가 들고 경제적으로 어려운 처지라는 상황을 이용해 이간질을 시도한 것으로 평가받았다.

이 일로 아시아여성기금을 받아들이자는 피해자들과 주변 사람들은 정대협과 아시아여성기금을 거부하는 피해자들과 갈라서게 됐고, 이후 '세계평화무궁화회'라는 단체를 만들었다. 안타깝고 비극적인 일이었다. 나중에 세계평화무궁화회는 정대협을 향해 "그 많은 돈 대체 어디에 사용했느냐"며 "할머니들을… 앵벌이로 팔아 배를 불려온 악당"이라고 비방했다.(중앙일보, 2020.5.17.) 일본과 한국의 우파들은 당연히 이 논리를 정대협을 공격하는 데 이용했다.

일본 극우와 한국 우파의 네트워크

이처럼 윤미향과 정의연(정대협)은 오랫동안 일본 정부와 한국의 기득권 우파 세력에게 비난과 공격을 받아왔다. 일본의 극우 세력과 한국 정보기관은 네트워크를 구성해 정의연 활동을 방해하기도 했다. 일본 극우 세력은 윤미향과 할머니들이 일본에 올 때마다 이동 경로를 미리 파악해 방문지에 나타나 폭언과 난동을 일삼았다. 2012년 4월에는 히로시마 공항에 도착한 윤미향의 가방을 공항 직원이 속옷까지 뒤지며 모욕을 한 적도 있었다. 나중에 전 국정원 해외공작관은 "그 X 빤쓰까지 다 뒤지라고 해"라고 말하는 상관의 통화를 들었다고 증언했다. 25년 동안 국정원에서 일해온 제보자는 이 모든 일의 배후에 일본 정보기관과 극우 세력, 한국 국정원의 협력이 있었다는 사실을 폭로했다.[5]

2015년 12월 28일에 박근혜 정부와 일본 아베 정부가 굴욕적이고 반역사적인 '한일 위안부 합의'를 하면서 윤미향과 정의연을 향한 기득권 우파들의 공격은 더욱 거세졌다. 당시 박근혜 정부는 피해자들도 배제한 채 제대로 된 일본의 사과나 보상도 없는 합의를 하면서 거센 비판과 반대에 직면했다. '위안부' 피해자들과 함께 합의를 반대하고 나선 정의연은 박근혜 정부에겐 더욱 골칫거리로 보였다.

당시의 '이면 합의'에는 소녀상을 철거해야 한다거나 정의연의 활동을 억제해야 한다는 내용도 포함돼 있었다. 문재인 정부 때 오사카 총영사를 했던 오태규 전 한겨레 논설실장은 2017년 '2015년 한일 위안부 합의'를 재검토하는 작업에서 알게 된 사실을 이렇게 증언했다.

"이때 가장 놀랐던 대목이 바로 일본 정부가 한국 시민단체의 활동을 억제하도록 한국 정부에 요청하고, 한국 정부가 이를 수용한 듯한 표현이었습니다. 각기 독립 주권국가이면서 민주주의 국가인 두 나라 사이에 도저히 오갈 수 없는 수준의 망언입니다."[6]

정의연의 전신인 정대협의 활동을 저지하는 박근혜 정부의 여론 공작은 치밀하고 대대적으로 펼쳐졌다. '어버이연합'과 '엄마부대' 등의 친정부 극우단체들은 정대협 사무실 앞에서 집회를 열었고, 국정원과 경찰청이 정대협 대표였던 윤미향의 통신 기록을 조회한 것이 이듬해에 확인됐다. 또 박근혜 정부가 물러난 후, 청와대에서 '정대협의 실체를 낱낱이 알리라'는 대통령 비서실장의 지시사항 문건 등이 발견되기도 했다.(노컷뉴스, 2017.10.11.)

이렇게 오랜 시간 일본군 '위안부' 피해자 운동을 방해해온 일본과 한국 우파 세력들에게 윤미향의 국회의원 선출이 얼마나 당혹스러웠을지는 충분히 짐작할 수 있다. 2020년, 4월 총선을 앞두고 당시 보수야당인 미래통합당이 미래한국당이라는 위성정당을 만들자 더불어민주당도 이에 대한 대응으로 더불어시민당을 만들고, 시민사회 활동가들을 비례후보로 영입했다. 그 과정에서 윤미향은 갑작스럽게 당선 가능성이 높은 집권여당의 비례후보가 됐다. 윤미향이 국회로 진출한다면 일본군 위안부 문제 해결을 위한 의정활동을 해나갈 것이 명백했다.

일본 정부와 우익들은 이런 상황에 관해 즉각적이고 강력하게 거부감을 드러냈다. 이미 3월부터 일본의 극우·혐한 언론들은 [위안부 지원단체 대표가 한국총선에서 여당후보로 출마], [왜 이 여자여야 하는가?], [반일단체 우두머리 출마 선언의 충격] 같은 제목의 기사를 냈다. 한국 언론 가운데 서울경제신문은 ['시민당 비례7번' 예의주시하는 일본정부]라는 기사에서 "윤 이사장이 국회의원 당선 가능성이 높은 비례대표 7번을 받게 되자 일본 정부가 예의주시하고 있다"는 내용을 보도했다.(2020.3.26.)

'간첩의 아내'에서 '파렴치범'으로

2020년 4월 총선은 당시 집권여당인 더불어민주당의 압도적인 승리로 끝났고, 윤미향 비례후보는 국회의원이 됐다. 일본 정부와 우익 세력, 한국의 기득권 우파 모두가 우려하던 결과가 현실로 일어난 것이다. 하지만 이들은 쉽게 물러설 생각이 없었다. 5월 7일, 윤미향 의원에 대한 불만과 갈등을 드러낸 이용수 할머니의 기자회견 이후에 이들은 본격적으로 반격을 시작했다.

족벌·상업 언론들은 기다렸다는 듯이 기자회견에서 나온 발언들의 취지를 왜곡해 보도하며 윤미향 의원과 정의연을 향한 마녀사냥을 시작했다. 피해자와 연대자의 오랜 인간적 관계를 파괴하고 이간질하는 악랄한 공격들이 벌어졌고, 30년간 일본군 전시 성범죄 피해자들에게 헌신적으로 연대해온 사람들은 순식간에 '파렴치한 횡령범'이 되었다.

일본도 이 마녀사냥에 합세했다. 전 주한 일본대사였던 무토 마사토시는 5월 12일, 'JB프레스'라는 언론에 [전 위안부의 고발이 벗겨낸 위안부단체 전 대표의 정체](한국, 2020.5.12. 재인용)라는 글을 기고했다. 그는 정의연을 "위안부 문제를 이용해 북한과 연계함으로써 일한 대립이 심화하기를 바라는 단체"라고 매도했다. '보수단체'의 고발에 이어 5월 20일, 검찰의 전격적인 압수수색이 벌어지자 대표적인 일본의 극우·혐한 언론인 산케이신문은 기사와 사설까지 총동원해서 윤미향의 의원직 사퇴를 요구하고 나섰다.

뒤늦게 이용수 할머니가 "기성 언론에서 제기하고 있는 근거 없는 억측과 비난, 편 가르기 등이 우리를 위해 기여할 것은 아무것도 없다"[7]고 밝혔지만, 이미 타오르기 시작한 마녀사냥의 불길은 더 거세지기만 했다. 일본군 성노예제 피해자들과 연대하는 데 평생을 바친 윤미향 의원과 정의연 활동가들은, 삶을 통째로 부정당하고 파렴치한 사기꾼으로 몰린 채 전 사회적 조리돌림을 당해야 했다.

이처럼 한국 사회는 윤미향 의원을 '간첩의 아내'로, 또 나중에는 '사기꾼, 위선자'로 몰아 난도질했다. 그 배경에는 전범국가로서 저지른 부끄러운 역사를 덮고 싶어 하는 일본 정부와 우익 세력, 그리고 한미일 동맹을 유지하기 위해 그것에 협력한 한국의 기득권 우파들 사이의 네트워크가 있었다. 이용수 할머니의 기자회견은 이들이 반격을 시작할 핑계와 계기에 불과했다.

2장
마녀사냥의 시작

　　총선이 끝나고 국회 개원을 20여 일쯤 앞둔 5월 7일, 대구 남구의 작은 한방 찻집에 예닐곱 명의 기자들이 몰려들었다. 일본군 '위안부' 피해자이자 영화 〈아이 캔 스피크〉의 실제 모델이기도 한 이용수 할머니가 기자회견을 자청해서였다. 그러나 세간의 관심은 크지 않았다. 서울이 아닌 대구에서 열린 데다 선거 후의 뒤숭숭한 분위기도 있었고, 또 마침 그날이 연세대에서 "위안부는 일종의 매춘", "궁금하면 한번 해볼래요?" 등의 망언을 한 류석춘 교수의 징계를 결정하는 날이어서 언론의 관심은 그쪽으로 더 쏠려 있었다.

　　이용수 할머니의 기자회견을 주선한 이는 '일본군 위안부 및 기타 강제동원 피해자 인권을 위한 목적으로 창립된 정당'을 자처했던 '가자!평화인권당'의 대표이자 '아시아태평양전쟁희생자한국유족회' 전 이사인 최용상이었다. 과거부터 정의연과 대립해온 최용상 대표는 당시 총선을 앞두고 더불어시민당에 비례공천 신청을 했다가 면접에서 탈락했다. 이후 그는 "윤미향 때문에 내가 떨어졌다"고 주장하고,[8] 민주당을 향해 악담을 쏟기도 했다.[9]

이용수 할머니의 기자회견

　　반면 윤미향은 더불어시민당의 비례대표 공천을 받고 국회의원에 당선됐다. 최 대표는 '이용수 할머니가 30년 동안 일본군 위안부 인권 운동을 해오면서 마음에 담아두었던 얘기들을 진솔하게 기자들에게 털어놓고 싶다 하여 기자회견을 마련하게 되었다'고 취지를 설명했다. 최 대표에게서 마이크를 넘겨받은 이용수 할머니는 나라를 빼앗기니 성(姓)을 빼앗기고 이름마저 일본식으로 바꿔야 했던 어린 시절부터 열여섯 살에 일본군 '위안부'로 끌려가 겪은 고통스런 과거 이야기를 들려주었다.

　　그리고는 갑작스레 앞으로 수요시위에 참가하지 않겠다고 했다. 초등학생, 중학생들이 푼푼이 모은 용돈을 내놓는 것도 마음이 아프고, 학교 가는 수요일에 멀리서 오느라 고생만 하고 공부는 되지 않는다는 게 이유였다. 수요시위가 아이들에게 마음의 상처를 준다고도 했다. 오래전이긴 해도 초등학생, 중학생 앞에서 감추고 싶은 그 시절의 상처를 드러내는 것이 몹시 힘들고 고통스럽기도 했을 것이다.

　　조선일보와 중앙일보는 이용수 할머니의 기자회견을 다른

언론사들에 비해 비중 있게 다뤘다. 조선일보는 ['젊어선 일본에 울고, 그 후론 30년을 속고' 이용수 할머니의 울분]이라는 자극적인 제목으로 이 할머니가 "증오와 상처만 가르치는 수요시위에 참석하지 않겠다", "수요시위에서 모은 성금이 할머니들을 위해 쓰이지 않는다", "'30여 년간 속을 만큼 속았고 이용당할 만큼 당했다", "기부금 사용처가 불투명하다"고 발언했다고 보도했다.

다음 날 중앙일보는 ["2015년 일본서 약속한 10억 엔, 윤미향은 사전에 알았다"], [단독|조태용 "'윤미향에 위안부 합의 사전 설명' 보고받았다"] 등의 기사에서 '2015 한일 위안부 합의 내용을 윤미향 당시 정대협 대표가 미리 알았는데, 이런 내용을 할머니들과 공유하지 않았다'고 주장했다. 그리고 하루 뒤인 5월 9일 토요일, 조선일보는 [반미·반일 외친 윤미향, 딸은 美 UCLA 음대 유학 중], [할머니들 위해 모은 성금인데… 정작 받은 건 106만 원], [사설|"이용당할 만큼 당했다"니 '위안부 단체' 문제 모두 밝히라] 등의 기사를 보도했다. 그리고 월요일이 되자, 거의 모든 언론이 윤미향과 정의연을 향한 무차별적인 의혹 기사를 쏟아내기 시작했다.

조선일보와 중앙일보가 쏘아 올린 신호탄

5월 12일에는 극우 보수단체들이 윤미향을 업무상 횡령 등으로 고발하고, 뒤이어 5월 20일 검찰은 정의연

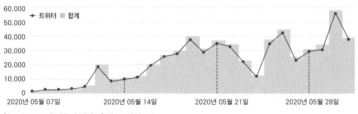

도표 1. 윤미향 관련 언급량 그래프(뉴스+커뮤니티+트위터) (2020.5.7.–5.31.)

*뉴스는 150개 언론사 대상. 출처: 스피치로그

사무실을 압수수색했다. 5월 25일 이용수 할머니의 2차 기자회견이, 나흘 뒤에는 윤미향 당선인의 기자회견이 열렸다. 일련의 일들은 다시 언론을 통해 대대적으로 확장 보도되었다.

당시 150개 언론사를 대상으로 한 조사를 보면, 검찰의 압수수색, 이용수와 윤미향의 기자회견에 대한 보도량이 5월 20일은 738건, 5월 25일 894건, 5월 29일 1,124건으로 증가했다. 이에 따라 커뮤니티와 트위터에서의 언급량도 각각 37,172건, 44,859건, 58,049건으로 폭증했다. 이용수 할머니의 1차 기자회견 이후 3년 동안 보도된 윤미향 관련 기사 중 삼분의 일이 넘는 기사량이 2020년 5월 한 달 동안 쏟아졌다. 그야말로 여론의 광풍이 몰아친 것이다(〈도표 1〉 참조).

이렇게 엄청난 양의 기사가 생산된 이유는 무엇일까? 당시 윤미향 및 정의연과 관련해 쏟아지는 언론 보도에 대해 뉴스타파 심인보 기자는 이렇게 설명했다.

"기사를 써서 어떤 대상을 비판하는 일을 코끼리 사냥에 비유해 보면 … 앞에서 누가 막 창을 날려서 코끼리가 쓰러졌다면 그때 는 길 가다 주운 돌멩이도 던질 수 있는 것이거든요. 첫째, 정의연 이란 집단을 공격하면 장사가 된다. 둘째, 이미 정의연은 돌을 많 이 얻어맞아서 힘을 잃었다. 그러니까 그다음부터는 길가에 있는 돌멩이를 주워서 던지는 거죠."[10]

무분별한 의혹 제기와 숱한 오보 또한 이어졌다(〈표 1〉 참조). 조선일보와 중앙일보가 앞장서고 다른 언론사들이 관련 내용 을 '더 자극적인 제목으로' 받아쓰면서 벌어진 일이었다. 마치 드라마 〈더 글로리〉에서 박연진과 이사라가 학폭을 주도하면, 나머지 학생들도 별 부담 없이 폭력에 가담하는 상황과 비슷하 다고 볼 수 있다.

족벌·상업 언론은 언론중재위원회에서 정정보도 처분을 받 아도 개의치 않고 마녀사냥을 이어갔다. 예를 들어 한국경제 신문의 [단독|하룻밤 3,300만 원 사용… 정의연의 수상한 '술 값'] (2020.5.11.) 기사의 경우 기자가 공익법인 공시자료를 잘못 읽고, 정의연의 해명도 제대로 반영하지 않은 채 작성한 오보 였다.[11] 그럼에도 한국경제는 담당 기자에게 사내 기자상을 수 여했고, 동문들도 언론인상을 수여했다. 시민단체의 회계 투명 성 제고에 기여했고, 중앙일보와 조선일보 등 타 언론사에서 여러 번 인용했다는 이유였다.

표 1. 정의기억연대의 언론중재위원회 조정 판결 대상 기사

날짜	매체명	제목	조정결과	소재
2020. 5.11.	한국경제	[단독] 하룻밤 3300만원 사용… 정의연의 수상한 '술값'	정정보도, 반론보도	맥줏집 대표지급처
2020. 5.19.	중앙일보	[단독] '아미'가 기부한 패딩… 이용수·곽예남 할머니 못 받았다	정정보도	팬클럽 패딩
2020. 5.19.	한국일보	'아미'가 할머니 숫자 맞춰 기부한 패딩… 이용수 할머니 못 받아	제목수정	팬클럽 패딩
2020. 5.21.	서울경제	[단독] 정의연이 반환했다는 국고보조금, 장부보다 적은 3,000만원 어디로?	기사삭제, 정정보도	국고보조금 증발
2020. 5.19.	서울경제	[단독]인쇄업체에서 유튜브 제작했다?… 정의연 '제2옥토버훼스트' 의혹	정정보도, 반론보도	인쇄업체 대표지급처
2020. 6.9.	국민일보	후진국도 아니고, 정의연 장부도 없다니 회계사회 회장 한탄	기사삭제	공인회계사회장 인터뷰
2020. 6.10.	중앙일보	정의연은 운동권 물주… 재벌 뺨치는 그들만의 일감 몰아주기	반론보도	일감몰아주기
2020. 6.16.	조선일보	[단독] 윤미향이 심사하고 윤미향이 받은 지원금 16억	정정보도	셀프심의
2020. 6.16.	조선비즈	그렇게 피해 다니더니…정부지원금 16억 원,윤미향이 심의해서 정의연에 줬다	정정보도	셀프심의
2020. 6.16.	뉴데일리	여가부 지원사업 심사위원에 윤미향… 정의연 '셀프 심사' 거쳐 10억 받았다	기사삭제, 정정보도	셀프심의
2020. 6.19.	중앙일보	정의연 감사편지 쓴 날… 후원자 25명, 기부금 반환 소송	정정보도, 제목수정	후원금 반환 소송

*제목은 수정 전 원 기사에서 쓰인 그대로 적었다. 출처: 민주언론시민연합

떠들어라, 여론이 될 것이다

여론은 하나의 사안에 대해 다수가 동의하는 의

견이다. 따라서 누가 말하고, 누가 침묵하느냐에 따라 큰 영향을 받는다. 사람들은 고립에서 오는 불안함을 두려워하기에 다수의 의견에 동조하려는 심리적 경향이 있다. 이용수 할머니의 기자회견을 계기로 언론이 어젠다 설정과 더불어 윤미향과 정의연에 대한 부정적인 프레임을 씌우고, 언론의 보도를 바탕으로 오피니언 리더가 인터뷰나 SNS를 통해 큰 목소리로 떠들고, 그걸 언론이 다시 중계한다.

여론 시장을 독과점하고 있는 언론이 담합이라도 한 것처럼 어느 한쪽의 의견을 집중적으로 전달하면 대부분의 사람은 언론이 편드는 의견을 다수의 의견으로 받아들이게 된다. 그 결과, 다수 의견에 동조하는 사람은 더 자주 말을 하게 되는 반면, 반대 의견을 가진 소수의 사람은 고립과 배척을 두려워해 침묵하는 경향을 보이게 되고 여론의 쏠림 현상은 점점 더 확장된다. '침묵의 나선(Spiral of Silence Theory)' 효과가 나타나는 것이다.[12]

마녀사냥의 무대에는 언론이 설정한 어젠다를 확대 재생산하기 위한 확성기(speaker)가 등장한다. 검찰과 언론이 합동해서 조국 가족에게 벌인 멸문지화의 마녀사냥에는 진중권, 김경율, 권경애, 서민 등이 그 역할을 맡았다. 서민과 김경율은 윤미향과 정의연을 표적으로 하는 마녀사냥에도 참전했고, 미래통합당 후보로 출마했다가 낙선한 김근식과 독설로 명성을 날렸던 전직 언론인 전여옥 등이 가세했다.

조선일보가 이용수 할머니의 기자회견을 계기로 마녀사냥의 여론몰이에 기름을 붓고 부채질을 할 때, 재벌기업들이 대주주인 한국경제신문이 군중심리를 자극하는 폭탄을 던졌다. 이용수 할머니가 1차 기자회견을 한 지 나흘이 지난 5월 11일, "시민들의 기부금으로 운영되는 시민단체 '일본군 성노예제 문제 해결을 위한 정의기억연대'가 하룻밤에 3,300여만 원을 술집에서 사용해 논란이 되고 있다"는 내용의 단독 기사가 보도됐다. 근거는 정의연이 국세청 홈페이지에 공개한 '2018년도 공익법인 결산서류 공시'였다.

전말은 이러했다. 정의연은 매년 한 차례 후원자의 날 행사를 하는데, 2018년에는 대형 맥주집 옥토버훼스트에서 열었다. 옥토버훼스트는 선한 일을 하는 단체에 장소를 빌려주고, 그날 매출액의 일부를 기부하기도 하는 '착한 호프집'으로 알려져 있었다. 그해 후원자의 날 행사 매출액은 972만 원이었다. 정의연은 옥토버훼스트에 972만 원을 지불했고, 옥토버훼스트는 실비를 제외한 541만 원을 정의연에 기부했다.

정의연은 장부에 수입(기부금) 541만 원, 비용 972만 원이라고 기록했는데, 국세청 결산서류에는 140여 건의 다른 소액 비용 지출까지 다 묶어서 3,339만 8,305원의 지출을 옥토버훼스트를 대표 지급처로 명시해 공시했다. 공익법인의 경우 소액 비용 지출을 일일이 공시하면 번거로우므로 거래처 한 곳을 대표 지급처로 하여 총액을 묶어 공시하는 것이 국세청이 정한 공시 기준이다. 사실을 확인하려면 국세청에 전화 한 통만 하면 되는 일이었다.

그럼에도 전경련 산하 매체인 한국경제신문은 '하룻밤 술값 3,300만 원'이라는 제목으로 정의연이 흥청망청 기부금을 탕진하고 기부금을 빼돌리기라도 한 것처럼 고약하게 보도했다. 한국경제의 '단독' 보도가 나간 뒤에 조선일보는 한발 더 나아가 "본지 취재에 따르면 … 실제보다 과도하게 부풀려 회계 처리를 한 것으로 확인됐다"며 가짜뉴스를 증폭시켰다.

몰아치는 왜곡 보도의 쓰나미

왜곡 보도는 그 뒤에도 쓰나미처럼 이어졌다. 2020년 5월 19일 중앙일보는 [단독 | '아미'가 기부한 패딩 … 이용수·곽예남 할머니 못 받았다] 기사에서 이용수 할머니와 고 곽예남 할머니(2019.3.2. 별세) 등이 방탄소년단(BTS)의 팬클럽 '아미'가 기부한 패딩 점퍼와 방한용품을 받지 못한 것으로 드러났다고 보도했다. 곽예남 할머니의 수양딸 이민주 씨의 일방적인 주장에 근거한 기사였는데, 아무런 사실 확인도 하지 않고 보도한 것이다.

이민주 씨는 중앙일보 기자와 통화하면서 "정의연은 자기네 말을 안 듣거나 밉보인 위안부 피해자나 가족에게는 지원을 안 해준다. 나눔의 집에 계시는 피해자만 피해자냐. 이건 위안부 피해자에 대한 차별"이라고 했다. 중앙일보는 이런 일방적인 주장에 더해 "일각에서는 '정의연 측이 나눔의 집에 거주하는 할머니 6명에게만 BTS 팬클럽이 기부한 방한용품을 줬다'는 이야기도 들린다"고 기사를 썼다. 이 기사는 정의연의 사실 확인과 증거 제시로 하루 만에 사실무근인 것이 드러났다. 기본적인 사실 확인조차 하지 않고 대중의 분노를 조장하는 보도를 한 중앙일보는 나중에야 정정보도를 했다.

이처럼 언론에서 윤미향과 정의연을 향해 '아님 말고' 식의 집중포화를 쏟아내던 5월 16일, 조선일보는 [10억 기부 받아 산 '위안부 쉼터' 펜션처럼 사용하다 돌연 반값 매각]이라는 단독 기사를 게재했다. 경기도 안성에 있는 '힐링센터'(일명 안성 쉼터)에 대한 기사였다. 이 기사 또한 사실과 거리가 멀었다.

정의연은 정대협 시절인 2003년부터 서대문 인근에 전셋집을 얻어 일본군 '위안부' 피해자들의 생활 공동체인 '우리집'을 운영해왔다. 그러던 중 2013년 '우리집' 전세 기간이 만료되면서 이사를 가야 하는 상황에 놓이게 됐는데, 마침 현대중공업 오너인 정몽준이 김복동 할머니의 호소를 듣고 정대협을 수혜자로 지정하여 사회복지공동모금회에 10억 원을 지정 기부했다. 현대중공업과 의견이 오가는 중에 명성교회에서 마포구에 있는 주택을 매입해 할머니들의 쉼터를 제공해줬다.

이에 따라 현대중공업의 지정기탁금은 '위안부' 피해자 할머니들이 젊은 세대, 국내외 활동가들과 만나는 공감과 연대의 공간을 마련하는 데 사용하기로 했다. 그렇게 문을 연 게 안성 쉼터였다. 하지만 처음에 계획한 대로 안성 쉼터를 자주 이용하지는 못했다. 당시 박근혜 정부가 위안부 한일 합의를 추진하면서 마포 쉼터에서 생활하던 김복동, 길원옥 할머니들의 국내외 활동이 빈번해졌고, 연세가 많아지면서 서울에서 안성을 오가는 것도 힘겨워졌기 때문이다. 그래서 안성 쉼터는 비어 있는 때가 많았고, 운영 실적이 저조하여 결국 2015년 9월에 사회복지공동모금회에서 사업 진행 중지가 결정되었다.

정대협은 2016년 1월 실행이사회에서 안성 쉼터를 매각하고 공동모금회에 매각 대금을 반납하기로 의결했지만, 매매 계약이 이뤄진 건 2020년 4월이었다. 부동산 경기 침체로 시세가 매입 가격보다 떨어져 있었고, 기부금 손실을 최소화하려 해도 매입가에 근접한 가격으로 건물을 사려는 구매자가 선뜻 나타나지 않았다. 결국 3년이 지나서야 시세대로 안성 쉼터를 매각할 수 있었다. 하지만 매매가는 4억 2천만 원으로, 기부금 손실은 피할 수 없었다.

물론, 이 모든 과정은 절차에 따라 진행됐고 공동모금회와 논의하고 승인받은 결과였다. 하지만 2020년 5월 16일, 조선일보의 단독 기사 [10억 기부 받아 산 '위안부 쉼터' 펜션처럼 사용하다 돌연 반값 매각] 은 이 모든 과정을 악의적으로 왜곡했다. 익명의 주민과 관계자를 내세워 "위안부 할머니는 단 한 명도 장기 거주한 적이 없고", "윤미향 부친이 혼자 거주", "젊은 사람들이 애들 데리고 와서 술 먹고 고기 먹으며 놀다 간 적이 자주 있었다"고 보도했다.

기사 속에 담긴 표현도 매우 악의적이었다. 기사에는 "각종 술파티", "윤미향이 즐기던 술상", "술상엔 일본 과자" 등 객관적인 사실이 아니라 주관적 판단, 감정, 편견, 의도가 거리낌 없이 담겼다. 사설에서는 안성 쉼터를 "단체 대표 가족이 수익 사업처럼 활용", "정의연을 '가족 비즈니스'에 활용"했다고 표현하며 왜곡의 강도를 더욱 높였다.

나중에 신문윤리위원회는 조선일보 기사 [시세 3배 주고 샀다, 위안부 쉼터 이상한 거래] (2020.5.18.)에 대해 '주의' 제재를 내렸다. 객관적 사실이라기보다 주장에 가까운 내용이라는 게 징계 이유였다.[13] 신문윤리위원회는 조선일보의 기사는 사실관계를 지나치게 과장했다는 지적을 피하기 어렵고, 신문윤리실천요강 제3조 '보도준칙'(보도기사의 사실과 의견 구분), 제10조 '편집지침'(표제의 원칙)을 위반했다고 판정했다. 결국 당시 여론을 악화시킨 가장 큰 요인 중 하나였던 안성 쉼터에 대한 악의적 보도들은 4년 동안의 수사와 재판 과정에서 어느 것 하나 사실로 인정받지 못했다.

하지만 이런 왜곡 보도의 쓰나미는 누구도 막기 어려웠다. 쏟아지는 왜곡 보도는 검찰 수사로 이어졌고, 윤미향과 정의연 활동가들은 십자가에 매달린 채 쏟아지는 돌팔매질을 온몸으로 맞아야 했다. 조리돌림 속에서 피 냄새가 난다는 지적들이 나오던 즈음 2020년 6월 6일, 윤미향과 가장 가까이에서 함께 돌을 맞고 있던 손영미 정의연 마포 쉼터 소장이 결국 비극적인 선택을 했다는 소식이 들렸다.

3장
손영미의 죽음과 예고된 비극

　　무엇이 손영미 소장의 삶의 의지를 무너뜨렸을
까? 몇 가지 원인으로 나눌 수 있다. 첫째는 5월 8일부터 쉼터
앞에서 상주하고, 건너편 건물에서 망원 카메라로 쉼터 사람들
의 일거수일투족을 감시하는 기자들이었다. 어느 순간부터 손
소장은 "기자들이 무섭다"고 말하기 시작했다. 기자들이 눌러
대는 벨소리에 화들짝 놀라기도 하고, 주변 사람들에게 "힘들
다, 불안하다"는 말을 반복하면서 쉼터에 혼자 있는 것을 버거
워했다.

　　둘째는 5월 20일 정의연 압수수색에 이어 5월 21일 쉼터 압
수수색을 단행한 검찰이었다. 이때 손영미 소장이 결정적으
로 무너졌다는 것이 주변의 증언이다. 당시 손 소장은 밥을 제
대로 먹지 못해 살이 쏙 빠졌고, 낮에도 커튼을 치고 생활했다.
검찰은 손영미 소장의 장례가 끝나자마자 개인 휴대전화를 압
수해갔는데, 이후 재판 과정을 보면 검찰이 초기부터 윤미향

의원과 손영미 소장을 '비리와 횡령'의 핵심 인물로 겨냥했음을 알 수 있다.

여기에 주변 사람들도 흔들리기 시작했다. 언론과 검찰이 시작한 마녀사냥과 여론재판이 일으킨 광풍에 휩쓸려 길원옥 할머니의 양아들 부부는 손 소장에게 '16년 동안의 모든 통장 입출금 내역을 보여달라'며 압박하기 시작했다. 손영미 소장에게 가져온 감사한 마음이 거대한 불신으로 바뀐 것이다. 손 소장은 주변 사람들에게 "2시간 이상 잠을 못 자겠다"면서 계속 "손잡아달라", "안아달라" 했다고 한다. 전형적인 공황장애 증상이었다.

하지만 공황 상태에 빠져 있거나 극우 유튜버와 기자들에게 둘러싸여 있는 건 윤미향 의원과 다른 정의연 활동가들도 마찬가지였다. 이런 상황에서 손영미 소장은 무섭고 억울한 마음을 하소연하며 풀 수 있는 기회를 가지지 못했다. 결국 마녀사냥이 가장 먼저 집어삼킨 이들은 가장 순수하고 맑은 심성을 가진 사람들이었다.

사회적 타살

6월 6일 오전, 윤미향 의원은 손 소장과의 통화에서 "아무래도 공황장애 같으니 치료를 받는 것이 좋겠다"는 취지로 얘기했고, 손 소장은 "너무 버티기가 힘들다"고 답했다고 한다. 서너 시간 후, 할머니를 돌보러 온 간병인에게 손영미 소장은 "꼭 껴안아달라"고 했다. 그리고 "바람 쐬러 (자택이 있는) 파주에 갔다가 할머니 드실 콩을 사오겠다" 말하고 쉼터를 나섰다. 그것이 마지막이었다.

손영미 소장이 세상을 떠난 뒤, 마포 쉼터에 있는 손 소장의 방문을 열어본 사람들이 목격한 풍경은 침대 위에 나란히 정리해서 모아둔 할머니 관련 영수증들과 책상에 놓인 서부지검 검사실 연락처가 적힌 메모지였다. 나중에 '위안부' 피해자들의 한을 어느 정도 풀어드리고 극지방으로 여행 가서 하루 종일 아무 생각 없이 오로라만 구경하자고 했던 윤미향 의원과 손영미 소장의 약속은 영원히 지켜질 수 없게 됐다.

사회운동 활동가가 가장 견디기 어려운 것은 경제적 어려움도, 권력의 탄압도, 심지어 감옥살이도 아니다. 활동가는 자신이 모든 것을 바쳤던 활동의 정당성과 명예가 부정되고, 응원하고 지지하던 사람들이 등을 돌리며 싸늘한 불신의 눈길을 보내기 시작할 때 무너진다. 칼이 된 말과 비수가 된 시선을 받으며 손 소장은 서서히 스러졌다.

'위안부 피해자들을 위한 돈을 빼돌려 삼겹살 파티를 하고, 집을 사고, 배를 불린 사기꾼이자 범죄자'가 돼버린 활동가들은 견딜 수가 없었고, 마음에 피멍이 들어서 지옥 같은 불면과 악몽의 밤을 보냈다. 마녀사냥은 이 활동가들이 하나둘씩 떠나서 결국 조직과 운동이 붕괴해야 끝날 것처럼 보였다.

특히 손 소장은 숨지기 일주일 전에 있었던 윤미향 의원의 기자회견과 그 이후에 벌어졌던 일을 보고 그나마 잡고 있던 줄이 끊어지는 느낌을 받았을 가능성이 높다. 기자회견 당시 윤미향 의원 앞에 펼쳐진 장면은 100여 대의 카메라 불빛과 기자들의 날선 질문 공세였다. 죽을힘을 다해 수많은 의혹들을 해명하고 고개를 숙인 윤 의원의 몸에선 땀이 비처럼 쏟아졌다. 긴장하면 온몸에 땀이 흐르는 것은 2016년 갑상선암 수술의 후유증이었지만, 족벌언론들은 '화형대에 올라선 마녀가 진땀을 흘리니 역시 마녀가 맞다'는 태도를 보였다. 언론은 윤 의원이 해명한 말들의 빈틈을 비집고 꼬투리를 잡으면서 온갖 새로운 의혹들을 제기했다. 그날의 기자회견은 마녀사냥의 끝이 아니라 새로운 시작이었다.

손영미 소장과 정의연의 활동가들은 그 '화형대' 위에 자기 자신도 함께 서 있다고 느꼈을 것이다. 윤 의원이 흘리는 땀이 피눈물 같았을 것이다. 윤미향 의원의 아픔에 누구보다 가장 공감하고 감정이입한 사람이 먼저 쓰러졌다. 자부심과 보람이 좌절감과 고통으로, 꿈과 희망이 악몽과 절망으로 바뀌면서 결국 삶의 끈을 놓아버린 것이다.

지난 30년 동안 손영미 소장과 그 동료들이 좌충우돌하고 우여곡절을 겪으며 힘겹게 한 걸음씩 나아갈 때, 사실 한국 사회는 이들의 활동에 지속적으로 관심을 보이거나 크게 힘을 실어주지 못했다. 피해자의 말을 선택적으로 듣고, 고정된 피해자 상에 어긋나면 외면하고, 진영에 따라서 운동을 평가했다.

일본 정부의 사과를 받아내지 못한 당사자는, 바로 가부장적인 한국 사회와 우리 자신이었다.

그런데 그런 한국 사회의 한계를 누구보다도 고민하고 벗어나려고 애써온 사람들에게 우리는 '이 모든 약점과 한계가 다 당신들 때문'이라며 책임을 떠넘기고, 족벌·상업 언론들의 십자포화 속에 있는 사람들에게 구명줄이 아니라 작은 돌 하나라도 더 던지려고 했다. 언론에서 의혹들이 쏟아질 때 막연히 '뭔가 있으니 저러겠지' 하는 태도를 취했다. 그런 의심의 시선과 말 한마디가 모여서 손영미 소장의 등을 떠밀었을 것이다. 윤미향 의원과 손 소장을 지켜보면서 오랫동안 수요시위 자원봉사를 했던 익명의 활동가는 당시 〈딴지일보 자유게시판〉에 이렇게 썼다.

"아무도 주목하지 않는 자리… 아무도 돌봐주지 않는 자리… 손영미 소장님이 할머니의 보호자를 자처하며 부엌데기 같은 삶을 살아주셨기에 정의연이 돌아갈 수 있었습니다. 할머니들이 인권을 위한 싸움을 계속하실 수 있었습니다. 김복동 할머니와 길원옥 할머니가 병마와 싸우면서도 끝까지 수요시위를 지킬 수 있었던 것은 온전히 손영미 소장님의 공이었습니다… 그들에겐 아무것도 아니었겠지요… 아무것도 아니었을 겁니다. 지금 자신들이 왜곡하고 조작하고 의심하면서 가십거리로 여기고 있는 바로 그것들이 누군가의 진실한 인생 그 자체였음을 그들은 물론 몰랐겠지요."

손영미를 두 번 죽인 음모론

손영미 소장의 죽음이 알려지자 검찰은 일단 "조사도, 출석 요구도 하지 않았다"며 발뺌했다. 하지만 곽상도 의원과 족벌·상업 언론은 '이것 봐라. 더러운 범죄 소굴에서 뭔가 구린 사람이 죽었다'는 식으로 대응했다. 6월 7일 중앙일보는 곽상도 의원의 말을 인용해 "윤미향 의원 대신 엉뚱한 분이 책임지는 모습을 보인 것 같아 안타깝다. 윤 의원과 민주당은 지금이라도 남 탓하지 말고 책임지는 모습을 보여주기 바란다"며 책임을 윤 의원에게 돌렸다.

조선일보도 [어젯밤 윤미향, 숨진 소장과의 '인연 글' 올렸다가 삭제] (2020.6.7.)라는 기사에서 윤 의원이 뭔가를 숨기고 있다는 인상을 주었다. 한국경제신문은 심지어 [숨진 소장, 개인 계좌로 할머니 조의금 받아… 심리적 압박됐나] (2020.6.7.)라며 손 소장을 범죄자로 몰아갔다.

심지어 기자협회와 보건복지부가 정한 자살보도 준칙*을 위반하는 기사도 흔했다. 세계일보와 국민일보, 서울경제신문 등은 부검에서 주저흔이 발견됐다는 내용을 기사 제목으로 뽑았다. 특히 곽상도 의원은 6월 11일에 기자회견을 열어, 사망한

---

* 〈자살보도 준칙3.0〉에는 '구체적인 자살 방법, 도구, 장소, 동기 등을 보도하지 않습니다', '고인의 인격과 유가족의 사생활을 존중합니다' 등의 다섯 가지 원칙이 있다. (출처: 한국기자협회)

3장 손영미의 죽음과 예고된 비극

손 소장에 대해 "본인의 의지만으로 사망까지 이르렀다는 것은 받아들이기 어렵다"며 손 소장의 사망 방식과 동기 등에 의혹이 있다고 주장했다. 족벌·상업 언론은 곽 의원이 자세히 묘사한 사망 과정을 그대로 보도했다. 가열된 보도는 거기서 그치지 않았다. [최초 신고자 윤미향 보좌진 119 녹취록 공개… 조수진 "증거인멸 의심"](세계, 2020.6.10.), [윤미향 의원 비서관, 119 신고 당시 남자와 동행… 쉼터 소장 사망 의문점 제기돼](문화, 2020.6.12.) 등 윤미향 의원이 손 소장 죽음의 배후라는 기사가 잇따랐다. 특히 조선일보는 [단독│할머니 가족 "숨진 소장이 돈 빼내" 정의연 "아들이 돈 요구"](2020.6.12.)라는 기사에서 길원옥 할머니의 양아들 가족이 인터넷에 올린 글을 인용해, 손 소장과 윤미향 의원이 할머니 돈을 빼돌렸다는 식으로 몰아갔다. 그러면서 손 소장의 죽음이 '의문사'라고 했다.

또 [곽상도 "수사기관, 쉼터 소장 사망 경위 철저히 밝혀야"](2020.6.12.)라는 기사에서 조선일보는 "미래통합당 윤미향 진상규명 태스크 포스(TF) 위원장인 곽 의원은 이날 페이스북에 '제대로 밝히지 못하면 의문사가 될 수밖에 없다'며 '후원금 불법 모금 외에 할머니 돈까지 손댄 사실이 밝혀지는 게 두려운 분들의 조직적인 은폐 시도'를 경계해야 한다는 것이 곽상도 의원의 주장이었다"며 윤 의원을 공격했다. 이에 대해 윤미향 의원은 "최근 곽상도 의원은 고인의 죽음을 '의문사', '타살' 등으로 몰아가고 있다"며 "최초 신고자가 윤미향 의원실 비서관

이라는 이유로 윤 의원에게 상상하기조차 힘든 의혹을 또다시 덮어씌우고 있다. 이도 모자라 이제는 고인에게마저 부정한 의혹을 제기하고 있다"고 억울함을 호소했다. 그럼에도 고인의 명예를 훼손하는 기사와 사설은 거리낌 없이 이어졌다. [단독 |길원옥 할머니 가족 "뭉터기로 돈 빠져나갔다" 檢 진술] (중앙, 2020.6.17.), [사설|"뭉칫돈 해명" 요구에 무릎 꿇었다는 쉼터 소장, 너무 썩었다] (조선, 2020.6.18.) 같은 기사가 그 예다.

곽상도 의원의 주장과 언론의 보도는 유튜브까지 확산됐다. 당시 유튜브에서 '손영미'를 검색하면 가장 많이 뜨는 것은 극우 유튜버들이 올린 악랄하기 짝이 없는 영상들이었다. "미스터리", "자금 세탁", "차명 계좌", "타살 의혹"…. '평화의 우리집' 앞으로 몰려와 계속 벨을 누르며 욕설과 막말로 가득 찬 방송을 하던 이들은 손 소장의 주검에 칼을 꽂고 또 꽂았다.

윤미향의 절규

손영미 소장과 누구보다 가까운 동료였던 윤미향 의원에게 그의 죽음이 가져온 충격과 슬픔은 형언하기 힘들었다. 더구나 이 일은 자신이 마녀사냥을 당하고 있던 한복판에서 벌어진 것이었다. 윤 의원은 손 소장과 나눈 마지막 대화를 이렇게 기억했다. "소장님이 '저 조금만 울다가 들어갈게요. 좀 울고 나면 시원할 거 같아요. 걱정하지 마세요'라고 하더라고요. 그래서 '그러세요. 제 치료 방법도 우는 거예요'라고 답해줬죠."[14]

이 죽음은 윤미향 의원에게 충격과 슬픔만이 아니라 지워지지 않는 트라우마로 남았다. "'그분이 가셨습니다'라고 문자가 왔어요. 처음엔 농담인 줄 알았는데 진짜였다는 걸 알게 되고 나서 그냥 정신이 나가버렸죠. '나 때문인가' 하는 자책감이 들었어요. 오히려 내가 그 길을 먼저 떠났다면 우리 소장님은 살수 있었을 텐데… 그런 생각이 들었죠."[15]

2020년 6월 7일에 윤 의원이 페이스북에 올린 손영미 소장 추모사를 보면 이를 "악몽이고 지옥"이라고 말하고 있다. "피가 마르고 영혼이 파괴되고 있는데 피할 곳도 없다"고 했다. 그 것은 엄살이 아니었다.

사랑하는 손영미 소장님…

죽음이 우리를 갈라놓을 때까지 나랑 끝까지 같이 가자 해놓고는 그렇게 홀로 떠나버리시면 저는 어떻게 하라고요…. 그 고통, 괴로움 홀로 짊어지고 가셨으니 나보고 어떻게 살라고요…. 할머니와 우리 손잡고 세계를 여러 바퀴 돌며 함께 다녔는데 나더러 어떻게 잊으라고요….

악몽이었죠. 2004년 처음 우리가 만나 함께해온 20여 년을 너무나 잘 알기에 이런 날들이 우리에게 닥칠 것이라고 3월 푸른 날에 우리는 생각조차 못했지요. 우리 복동 할매 무덤에 가서 도시락 먹을 일은 생각했었어도 이런 지옥의 삶을 살게 되리라 생각도 못했지요.

그렇게 힘들어하면서 "대표님, 힘들죠? 얼마나 힘들어요." 전화만 하면 그 소리… 나는 그래도 잘 견디고 있어요. 우리 소장님은 어떠셔요? "내가 영혼이 무너졌나 봐요. 힘들어요." 그러고는 금방 "아이고 힘든 우리 대표님께 제가 이러면 안 되는데요… 미안해서 어쩌나요…."

우리 소장님, 기자들이 쉼터 초인종 소리 딩동 울릴 때마다 그들이 대문 밖에서 카메라 세워놓고 생중계하며, 마치 쉼터가 범죄자 소굴인 것처럼 보도를 해대고, 검찰에서 쉼터로 들이닥쳐 압수수색을 하고, 매일같이 압박감… 죄인도 아닌데 죄인 의식 갖게 하고, 쉴 새 없이 전화벨 소리로 괴롭힐 때마다 홀로 그것을 다 감당해내느라 얼마나 힘들었을까요.

저는 소장님과 긴 세월을 함께 살아온 동지들을 생각하며 버텼어요. 뒤로 물러설 곳도 없었고 옆으로 피할 길도 없어서 앞으로 갈 수밖에 없구나 그렇게 생각하며 버텼어요.

그러느라… 내 피가 말라가는 것만 생각하느라 우리 소장님 피가 말라가는 것은 살피지 못했어요. 내 영혼이 파괴되는 것 부여잡고 씨름하느라 우리 소장님 영혼을 살피지 못했네요. 미안합니다. 정말로 미안합니다.

소장님… 나는 압니다. 그래서 내 가슴이 너무 무겁습니다. 쉼터에 오신 후 신앙생활도 접으셨고, 친구 관계도 끊어졌고, 가족에게도 소홀했고, 오로지 할머니, 할머니… 명절 때조차도 휴가

한 번 갈 수 없었던 우리 소장님… 미안해서 어쩌나요. 당신의 그 숭고한 마음을 너무나 잘 알기에 내 가슴 미어집니다.

외롭더라도 소장님, 우리 복동 할매랑 조금만 손잡고 계세요. 우리가 함께 꿈꾸던 세상, 복동 할매랑 만들고 싶어 했던 세상, 그 세상에서 우리 다시 만나요. 사랑하는 나의 손영미 소장님, 홀로 가시게 해서 미안합니다. 그리고 이젠 정말 편히 쉬소서.

윤미향 올림.

하지만 고 손영미 소장의 억울하고 비극적인 죽음도 마녀사 냥꾼들을 멈추게 할 수는 없었다. 손영미라는 영혼의 동지를 잃는 과정에서 지옥 같은 고통을 겪게 된 윤미향 의원 앞에는 아직도 그 끝을 앞 수 없는 가시밭길이 펼쳐지고 있었다.

길원옥과 손영미

손영미 소장이 사망한 뒤 2년이 지난 2022년 6월 10일, 서울서부지방법원에서는 윤미향 의원에 대한 1심 재판(13차 공판)이 있었다. 당시 재판은 벌써 1년째 진행 중이었다.

이날 재판이 중요했던 것은 '위안부' 피해자인 길원옥 할머니의 양아들과 그 부인이 직접 증인으로 출석하는 날이었기 때문이다. 길원옥 할머니를 가장 극진히 돌보던 손영미 소장에 대한 이야기도 나올 수밖에 없었다. 윤미향 의원을 기소한 검사들이 이날 재판에서 짜놓은 프레임은 4중의 의미로 윤미향 의원과 정의연을 모독하는 것이었다.

첫째, '위안부' 피해자들과 연대해온 지난 수십 년간의 활동을 '할머니들을 이용하고 학대하며 비리를 저질러 사욕을 챙겨온' 것으로 만들고 있다는 점에서 윤미향 의원과 정의연 활동가들에 대한 지독한 모독이었다.

둘째, 일본의 식민 지배와 전시 성범죄에 대한 반성과 사과를 요구해온 역사적인 저항을 '치매에 걸린 할머니들이 윤미향과 정의연에 속아온 것'으로 만들고 있다는 점에서 위안부 피해자들에 대한 모욕이었다.

셋째, 모든 것을 바쳐서 고령의 '위안부' 피해자들을 돌봐온 헌신을 '할머니들을 속여서 돈을 빼돌리고 돈세탁을 해온 것'으로 만들고 있다는 점에서 세상을 떠난 고인(고 손영미 소장)에 대한 참을 수 없는 모독이었다.

넷째, 수십 년간 반전 평화, 여성인권을 위해 서로를 믿고 의지하며 투쟁해온 두 사람(윤미향과 길원옥)의 인간적 관계를 갈라놓고 서로 대립하게 만드는 시도라는 점에서 용서할 수 없는 비인간적 시도였다.

자신들의 시나리오를 완성하기 위해서 이날 검사들은 길원옥 할머니의 양아들 부부를 증인으로 불렀다. 증인은 2020년에 양아들로 정식 등록을 하긴 했지만, 지난 수십 년간 실제로 길원옥 할머니를 돌보거나 같이 산 적은 별로 없었다. 이 두 사람에 대한 검찰의 신문, 변호사의 반대 신문, 검찰의 보충 신문, 재판장의 심문이 하루 종일 진행됐다.

일단 두 사람은 고 손영미 소장이 수십 년간 얼마나 헌신적으로 길원옥 할머니를 돌봤는지는 부정하지 못했다. "정말 가족과 같은 분이었고 너무 고생을 많이 하셨고, 우리는 항상 감사했고 그 선생님 앞에서 항상 미안한 죄인이었다"고 말했다. 또 길원옥 할머니가 윤미향, 정의연과 함께 해온 활동이 얼마나 의미 있는 것이었는지, 할머니가 그 활동에 얼마나 열정적이었는지도 부정하지 못했다. "일본의 사과를 요구하는 평화와 인권을 위한 활동에 열심이셨고 행복해하셨다"고 했다.

그리고 양아들 부부는 매주 한 번씩 마포 쉼터에 길원옥 할머니를 찾아와서 만나고, 수시로 통화하면서 길원옥 할머니의 정신 상태에 대해서 어떤 문제도 느끼지 못했다고 했다. 양아들은 "정신력이 대단하신 분이었고, 같이 민화투를 치며 시간을 보낼 때도 짝을 잘 맞추셨고 저를 많이 이기셨다"고 진술했다.

하지만 양아들과 그 부인은 검사들의 주문대로 '알고 보니 어머니는 2014년부터 치매셨다. 정신이 온전하지 못한 상황에서 정의연과 윤미향에게 이용당해온 것이다. 윤미향과 손영미가 길원옥에게 지급된 정부지원금을 빼돌린 것 같다. 매달 300만 원씩 나온 돈이 다 어디로 갔는가. 스스로 돈 관리할 능력도 없는 어머니가 북한 동포와 재일 조선학교 등에 기부금을 낸 것도 정의연에 물들어서 그런 것이다'라고 앞뒤가 맞지 않는 진술을 하기도 했다.

검사는 자신들이 압수해간 수많은 자료와 윤미향과 손영미가 주고받은 사적인 문자 등을 증거로 제시하면서 이 증언을 뒷받침하려고 했다. 검찰의 수사권과 기소권 독점, 금융과 통신 자료들에 대한 광범한 압수수색권이 얼마나 무서운 것인지 실감할 수 있었다. 그러면서 길원옥 할머니가 직접 자기 생각을 밝히며 활동하고 있는, 윤미향 의원 측이 제시한 각종 동영상들의 가치를 부정했다. '옆에서 누가 시킨 것을 아무 생각 없이 읽은 것'이라는 논리였다.

그런데 검사들의 이러한 프레임과 두 사람의 진술은 스스로 지독한 논리적 모순을 일으키고 있었다. 그 증언이 맞다면 길원옥 할머니가 양아들 가족에게 거액의 돈을 준 것과 2020년에 양아들을 정식 가족관계로 등록한 것, "윤미향에게 속았다"며 2021년에 이들 부부와 함께 민사소송을 제기한 것도 모두 '치매에 걸려 제정신이 아닌 상태에서 한 행동'이 되기 때문이다. 특히 최근 몇 년간 치매 증상이 더욱 심해진 것이 분명하니까 말이다.

검사와 양아들 부부는 '치매 증상이 있다고 해서 항상 의식이 없는 것은 아니'라고 하면서 이 모순을 빠져나가려고 했다. 즉 '선택적 치매 효과'라는 것이다. 길원옥 할머니가 반전 평화와 인권을 위해 한 활동은 전부 '치매에 걸려 제정신이 아닌 상태에서 한 일'이고, 양아들 부부에게 돈을 준 일 등 검사들의 프레임에 들어맞는 것처럼 보이는 행동은 전부 '가끔 제정신이 돌아오면 한 일'이라는 것이다. 너무 설득력이 없는 말이라 재판부도 계속 의문을 던졌다.

그런데 이날 재판에서 가장 크게 드러난 사실은 손 소장의 죽음도, 양아들 부부가 정의연을 불신하게 된 것도 모두 정치검찰과 족벌·상업 언론들의 책임이라는 점이었다. 양아들 부부는 자신들이 윤미향과 손영미, 정의연을 불신하고 의심하게 된 계기에 대해서 "이용수 할머니 기자회견 때만 해도 그냥 설마 하고 넘어갔는데 그 이후에 언론이 자꾸 매일같이 떠들고 검찰이 정의연을 압수수색하면서" 생각이 바뀌었다고 했다. 그때부터 이들은 불안과 불신에 가득 찬 눈으로 윤미향 의원과 정의연을 바라보게 됐을 것이다. 그래서 고 손영미 소장과 통화할 때마다 몰래 녹음을 하기 시작했다고 증언했다. 그리고 손 소장을 노골적으로 의심하면서 "그동안의 통장과 거래내역을 모두 알려달라"고 요구했다고 한다.

손 소장의 죽음 뒤 양아들 가족은 '손 소장이 돈을 빼돌려 왔었고, 그 뒷배는 윤미향이다'는 식의 댓글을 온라인에 올렸다. 정치검찰과 족벌·상업 언론은 이 말을 다시 이용해서 양쪽의 갈등과 대립, 불신을 더욱 부채질했다. 결국 이들도 검찰과 언론이 짜놓은 프레임에 따라 움직이게 된 셈이다.

양아들 부부의 증언에는 사망 직전에 손 소장을 만난 이야기도 나온다. 이들은 "언론 보도와 검찰 수사 때문에 매우 힘들고, 머리가 너무 아프고 잠도 못 자며 매일 약을 먹고 있다고 했고, 그래서인지 횡설수설하면서 제정신이 아닌 것처럼 보였다"
고 말했다. 이 발언은 손 소장의 죽음은 정치검찰과 족벌·상업
언론이 합작한 마녀사냥에서 비롯됐다는 사실을 처절하게 증
명하고 있다.

한 가지 분명히 짚어야 하는 사실이 또 있다. 정의연은 길원
옥 할머니의 단기기억상실과 치매 증상을 숨긴 적이 없었다.
2019년에 나온 영화 〈김복동〉은 길원옥 할머니가 김복동 할머
니를 기억하는 장면으로 끝난다. 거기서 길원옥 할머니는 김복
동 할머니와의 추억이 희미해져가는 것을 괴로워하며 이런 말
을 하셨다. "요즘에 갈수록 기억이 안 나요. 잊어버리는 약을 먹
었나, 까맣게 몰라."

재판에서 양아들 부부는 "어머니가 손영미 소장님이 죽은
것도 모르는 것 같다. 그게 차라리 나은 일일지 모른다"고 말했
다. 그럴 수 있다. 그토록 사랑했던 이의 비극적인 죽음을 받아
들이는 것은 고통스러운 일이니까. 하지만 더 끔찍한 일은 길
원옥 할머니가 '제정신이 아닌 상태에서 동지라고 믿었던 윤
미향과 손영미에게 이용당했다'는 거짓된 이야기를 들으며 인
생의 마지막을 보내다가 세상을 떠난 일이다. 길원옥 할머니는
끝내 일본 정부의 사과를 받거나 윤미향을 만나서 오해를 풀지
도 못하고 2025년 2월 16일 우리 곁을 떠났다.

4장
지옥 같은 가시밭길의 4년

마녀사냥이 절정을 향했던 2020년 6월이 지난 뒤에도 족벌·상업 언론은 윤미향 의원을 향한 돌팔매질을 멈추지 않았다. 이들은 4년이 넘는 의정 활동 기간 동안 툭하면 윤미향 의원을 소환해서 흙탕물을 끼얹는 기사들을 쏟아낸 다음에 '여기 이 더러운 마녀에게 모두 돌을 던지라'고 선동했다. 마치 윤 의원을 자기들이 필요할 때면 언제든지 끌고 나올 수 있는, 목에 쇠사슬을 걸어놓은 노예처럼 취급했다.

이 기간 동안 윤 의원은 거의 40차례에 걸친 재판에 나가야 했고, 자신과 가족 그리고 주변 사람들에 대한 마녀사냥을 견뎌야 했다. 관련된 사례는 너무 많지만, 대표적인 세 가지 국면만 살펴보자.

고난의 의정 활동
첫 번째 국면은 2020년 연말이었다. 당시 윤미

향 의원은 12월 7일, 지인들과 조촐한 식사 자리를 가졌다. 함께 와인을 마시며 길원옥 할머니의 생신을 기리고 그리워했다는 내용이 담긴 게시물을 SNS에 올렸는데, 그 글이 족벌·상업 언론의 먹잇감이 됐다.

이번에도 공격 메커니즘은 똑같았다. 먼저 조중동을 필두로 증오와 저주의 기사들이 쏟아졌다. '코로나19라는 비상 상황에서 부적절한 모임을 가지고, 감히 길원옥 할머니를 들먹였다'는 식의 집중 공격이 시작됐다. 이 내용을 다룬 기사만 3일 동안 200여 건에 달했고,* 포털 메인화면을 장식했다. 정치인과 지식인들의 독기 어린 막말들도 뒤따랐다. 허은아 국민의힘 의원은 자신의 SNS를 통해 "위안부 할머니들의 피를 빨아먹는 흡혈좌파의 기괴함"이라며 윤 의원을 힐난했다. 서민 교수도 "할머니를 우려먹고 있다"며 이에 가세했다. 언론사들은 이 발언들에 따옴표를 쳐서 다시 기사를 양산했다. 기사 댓글란에는 차마 입에 담기도 어려운 온갖 막말과 욕설, 혐오의 댓글들이 달렸다.

두 번째 국면은 서울시장과 부산시장 등을 뽑는 재보궐 선거가 있었던 2021년 4월이었다. 극우 유튜버이자 국민의힘 총선 예비후보였던 여명숙 씨는 채널 '개수작TV'에 "윤미향이 아픈 할머니를 끌고 다니며 노래를 시켰다"는 혐오적 상상력

---

* 언론진흥재단 '빅카인즈'에 등록된 54개 언론사를 기준으로 했다.

이 가득한 내용의 영상을 올렸다. 족벌·상업 언론들은 이 영상 내용을 확대 재생산했고, 서민 교수는 윤미향 의원을 겨눠 "인류가 낳은 가장 잔인한 악마, 정인이 양모보다 더 나쁘다, K-악마의 끝판왕"이라면서 "윤미향 잡으러 갑시다"라고 선동까지 했다. 이 극언들은 언론에 의해 다시 기사화됐고, 윤 의원을 저주하는 내용의 댓글이 줄줄이 이어지는 모습이 반복됐다.

세 번째는 검찰이 윤미향 의원을 기소하면서 만든 공소장을 정치권으로 넘긴 2021년 10월이었다. 공소장은 국민의힘 전주혜 의원에게 전달됐는데, 조선일보는 이 자료를 넘겨받아 윤 의원에 관한 낙인과 편견을 부추기는 데 유리한 내용으로 부풀리고 각색한 기사를 보도했다. 그래서 탄생한 기사가 [단독| 윤미향, 위안부 후원금 빼내 갈비 사먹고 마사지 받고…] (조선, 2021.10.5.)이다. 이 단독 기사는 하루 종일 포털 대문을 차지했다. 당시 네이버에서 '윤미향'을 치면 연관 검색어로 자동으로 '갈비'가 떴다. 조선일보는 이번에도 역시 악랄했고, '성공'했다.

진실은 아무 소용이 없다

마녀사냥꾼들에게는 검사들이 공소장에 적은 이러한 일방적 주장이 재판에서 반대 증거들과 함께 모두 반박되고 있다는 사실은 전혀 중요하지 않았다. 어차피 이들에게는 진실이 중요하지 않았고, '마녀'의 항변은 들을 생각도 없었다. 확인되지도 않은 수많은 의혹이 동시다발적으로 여기저기서 제기됐고, 가만히 있으면 의혹은 사실이 됐다.

하나를 해명하면 또 하나가 제기되고, 반박한 내용은 다시 공격받는 빌미가 됐다. 남편이, 딸이, 아버지가 가족 인질극으로 끌려나왔다. 윤미향의 페이스북 몇 년 치를 다 뒤져서 계속 꼬투리를 잡아내고, 딸이 다니는 미국 학교까지 찾아가고, 윤미향 남편의 인생을 스토커처럼 들쑤셨다. 모든 것을 의혹과 문제로 만들어서 끝없이 사건으로 만들고 기사화했다. 아무리 해명을 해도 제대로 보도하지 않았다. 이런 무간지옥에서 허우적대고 있으면, 일단 의원직을 사퇴해야 하는 뒤가 구린 사람이 돼 있었다.

가장 기가 막힌 것은 윤미향 의원의 아버지에 대한 공격이었다. 윤 의원의 아버지는 의미 있는 일을 하는 딸을 돕기 위해 직장도 관두고 안성 쉼터에 있는 컨테이너에 숙식하면서 주야간 경비와 건물 관리, 청소, 수리, 조경, 텃밭 관리까지 도맡아 했다. 하지만 한 달에 최저임금도 받지 못했기에 윤미향 의원은 늘 가슴 아프고 미안했다. 수돗물도 나오지 않는 곳에서 열악한 노동조건을 감수하다가 2017년 위암 말기 판단까지 받은 아버지는 '친인척 비리로 특혜를 받은 사람'이 됐고, 딸은 공개사과를 해야 했다.

[쉼터 관리 윤미향 父에 맡기고, 7580만 원 지급] (2020.5.16.) 이라는 제목의 기사를 내보낸 조선일보는 사실은 윤 의원의 아버지가 받은 7,580만 원은 7년 동안 받은 돈이며, 한 달 평균임

금이 100만 원도 안 된다는 것도 알고 있었다. 이런 조건의 일을 쉽게 받아들일 수 있는 사람은 거의 없을 것이다. 사랑하는 딸의 부탁을 거절하지 못한 아버지였기에 가능한 일이었다. 그러나 족벌언론은 이를 재벌의 '일감 몰아주기'처럼 취급했다.

아마도 윤 의원은 열심히 의정 활동을 하면서 진정성을 보이면 상황이 나아질 것이라고 기대했을지 모른다. 실제로 의원직을 수행한 4년 동안 윤미향 의원은 비정규직과 이주노동자의 노동권, 산업 안전, 여성인권, 미군기지, 환경보호 등의 문제를 해결하기 위해 헌신적으로 노력하는 모습을 보였다. 하지만 언론은 그런 윤 의원의 모습은 거의 제대로 보도하지 않았다. 오히려 윤미향 의원이 국회에서 그런 활동을 하는 것 자체가 더 싫었을 것이다.

구조적 마녀사냥의 기구와 제도

문제는 표적이 된 사람을 가혹하게 비판하고 물어뜯을수록 더 많은 부와 권력을 얻고, 또 그것이 직업과 생계가 돼버린 사회적 기구와 제도의 존재다. 정치검찰과 그들과 유착한 족벌·상업 언론들이 바로 이런 제도의 실행자다. 조선일보는 툭하면 '가짜 진보들의 위선의 악취가 코를 찌른다'며 윤미향 의원을 사례로 드는 사설과 칼럼을 실었다.

보수 우파적 성향이 아닌 지식인들마저 '기득권이 돼버린 민주당과 586의 위선과 부패'를 주장할 때 툭하면 윤미향 의원을 그 사례로 언급했다. 그렇게 툭툭 지나가며 던지듯이 하는 말과 글이 당사자에게 얼마나 큰 상처가 될지 고민하는 흔적은 보이지 않았다. 이것이 바로 '낙인 효과'다. 한번 낙인이 찍히면 너도나도 별 고민 없이 무심코 돌을 던지고, 상대방이 어떤 고통을 느낄지 조금도 상상하려 하지 않는다. 감정은 쉽게 전염되기에 마녀사냥은 그 표적이 된 사람을 혐오하는 감정을 사회에 퍼트린다.

한목소리로 누군가를 증오하고 저주하면 많은 사람이 거기에 동조하고, 그때 동의하지 않는 사람들은 입을 떼기 어려워진다. 그럴수록 증오의 목소리는 더욱 커지고, 당사자를 비난하는 말들은 더 신뢰를 얻게 된다. 그 사람의 문제점과 실수, 잘못에 대한 정보만 더 자주 노출되고, 그럴수록 낙인과 편견은 더욱 강화된다. 그런 과정에서 당사자가 아무리 비인간적 취급을 당해도 사람들은 '그러려니' 하고 둔감해진다. 언론과 검찰의 표적이 된 사람과 그 가족과 지인들까지 그야말로 탈탈 털리는 과정을 몇 번 목격한 사람들의 마음에는 알 수 없는 두려움이 스며들고, 표적이 된 사람과는 거리를 두게 된다. 민주당과 '진보 언론'들에서도 '윤미향과 선을 그어 우리에게 불똥이 튀지 않게 하자'는 정치공학적 주장이 힘을 얻은 이유다.

이런 마녀사냥과 낙인찍기는 민주당의 오래된 주류 정치인들보다 시민사회의 목소리를 좀 더 대변할 수 있는 윤미향 같은 인물의 입에 재갈을 물리고 손발에 족쇄를 채우는 결과를 낳았다. 그래서 국회에 있는 동안 '위안부' 피해자에 대한 마크 램지어 교수의 망언 문제, 위안부 책임 배상 2차 소송에 대한 사법부의 반역사적인 결정 등에서 윤미향 의원은 제대로 목소리를 낼 수가 없었다. 또 각종 개혁법안에 함부로 이름을 올리기도 어려운 처지가 됐다. 그러면 곧 '윤미향이 발의에 함께한 이상한 법안'이라는 식으로 낙인이 찍혔기 때문이다.

마녀사냥꾼들은 윤미향 의원이 "까도 까도 또 나오는 양파" 같다고 했지만, 실상은 그들이 윤 의원의 인격과 영혼을 날카로운 칼로 끝없이 벗겨낸 것이었다. 피가 줄줄 흐르고 있는데도 살을 발라내고 뼈를 조각내는 일을 멈추지 않았다. 신형철 평론가는 이런 현상을 다음과 같이 표현했다.

"가면인 줄 알고 벗기려 했는데 가면이 아니라 피부라면, 그 피부라도 벗겨내서 피 흐르는 피부를 가면이라고 우겼다. 역사는 그것을 공작(工作)이라 부른다. 유구한 역사를 갖는 '간첩 만들기'보다 근래 더 중요해진 공작은 비위를 털어 도덕성 훼손을 시도하는 '위선자 만들기'다. 가끔 일부 검사와 일부 기자가 그 일을 하청받는다."[16]

가면 벗기기가 아닌 피부 벗기기

피부를 가면이라고 우기면서 벗겨내는 과정. 이것을 지켜보는 심정도 참담하고 고통스러운데, 당사자와 그들을 사랑하는 사람들의 심정은 어떠할지 상상하기도 어렵다. 검찰의 엉터리 공소장을 바탕으로 조선일보가 '갈비'와 '마사지'로 윤미향 의원을 낙인찍으며 공격하던 2021년 10월에 윤 의원의 친동생이 SNS에 올린 글은 그 심정을 생생하게 보여준다. 이 글을 보면 윤미향 의원을 사랑하는 부모와 가족들의 마음이 지난 4년이 넘는 시간 동안 얼마나 지옥이었을지 어느 정도 짐작할 수 있다.

"엄마 아버지는 뉴스 하나 뜰 때마다 일상이 망가지고 잠을 못 주무신다. '엄마 뉴스 보지 마세요. 댓글 읽지 마세요' 해도 자식 일이니 그게 되겠나. 스마트폰 세상이 너무 원망스럽다. 오늘도 활기차게 하루를 시작하려 음악 틀어야지 하며 컴퓨터를 켰는데, 인터넷에 접속하자마자 포털 뉴스 첫 줄에 '윤미향' 이름이 보인다. '안 돼, 인터넷 닫아'라고 머리에서 경고가 울리지만 나도 모르게 클릭. 악의적인 글에 부들부들, 정말 화가 머리끝까지 뻗친다.

엄마가 전화하신다. 애, 이거는 또 뭐니? 엄마 새로운 거 아니에요. 언니 공판 때 검사들이 몇천 원, 몇만 원 이야기 했다는 거, 말도 안 돼서 재판정에서 실소가 터져 나왔다던 그거, 그걸 검사가 흘려서 쟤들이 국면 전환용으로 언론 플레이 하는 거니 절대 신경 쓰지 마세요. 그래도 신경이 안 쓰일 수가 있나.

퇴근 무렵 엄마는 걱정과 한숨과 그로 인해 목이 메어 전화하시고, 그 곁에 계신 아버지는 엄마가 자꾸만 뉴스 보고 댓글 읽으며 걱정하시는 것에 역정을 내고 계신다. 아버지 당신도 걱정되는 마음 일부러 드러내지 않고 일부러 더 무신경한 척하려는데 엄마가 자꾸만 걱정을 늘어놓으니 역정을 내시는 거겠지.

두 분이 그리 서로 티격태격하시다가도 언니 걱정에는 하나가 되신다. 니네 언니는 밥이라도 먹었을까? 또 얼마나 외로울까? 속이 더 문드러졌을 텐데… 잘 견뎌내야 할 텐데… 하시며. 두 분이 하루를 어떻게 보내셨을지 너무 눈에 선하다.

우리 언니는 지금 아마 허깨비 같은 모습으로 오지 않는 잠을 청하고 있을지도 모르겠다. 아는 거라곤 견디는 것, 묵묵히 할 일을 하는 것뿐인 언니여서 앞으로 이어질 무수한 날들도 묵묵히 견디며 주어진 일 해 나가겠지. 나는 평생을 이리 살고 있는 우리 언니가 너무 바보 같고 눈물 난다."

5장
4년의 재판이 보여준 진실과 거짓

"윤미향은 지난 30년 동안 인적·물적 기반이 열악한 상황에서도 정대협의 활동가로 근무하면서 일본군 '위안부' 문제 해결, '위안부' 할머니들의 피해 회복 등을 위해 기여해왔다."

2023년 2월 10일에 열린 윤미향 의원에 대한 1심 판결에서 재판부는 위와 같이 말했다. 2년 반의 재판 동안 모든 증거와 증인을 통해서 거듭 확인된 부정할 수 없는 진실이기 때문이었다. 그리고 재판부는 검찰이 제기한 혐의 여덟 가지 중 일곱 가지를 무죄로 판결했다. 이미 경찰 조사와 검찰 기소 단계에서 무혐의 처리와 불기소가 된 12개 혐의까지 합치면, 윤미향 의원에게 검찰과 언론이 뒤집어씌운 20여 개의 혐의 중 단 한 개만 법적 잣대 위에 '가까스로' 남은 셈이었다. 이 한 개의 '횡령' 혐의조차도 1억 원 중에 1,700만 원만 인정됐으니, 검찰의 입장에선 별건의 별건 수사를 벌여 온 나라를 떠들썩하게 만든 형사사건의 판결치곤 너무나 초라한 결과가 아닐 수 없었다.

1심 재판 결과: 20개 혐의 중 19개가 증발

심지어 이 판결마저 자세히 살펴보면 허술한 부분이 많았다. 윤 의원이 10년 동안 1~4만 원씩 217차례에 걸쳐 1억 원을 인출해 유용했다는 것인데, 그중에 8,300만 원이 '○○○ 할머니 점심', '○○○ 할머니 선물', '○○○ 할머니 해외 로밍' 등의 사진과 영수증을 찾아내 증빙됐다. 일단 윤 의원이 사비로 지출하고 나중에 돌려받은 것이다. 워낙 오래전이라서 영수증 등을 아직 찾지 못한 게 1,700만 원이었던 것이다. 만약 찾아낸다면 전부 다 무죄를 받을 수 있었다.

더구나 그동안의 재판 과정에서 윤 의원이 같은 기간 동안 오히려 정의연에 1억 원이 넘는 돈을 기부한 사실도 밝혀졌다. 1억 원 넘게 기부하면서 1,700만 원을 빼돌린다는 건 누가 봐도 상식적이지 않다.

이 사안을 냉정히 들여다봤다면 무죄에 가까운 판결이 내려진 것은 충분히 예견할 수 있는 일이었다. 검찰과 언론이 윤 의원에게 들씌운 혐의들이 너무 억지스러운 것이었기 때문이다. 이미 마녀사냥 초기에 최호윤 회계사는 "정의연 회계를 둘러싼 논란 대부분은 영리 회계와 비영리 회계의 차이, 비영리단체의 특성을 고려하지 않은 국세청의 결산 양식에 대한 이해 부족으로 촉발된 오해"라고 지적한 바 있다.[17] 검찰이 수차례 압수수색을 통해 10년 치가 넘는 정의연의 회계장부를 뒤지고, 윤 의원의 가족과 주변 지인들의 계좌까지 추적하면서 초미세 먼지떨이를 했지만 막상 별다른 증거를 찾아내지 못한 이유다. 결국 2년이 넘는 수사와 기소, 재판 단계를 거치면서 윤 의원에 대해 제기됐던 수많은 의혹은 이미 대부분 사실이 아닌 것으로 드러났다.

공금을 유용해 딸의 유학비를 마련했고 아파트를 장만했다, 부친을 쉼터 관리인으로 등록해 돈을 퍼줬다, 맥줏집에서 공금으로 술잔치를 벌였다, 쉼터를 헐값 매각해 차익을 얻었다, 배우자에게 일감을 몰아줬다, 위안부 피해자의 장례지원금을 횡령했다 같은, 언론이 가장 자극적이고 선정적으로 보도했던 의혹 대부분은 진작에 수사 단계에서 불기소와 무혐의가 됐고, 결국 나중에 나온 판결에서는 나머지 혐의도 거의 다 사라졌다.

"윤 의원이 '위안부' 피해자들을 위한 돈을 빼돌려 사적으로 유용했다"는 의혹은 '활동에 필요한 비용을 일단 윤 의원의 돈으로 지불하고 나중에 돌려받은 것'들이었음이 밝혀졌다. 검찰이 제시한, 2~4만 원짜리의 영수증이 없는 지불증이나 지출결의서는 대부분 이런 경우였다. 증인으로 출석한 정대협 회계 담당자는 몇 단계에 걸쳐 확인과 결제가 이뤄지는 정대협의 회계시스템에서는 그런 방식의 유용이나 횡령이 불가능하다고 증언했다.

검찰은 윤미향 의원이 두 번에 걸쳐서 총 3,400여만 원의 퇴직금을 지급받은 것도 부정이거나 '이중 지급'이라고 문제 삼았다. 그러나 정대협에서 수십 년을 일했던 윤 의원이 퇴직금으로 받은 돈이 이 정도라는 것이 오히려 놀랄 일이었다. 5년 9개월 일하고 50억 원을 받은 곽상도 의원의 아들과 윤 의원을 비교해보라! 기가 막히게도 검찰은 세상을 떠난 고 손영미 소장에게 지급된 인건비도 '이중 지급'이라고 문제 삼았다. 그러나 쉼터에서 24시간 상주하며 연로한 피해자들의 수발을 들었던 고인에게 정부 보조금에서 박봉을 보충해준 것은 문제될 것이 없었다. 더구나 고인은 그 돈을 정대협 후원금으로 다시 기부하기까지 했다.

또 검찰은 정의연(정대협)이 운영한 '전쟁과여성인권박물관'이 국고 보조금을 부정 수령했다고 기소했는데, 증인으로 출석한 서울시 공무원을 통해 그 주장은 근거가 없으며, '전쟁과여성인권박물관'은 국고 보조금 관련 평가에서 계속 우수한 성적을 받은 곳이었다는 점만 밝혀졌다.

이처럼 1심 재판 과정과 결과에서 윤 의원에게 씌워진 억울한 누명들이 상당히 벗겨졌지만, 신나게 윤 의원과 정의연을 물어뜯던 족벌·상업 언론들은 이런 진실에는 거의 눈을 감았다. 어차피 진실보다는 정치적 효과가 목적이었다는 점에서 검찰-언론 카르텔은 3년 동안 이미 많은 것을 얻은 상황이었다. 다만 1심 판결 결과가 달갑지는 않았을 것이다. 그래서인지 족벌·상업 언론들은 1심 판결에 관한 보도를 할 때 '1,500만 원

벌금' 부분만 제목으로 강조했다. 그리고 "솜방망이 처벌", "납득 안 돼", "의문" 등을 제기하며 재판부를 향해 노골적인 불만을 드러냈다. 검찰은 재판부가 "균형을 잃은 것으로, 납득할 수 없다"며 곧바로 항소했다.

특히 불길한 것은 한동훈 법무장관이 직접 나선 일이다. 한 장관은 윤미향 의원 사건을 특별히 콕 집어서 "새로운 검찰이 이 사건을 제대로 밝혀내야 한다. 그러지 않고서 정의가 실현됐다고 할 수 있겠냐"며 공개적으로 압박했다. 1심 결과를 항소심에서 뒤집어야 한다고 검찰과 법원 모두에게 노골적으로 신호를 보낸 셈이었다. 이들에게는 수사나 재판을 할 것도 없이 이미 '윤미향 유죄'라는 결론이 정해져 있었다.

2심 판결을 앞두고 뜨겁게 타오른 '종북몰이'

윤미향 의원에 대한 법원의 2심 판결은 2023년 9월 20일로 예정돼 있었다. 족벌·상업 언론들은 재판 2주 전부터 또다시 윤미향 의원을 십자가에 매달기 시작했다. 이번에는 '윤미향 의원이 친북 조총련이 주최한 관동대지진 조선인 학살 추도 행사에 참가했다'는 것이 핑계가 됐다. 이것은 곧 지난 3년 동안 자행된 윤미향 마녀사냥 중에서도 두 번째로 큰 돌팔매질로 발전하기 시작했다. '빅카인즈' 검색에 따르면 52개 언론사에서 일주일간 무려 500여 건의 관련 기사가 쏟아졌다.

족벌·상업 언론들이 약속이나 한 듯 동시에 한목소리로 이런 흙탕물을 끼얹자, 국민의힘은 그것을 이어받아서 "대한민국을 위협하는 반국가 단체의 국가전복 기도 행사"에 참가했다며 윤미향 의원을 공격했다. 그리고 "대한민국 국회의원은커녕 국민 자격도 없다"며 "즉각 의원직에서 사퇴하라"고 목에 핏대를 세웠다.

물론 이번에도 이 주장은 근거 없는 거짓 선동이었다. 2023년은 일본 관동대지진의 대재앙이 낳은 공포 속에서 죄 없는 조선인 수천 명이 학살당한 비극이 벌어진 지 100년이 되는 해였다. 이미 많은 시민단체와 노동조합이 주도한 '간토학살 100주기 추도사업 추진위원회'가 1년 전부터 구성돼 있는 상황이었다. 윤미향 의원은 바로 이 추진위원회의 초대를 받아 일본 현지에서 열린 추도 행사에 참가했던 것이다. 더구나 그 행사는 일본평화포럼, 도쿄 조선인 강제연행 진상조사단 등 일본의 수많은 시민사회단체와 재일동포 단체들로 구성된 '간토대지진 조선인 희생자 추도식 실행위원회'가 주최하는 한일 연대 행사였다.

이 실행위원회에 속한 수많은 단체 중에 재일본 조선인 총련합회(조총련)도 포함된 것은 사실이었다. 그러나 이 추도 행사는 지난 50년 동안 일본의 시민사회와 재일동포들이 함께 학살이 벌어진 현장에서 매년 진행해온, 일본의 주요 정당과 의원들도 참가하고 주요 언론들도 보도하는 공식 행사였다. 이것을 '친북 조총련이 주최한 반국가 행사'라고 낙인찍는 것은 너무나 억지스러운 공격이었다.

100년 전에 일본의 지배 세력은 '조선인들이 우물에 독을 풀었다'는 유언비어를 퍼뜨리며 마녀사냥을 하고 집단 학살을 부추겼다. 그리고 이제 100년 후에 한국의 기득권 카르텔은 '윤미향이 국가전복 기도행사에 참가했다'는 유언비어를 퍼뜨리며 마녀사냥을 하고 인격 살해를 시도했다. 윤석열 대통령까지 나서서 윤미향 의원이 간토학살 추모제에 참석한 일을 직접 겨냥해 "자유민주주의 국체를 흔들고 파괴하려는 반국가 행위"라고 맹비난했다. 무엇보다 이것은 보름 정도 뒤에 있을 윤미향 의원에 대한 항소심 선고 공판을 겨냥한 것이기도 했다. 항소심 재판부를 향해 '이런 종북 반국가 인사에게 면죄부를 준다면 가만 있지 않겠다'는 신호와 압박을 보내는 셈이었고, 그것은 마녀사냥꾼들이 기대한 결과를 낳았다.

윤미향 의원의 억울함과 무고함을 상당 부분 밝혀준 1심 판결 이후 7개월 만에 내려진 2심 판결은 그것을 대부분 뒤집으며 다시 족벌·상업 언론들과 정치검찰의 손을 들어주었다. 이 판결에 더욱 실망하고 분노하지 않을 수 없는 것은 시계가 거꾸로 돌아가는 윤석열 시대에도 '그럼에도 설마' 하고 기대할 여지가 있었기 때문이다.

먼저, 윤미향 의원에 대한 언론의 마녀사냥과 검찰의 표적 수사에도 불구하고 너무나 무리한 억지 기소 때문에 1심 결과가 나쁘지 않았다는 점이 가장 중요했다. 경찰 조사와 검찰 기소 단계에서 이미 12개 혐의가 무혐의와 불기소 처리 되었고, 1심 재판부는 검찰이 제기한 혐의 여덟 가지 중 일곱 가지를 무죄로 판결했다. 그리고 이후 7개월 동안의 2심 재판 과정에서 검찰은 이 판결을 뒤집을 특별한 증거를 제시하지 못했다. 검찰은 여러 증인들을 새로 불러내서 유죄를 입증하려 했지만 실패로 끝났다. 검찰 측 증인으로 나온 사람들이 오히려 윤미향 의원에게 유리한 진술을 했기 때문이다. 예컨대 검찰은 '윤 의원이 치매에 걸린 길원옥 할머니를 속였다'며 요양보호사를 증인으로 불렀는데, 막상 증인은 '길원옥 할머니는 인지 기능에 별문제가 없었다'고 증언했다. 당황한 검찰은 "왜 진술이 다르냐"며 증인을 윽박질렀지만, 눈물을 흘리는 증인의 모습은 검찰 수사의 문제점을 짐작하게 했을 뿐이었다.

이처럼 출석한 증인들은 검찰의 뜻대로 증언하지 않았고, 또 4명의 증인은 검찰의 요청에도 출석을 거부하며 협조하지 않았다. 검찰 측 증인들이 오히려 윤미향 의원의 무고함을 뒷받침하는 근거가 된 것이다. 더구나 윤미향 의원과 변호인단은 1심에서 유죄가 나온 부분을 뒤집기 위한 증거를 최대한 제출했다. "1심에서 유죄로 판단한 '위안부' 피해자 할머니들의 간식비와 식비, 사무처 간식비와 활동비 등 정대협 활동과 관련된 부분을 정대협과 연대단체의 활동 자료, 계좌거래 내역, 문자 메시지 등을 일일이 확인하고, 정대협 활동이 있었던 일시와 장소를 대조하여 추가로 증거를 제출했다."(윤미향 의원실 보도자료) 따라서 완전한 무죄까지는 어려워도, 1심 판결보다 더 후퇴하지는 않을 것이라는 기대가 있었다.

2심 재판 결과, 다시 살아난 마녀사냥의 불씨

하지만 불길한 조짐은 2심 재판 초기부터 나타나기 시작했다. 먼저 족벌·상업 언론들은 "재판을 2년 넘게 끌면서 윤미향의 의원직을 지켜줬다"며 사법부를 압박하기 시작했다. 윤미향 의원은 재판이 진행되는 동안 부르는 대로 성실히 출석해왔다. 정작 계속 새로운 증인을 부르고 억지를 부리며 재판을 질질 끌어온 것은 검찰이었다.

2심 재판부는 마치 족벌·상업 언론들의 요구에 화답하듯이 2023년 4월 26일 첫 공판에서 '신속한 재판'을 강조하면서 9월 20일에 선고하겠다고 일정을 못박아두었다. 민사도 아닌 형사 재판의 항소심을 이렇게 짧은 시간에 진행하고, 선고 기일까지 미리 정해두는 것은 흔한 경우가 아니었다.

이런 식으로 재판을 이끌던 서경환 재판장은 중간에 윤석열 정부의 대법관 후보로 뽑혀갔다. 마용주 재판장이 새로 부임했지만, 그의 태도도 서 재판장과 다를 바 없었다. 이런 상황이니 '대형 로펌이나 대법관의 미래를 꿈꾸는 부장판사들로 구성된 고등법원 재판부가 엄정하게 증거를 따지면서 재판을 진행하는 것이 아니라, 결론을 정해놓고 윤석열 시대의 분위기를 따라가려는 것 아닌가'라는 우려가 나올 수밖에 없었다. 그리고 그 불길한 예감은 현실이 됐다.

항소심 재판부는 검찰이 기소한 여덟 개의 혐의 중에서 한 개만 유죄로 판단한 1심을 뒤집고, 두 개를 추가로 유죄로 만들었다. 또 횡령 금액도 1심에서 판단한 1,700여만 원이 아니라 8,000여만 원으로 크게 늘려서 징역 1년 6개월에 집행유예 3년을 선고했다. 1심에서 윤미향 의원과 함께 기소됐지만 무죄 판결을 받았던 정의연 활동가(전쟁과여성인권박물관장)에게도 2,000만 원의 벌금형을 선고했다. 일반적 형사사건에서는 1심이 가장 중요하고, 항소심은 '사후심적 속심'*으로서, 피고인이 갑자기 죄를 자백하는 등의 특별한 사정이 없는 한 1심의 판결을 인정하는 게 통례라는 점에서 2심 판결은 정말 납득하기 어려웠다. 더구나 이 사안은 항소심에서도 사실관계 다툼은 크지 않았고, 검찰에 유리한 추가적인 증거나 증언도 거의 없었다는 점에서 더욱 이해할 수 없는 일이었다.

유죄로 바뀐 혐의 두 개를 차례로 살펴보자. 첫째, 여성가족

---

* "항소심이 심리 과정에서 심증의 형성에 영향을 미칠 만한 객관적 사유가 새로 드러난 것이 없음에도 제1심의 판단을 재평가하여 사후심적으로 판단하여 뒤집고자 할 때에는, 제1심의 증거가치 판단이 명백히 잘못되었다거나 사실 인정에 이르는 논증이 논리와 경험 법칙에 어긋나는 등으로 그 판단을 그대로 유지하는 것이 현저히 부당하다고 볼 만한 합리적인 사정이 있어야 하고, 그러한 예외적 사정도 없이 제1심의 사실 인정에 관한 판단을 함부로 뒤집어서는 안 된다."(대법원 2017.3.22. 선고 2016도 18031 판결)

부가 지급한 국고 보조금을 정대협 활동가들의 인건비로 지급하고, 활동가들이 그것을 다시 정대협에 기부한 것이 사기 및 보조금 관리법 위반이라는 부분이다. 저임금을 감수하고 단체에 기부까지 한 활동가들의 헌신을 처벌받아야 할 범죄로 둔갑시킨 것이다. 활동가들이 자발적으로 기부 의사를 표현하고 행동한 것을 인정하지 않는 항소심 재판부의 태도는 받아들이기 어려운 부분이다. 거의 똑같은 성격과 구조인 문화체육관광부나 서울시가 지급한 보조금은 문제없다고 판단하면서 여가부 보조금만 문제 삼은 것도 모순이었다.

둘째, 앞서 언급한 판결도 납득하기 어렵지만 김복동 할머니 장례비 모금이 기부금품법 위반이라는 판결은 더 황당하다. 재판부는 계좌를 공개해서 모금하고 남은 비용을 시민단체들에 기부한 것이 '고인을 추모하고 유족을 위로하는 것과 관련이 없다'며 "성숙한 조문 문화 조성을 방해"했다고 판결했다. 시민단체 기부가 김복동 할머니 뜻과 무관하다는 것도 기가 막히지만, 계좌를 공개하지 말아야 하고 조의금을 모으고 어디에 쓸지도 법원의 판단을 따르라는 논리는 전혀 상식적이지 않다. 언제 장례를 치르게 될지, 장례비용이 얼마나 들지를 미리 예상하고 관청에 사전 신고하는 일은 불가능하다는 점에서 이 판결이야말로 사회상규와 어긋나는 것이었다.

셋째, 무엇보다 문제인 것은 재판부가 고 손영미 소장의 개인 통장과 거래 내역 3,800만 원을 횡령으로 판단한 부분에 있다. 이를 통해 '횡령 금액'을 크게 늘리고 형량을 올릴 수 있었던 것이다. 하지만 손영미 소장의 계좌는 개인의 것이고 윤미향 의원은 관여할 권한도, 능력도 없었다. 더구나 그 통장은 손영미 소장이 할머니들의 부탁을 받아서 은행 업무를 대신 봐주거나 간병 비용 등을 대행해서 지불하는 용도로 사용했다. 오히려 이 통장 계좌를 정의연(정대협) 계좌와 섞는 게 문제가 될 수 있기에 따로 관리했던 것이었다.

그 밖에는 손영미 소장과 윤미향 의원의 개인적 금융거래일 뿐이었다. 예컨대 국제 연대를 위해서 할머니들과 해외에 나갈 때 윤미향 의원과 손영미 소장의 비행기 좌석도 비즈니스석으로 업그레이드되는 경우가 있었다. 두 사람은 '우리까지 그런 특혜를 받을 수 없다'며 그만큼의 비용을 반납하는 데 이 통장을 이용했다. 통장의 내역을 세세히 살펴보면 윤미향과 손영미 두 사람이 얼마나 '위안부' 피해자들을 위해 많은 것을 해왔는지 더 분명히 알 수 있다. 하지만 재판부는 이미 세상을 떠난 손영미 소장이 제대로 항변하거나 자기방어를 할 수 없는 조건에서 일방적으로 검찰의 억지 논리만 받아들였다. 이것은 고인을 두 번 죽이는 것과 마찬가지다.

이런 상황은 2심 재판 초기에 재판부가 윤미향 의원에게 질문을 던질 때부터 예견된 결과였던 것으로 보인다. 윤미향 의원은 그 곤경을 담담하게 적었다. "부장판사가 피고인 신문에서 내게 했던 첫 질문을 평생 잊을 수 없을 것 같다. '피고인은 손영미 소장이 왜 자살했다고 생각하는가?'"[18]

이처럼 2심 재판부는 횡령액을 1,700여만 원에서 8,000여만 원으로 4배 넘게 늘리면서도 충분히 납득할 만한 근거를 제시하지 않았다. 단지 '개인 계좌에 있던 금액을 정대협 활동에 사용했다는 증거를 제시하지 못하면 모두 횡령으로 인정한다'는 억지스러운 태도를 유지했을 뿐이었다. 2020년부터 시작된 마녀사냥에서 검찰은 정대협이 법인 카드가 하나밖에 없던 과거에 활동가가 자기 돈으로 먼저 결제한 후 보전받은 돈을 전부 '횡령'으로 몰았다. 검·언 카르텔은 시민단체 회계의 기준이 충분히 마련돼 있지 않던 시절의 부족함을 파고들어 '돈미향', '앵벌이' 등의 프레임을 만들어냈다.

1심에서 윤미향 의원은 10년 전의 기록과 기억을 뒤져서, 대부분 몇천 원에서 몇만 원인 돈이 실제 정대협 활동 과정에서 쓰였다는 사실을 다양한 증거로 증빙하는 데 성공했다. 그러나 항소심 재판부는 1심에서 증명하지 못했던 부분에 대한 윤미향 의원의 추가적 증빙을 받아들이기는커녕, 거꾸로 이미 1심에서 증빙됐던 것들 대부분을 부정해버렸다. '의심스러울 때는 피고인의 이익으로(In dubio pro reo)'라는 형사재판의 대원칙을 어긴 것이라 할 수 있다. 다만, 검찰의 억지 기소로 시작됐지만 무죄로 판정된 나머지 다섯 개 혐의까지 뒤집지는 못했다.

그리고 2024년 11월 14일, 대법원 판결은 1심을 뒤집은 2심의 부당한 판결을 그대로 확정했다. 자신의 청춘과 인생을 바쳐 '위안부' 피해자들의 손과 발, 입이 돼온 윤미향에게 '운동을 이용해 사익을 챙긴 사기 횡령범'이라는 야비하고 잔인한 낙인을 찍었다. 이 낙인은 윤미향에게 가장 견딜 수 없는 고통을 주는 것이었고, 마치 예수에게 유다라는 누명을 씌워서 십자가에 매다는 것과 비슷했다. 무엇보다 이 결정은 한국과 일본에서 지치지 않고 이어지는 '위안부' 피해자 운동의 생물학적 소멸뿐 아니라 정치적 소멸까지 추구하면서 식민지 지배와 전쟁 범죄의 진실을 덮으려던 '역사 부정 세력'에게 주는 최고의 선물이었다.

결국, 지난 4년을 돌아보면 윤미향 의원 1심 판결이 오히려 예외적이었음을 알 수 있다. 우리가 목격한 것은 족벌·상업 언론의 마녀사냥, 정치검찰의 표적 수사와 억지 기소만이 아니었다. 납득할 수 없고 상식에 어긋나는 사법부의 판결도 잇따랐다. 누구를, 어떤 부분을 수사하고 기소할지를 오로지 검사가 판단하면서 수사와 기소의 형평성이 무너졌고, 언론에 의해 형성된 잘못된 여론은 사법부의 판결에 부정적인 영향을 미쳤다. 그렇게 '정치의 사법화'와 '사법의 정치화', 그리고 윤석열 시대가 만들어졌다.

그래서 '예외'가 다시 뒤집힌 윤미향 의원 2심 판결과 그 내용을 그대로 확정한 대법원 판결은 검찰 개혁뿐 아니라 사법 개혁 역시 한국 사회에서 얼마나 중요한 과제인지 다시 확인시켜줬다. 동시에 윤석열 시대의 사법부가 어떠한 암울한 미래로 나아갈지 마치 예고하듯이 적나라하게 보여줬다. 윤석열이 대통령으로 있는 동안 대법원장, 대법관, 헌법재판관 대부분이 교체되면서 사법부가 더욱더 보수화되었기 때문이다. 족벌·상업 언론의 마녀사냥과 여론몰이, 정치검찰의 표적 수사와 억지 기소를 사법부가 판결로 완성해주는 구조가 더 분명해졌음을 알 수 있다. 이는 결국 2025년 5월 조희대 대법원의 사법쿠데타로 이어졌다.

하지만 마녀사냥과 그 거짓에 영향을 받은 어떤 사법적 판단도 윤미향 의원이 '파렴치한 사기 횡령범'이 아니라 위안부 피해자들과 연대한 소중한 활동가였고, 역사 앞에서 무죄라는 진실을 바꿀 수는 없다.

"우리 정대협의 싸움은 죽은 사람들과 함께하는 싸움입니다. 이미 한번 죽었던 할머니들이 다시 깨어나서 싸웠고, 우리는 돌아가신 할머니들의 몫까지 어깨에 지고 싸우고 있습니다. 김학순·강덕경·김순덕·김복동 할머니 등 먼저 가신 분들이 여전히 우리와 함께 싸우고 있습니다. 죽음을 넘어서서, 죽은 사람의 희망까지 붙잡고 살아가는 운동, 그것이 바로 정대협 운동입니다. 그래서 주저할 것도, 무서울 것도 없습니다."[19]

2부

마녀사냥의 메커니즘과
사냥꾼들의 역할

6장
마녀 서사 만들기

인류 역사에서 마녀사냥은 오랫동안 이어져온 뿌리 깊은 문제들과 연결돼 있다. 사회심리학자 고든 올포트는 이렇게 지적했다.

"(인류학자) 클럭혼에 따르면 석기시대 이래로 모든 사회구조는 인간의 공격적 충동이 합법적인 배출구를 찾을 수 있도록 '마녀' 혹은 그에 해당하는 기능적인 대체물을 허용해왔다. … 공식적으로든 비공식적으로든 대부분의 사회가 어떤 '마녀' 집단을 향해 공개적으로 적개심을 표출하도록 부추기는 것처럼 보인다."[20]

또한 올포트는 마녀사냥을 가능하게 하는 "편견과 고정관념"이 "대중매체, 즉 장편소설, 단편소설, 신문 기사, 영화, 연극, 라디오, 텔레비전에 의해 사회적으로 지지받고 지속적으로 재생산되고 사람들에게 되풀이해서 주입된다"[21]고 지적했다.

오늘날 한국 사회에서 그것은 족벌·상업 언론이고 유튜브 같은 뉴미디어이고 대형 포털이다. 그리고 "가장 많은 이익을 차지할 수 있는 위치에 있는 사람들이 이런 이익을 얻기 위해 편견을 전파한다."[22]

더구나 인간의 사고 과정과 판단에는 이성만이 아니라 무의식과 감정도 작용하기 마련이다. 그래서 나의 입장과 생각, 진영이 다른 사람의 '숨겨진 약점과 흠결'이 드러나거나 사회적 비난의 대상이 되면 그것에 동조하는 사람들이 순식간에 많아질 수밖에 없다. 마녀사냥의 구조는 무의식에 있는 부정적 감정도 이용하기 때문이다.

마녀를 만드는 메커니즘

모든 마녀사냥이 그렇듯이 조국 교수나 윤미향 의원은 당연히 순수하고 완전무결한 희생양이 아니었다. 그들의 인간적 결함과 약점은 마녀사냥의 불쏘시개가 됐다. 두 사람을 향한 마녀사냥의 핵심에는 이것을 이용해 검찰 개혁에 제동을 건 정치검사, 여기에 편승해서 클릭장사로 돈을 번 언론사와 유튜버들, 이를 계기로 우파의 재결집를 꾀하고 개인의 출세와 경쟁자를 제거할 기회로 여긴 정치인들이 있었다.

소위 진보 진영도 마녀사냥에 저항하는 데 소극적인 태도를 보였다. 민주당 내부에서는 압박에 적당히 굴복하고 타협하자는 세력이 힘을 얻었고, 진보 좌파마저 마녀사냥을 방관하고

표 2. 사건 초기 '윤미향' 연관어 분석(2020.6.1.- 6.7.)-뉴스, 트위터, 블로그, 커뮤니티

순위	연관어	건수
1	할머니+이용수+위안부+피해자+위안부할머니+일본군위안부	12,489
2	정의연+정의기억연대+정대협+운동+대표+이사장	9,511
3	의원+국회의원+민주당의원+윤의원	8,671
4	민주당+더불어민주당+여당	8,313
5	기자+뉴스+언론+연합뉴스+기사	6,621
6	회계+문제+계좌+돈+기부금+후원금	6,063
7	검찰+수사+검찰수사	3,959
8	국민+시민	2,984
9	국회	2,383
10	사건+사태	1,718
11	조국	1,634
12	기자회견	1,552

출처: 스피치로그

오히려 동조하는 목소리가 더 많았다. 그렇다면 이제 윤미향 마녀사냥이 진행된 과정을 구체적으로 살펴보며 그 메커니즘을 더 깊숙이 들여다볼 필요가 있다.

윤미향과 정의연에 대한 혐오 낙인은 어떻게 빠르게 확산될 수 있었을까? 스토리 이론에서 그 단서를 찾을 수 있다. 커뮤니케이션 전략가인 리 하틀리 카터는 스토리란 "정보를 처리하고 기억하는 가장 핵심적인 방법이며, 당신이 가진 가장

강력한 도구 중 하나"[23]라고 설명한다. 그리고 기자이자 소설가 윌 스토는 그의 저서에서 "사람들은 남들을 끊임없이 감시하여 그들의 행동에 점수를 매긴다"[24]면서 "우리의 스토리텔링 뇌는 친사회적 행동의 가치를 매기듯이 반사회적인 인물이 고통스럽게 처벌받는 꼴을 보고 싶어 한다"[25]고 서술했다.* 즉 스토리에는 주인공과 대척점에 있는 적, 즉 범법자가 등장하고 사람들은 이 범법자를 응징하고 싶어 한다는 것이다. 따라서 일단 스토리가 사람들에게 받아들여지고 누군가가 적으로 규정되면, 그는 웬만해선 '사회적 처벌'에서 벗어나기 어렵다.

이용수 할머니의 1차 기자회견이 열린 뒤, 언론 보도는 융단 폭격처럼 쏟아졌다. 여기서 윤미향과 정의연을 '마녀'로 규정하는 데 핵심적인 구실을 한 것은 '회계 부정'을 연상케 하는 단어들이었다. 〈표 2〉를 보면 '이용수 할머니, 윤 의원, 정대협, 민주당, 뉴스' 다음으로 '회계, 문제' 등 회계 부정과 관련된 연관어가 가장 많음을 알 수 있다.

이 단어들은 윤미향과 시민단체에 대한 혐오를 유발하는 근거가 되었고, '불쌍한 할머니의 돈을 빼돌려 자신의 주머니를

* 영문학자 브라이언 보이드는 저서 《이야기의 기원》에서 사회적 감시가 인류의 생존과 번식에 이득이 되는 협력을 문화적으로 보완하는 요소 중 하나라고 보고 있다. "사회적 감시는 이미 다른 영장류 혈통에서도 확인되었지만 인간의 경우에 더욱 강력해진다. 이것은 스토리텔링의 강렬한 자극이 된다."(남경태 옮김, 휴머니스트, 2013, 98쪽)

채운 파렴치'라는 전염성 강한 스토리 또는 서사(narrative)*를 뒷받침했다.

이러한 서사를 만들기 위해서는 에피소드가 필요하다. 에피소드는 이야기의 구조를 튼튼하게 받쳐주는 기둥 같은 역할을 한다. 조선일보를 위시한 족벌·상업 언론들은 '자극적인 제목'을 단 기사들을 연이어 보도하는 방식으로 서사 구조의 기둥들을 만들어갔다.

마녀사냥 서사를 공고히 만드는 세 가지 기둥

'마녀'의 서사를 구성한 첫 번째 기둥은, 윤미향의 재산 형성 과정에 문제가 있고 그 출처가 시민단체 활동에서 나왔을 거라는 이야기다. 조선일보는 사건 초기인 5월 11일에 [딸 미국 유학 보낸 윤미향 부부, 소득세는 5년간 640만 원]이라는 제목의 기사를 내보낸다. 이틀 뒤 중앙일보는 국민의힘 곽상도 의원의 말을 인용해 [단독 "정대협·정의연 소식지 편집 회사 대표는 윤미향 남편"]을, 다시 사흘 뒤 조선일보는 [정의연 사과 "쉼터 관리 윤미향 父에 맡기고, 7580만원 지급"]을 보도했다. 모두 마치 윤미향 의원이 가족에게 일감을 몰아줘서

* 이 글에서 사용한 서사(narrative)의 개념은 "중요한 의미나 원리를 전달하는 특정 형태의 이야기 또는 이야기들"에서 가져왔다. 로버트 쉴러, 박슬라 옮김, 《내러티브 경제학》, 알에이치코리아, 2021, 78쪽.

상당한 이득을 취했을 거라는 인상을 주는 제목들이다.

여기서 우리는 언론과 검찰이 마녀사냥을 주도할 때 쓰는 핵심 무기가 바로 '가족 인질극'인 점을 확인할 수 있다. 2019년 조국몰이에서도 볼 수 있었듯이, 가족 인질극은 마녀사냥의 표적이 된 사람의 배우자와 자녀까지 끌고 들어오는 방식을 취한다. 대부분의 인간은 자신이 겪는 고통보다도 가족이나 자신이 사랑하는 사람이 겪는 고통을 더욱 견딜 수 없기 때문에, 이런 공격은 악랄한 효과를 내기 마련이다. 당사자는 가족들의 고통을 고스란히, 아니 더 강하게 느낄 뿐만 아니라 모든 일이 자신 때문에 벌어졌다는 자책까지 더해져 이중으로 고통 받는다. 표적 대상을 더 효과적으로 공격하기 위해 서로를 향한 깊은 공감과 이해, 사랑에서 파생되는 아픔을 이용하는 것이다.

가족 인질극과 더불어 족벌·상업 언론들은 윤미향의 주택 매입과 관련한 기사를 연이어 보도했다. 제목과 내용을 보면, 모두 주택을 구입한 현금의 출처를 의심케 하는 뉘앙스를 띠고 있음을 알 수 있다.

[단독 | 곽상도 "윤미향 2012년 2억 원대 아파트 경매로 현금 구매"] (중앙, 2020.5.18.)

[배고프다 한 할머니에 "돈 없다"던 윤미향, 집 5채 현금으로만 샀다] (조선, 2020.5.25.)

[윤미향, 이효리·할머니들 기부 직후 집값 치렀다] (조선,

2020.5.30.)

두 번째 기둥은, 윤미향이 기부금을 개인적으로 모금해 방만 운용했거나 빼돌렸을 거라는 스토리다. 2020년 5월 11일에 한국경제신문은 [단독ㅣ하룻밤 3300만원 사용… 정의연의 수상한 '술값']이라는 기사를 보도했고, 조선일보와 중앙일보 등 여러 매체는 이 내용을 반복적으로 받아썼다. 또, 중앙일보는 5월 14일 [단독ㅣSNS서 기부금 모금, 윤미향 개인계좌 3개로 받았다]는 기사를 내보냈다. 기부금을 개인 계좌에서 임의로 모금해 사적으로 사용했다는 심증을 주는 제목과 내용이었다.

또 안성 쉼터를 비싸게 사서 싸게 팔았다는 기사 [단독ㅣ정대협 '수상한 회계'… 기부금 받아 산 7억대 '쉼터' 7년 후 부채로 둔갑](한국, 2020.5.5.)와 [단독ㅣ10억 기부 받아 산 '위안부 쉼터' 펜션처럼 사용하다 돌연 반값 매각](조선, 2020.5.16.) 같은 기사도 이어졌다. 윤미향과 정의연이 기부금을 낭비하거나 임의로 유용했다는 것이었다.

여기에 위안부 할머니들이 기부금을 제대로 받지 못했다는 의혹도 추가됐다. [할머니들 위해 모은 성금인데… 정작 받은 건 106만 원](조선, 2020.5.9.), [정의연 기부금 지출 결산서, 2018년엔 2억 4000만 원 '펑크'](중앙, 2020.5.12.) 등의 기사가 이어졌고, 특히 [단독ㅣ할머니 가족 "숨진 소장이 돈 빼내" 정의연 "아들이 돈 요구"](조선, 2020.6.12.)라는 기사는 윤미향과 정의연이 치매를 앓고 있는 길원옥 할머니를 이용해 돈을 빼돌렸다는 내용을 담고 있다. 사실 확인보다 의혹을 중심으로 작성된 '스토리'는 '언론 보도는 객관적 사실을 전달한다'는 인식을 갖고 있는 대중들에게 '윤미향과 정의연은 파렴치범'이라는 혐오 인식을 강화하고 고정시킨다.

세 번째 기둥은, 이들이 정부나 지자체가 준 국고 보조금, 즉 세금을 유용했다는 이야기다. 조선일보는 [정의연 4년간 13억 국고 보조금 중 8억 사라졌다] (2020.5.15.)와 [정대협서도 5년간 2억 6000만원 증발] (2020.5.19.) 같은 기사를 단독으로 보도하며 이들이 국고 보조금을 사적으로 빼돌렸다는 암시를 강하게 주었다. 약 한 달 뒤에는 [단독 | 윤미향, 여가부 심의위원으로 활동했다] (2020.6.16.)는 기사를 내보냈는데, 윤미향이 기부금 심사를 직접 했다는 인상을 줌으로써 자신들이 의도한 스토리를 뒷받침하려 했다. 또한 3,300만 원, 2억 원, 8억 원 등 구체적인 숫자를 제시해 신빙성을 더했다.

'빨갱이' 프레임

족벌언론은 '회계 부정'이라는 혐오의 주요 서사를 강화하기 위해 보조 프레임을 활용했다. 바로 '빨갱이', 즉 친북 프레임이다. 이들은 먼저 돈과 관련된 '의혹'을 담은 기사들을 쏟아낸 다음, 친북 프레임을 씌우려는 기사들을 연이어 보도했다.

[단독|"윤미향 부부, 위안부 쉼터서 탈북자 월북 회유"] (조선, 2020.5.21.)

[단독|"정대협, 탈북종업원 수요집회 참석시켜 북송 요구하자 했다"] (중앙, 2020.5.22.)

["윤미향 보좌진, 친북성향 매체 기자-정대협 간부 포함"] (국민, 2020.6.1.)

'빨갱이' 프레임은 한국전쟁을 겪었고, 냉전 시기에 반공 교육을 받은 사람들의 뇌 회로를 자극하여 대상자에 대한 부정적이고 적대적인 감정을 불러일으킨다.* 이 프레임은 2심 선고를 앞둔 윤 의원이 간토대지진 추모 행사에 참석한 사실을 빌미삼아 다시 한번 크게 강화되었다(자세한 내용은 1부 5장 참조).

거센 여론몰이 속에서 윤미향은 점점 고립되었다. 사람들에게서 오던 연락도 뜸해지기 시작했고, 그와 거리를 두는 이들도 있었다. 그리고 윤미향은 수요시위에 나가는 것을 주저하게 됐다. 괜히 주변 사람들에게 피해를 줄 수 있다는 압박감에서 자유로울 수 없었기 때문이다. 지난 30년간 빠짐없이 수요시

---

* "여순 사건을 계기로 국가보안법이 제정되고 군대와 경찰, 교육계와 언론계가 재편되었다. 타자에게 '빨갱이'라는 레테르를 붙이면 얼마든지 폭력이 허용될 수 있음을 의미했다. 그렇게 타자는 빨갱이, 빨갱이는 죽여도 된다는 공식이 보급되었다." 이경원, 《감정 민주화》, 한울, 2021, 221쪽.

위에 참석했던 사람이, 막상 국회의원이 되고 나서는 참여하기 어려워진 일은 지독한 역설이자 비극이었다.

'여기에 돌을 던지라'는 선동

또한 족벌·상업 언론은 윤미향과 정의연의 초기 해명을 반박하면서 그들을 거짓말쟁이로 몰아갔다. '거짓말쟁이' 프레임은 당사자의 신뢰 자산을 무너뜨려 이후 어떠한 해명을 하더라도 그 자체의 신빙성을 훼손시킨다.

[말 바꾼 윤미향 "위안부 합의 전날 알았지만 발표 내용과 달랐다"] (중앙, 2020.5.8.)

[말 바뀐 윤미향 "딸 유학비, 남편 간첩 조작사건 보상금으로 마련"] (조선, 2020.5.11.)

[단독 | "부동산 자산 없다"더니… 박물관 소유 사실 숨긴 정의연] (세계, 2020.5.12.)

이에 더해 윤미향에 대해 뻔뻔하고 화를 잘 내는 모습으로 표현해 '나쁜 인성' 프레임도 만들어냈다.

[40분간 입장 밝힌 윤미향, 눈물 대신 땀과 웃음만] (조선, 2020.5.29.)

["윤미향은 '뻔뻔한 한국인'의 전형적 예"…日 산케이, 한국인 비

107

하] (서울경제, 2020.6.2.)

[검은 옷 윤미향 "나 죽는 모습 찍으려는 거냐" 취재진에 폭발] (중
앙, 2020.6.8.)

언론은 속성상 사람들이 세상의 부정적인 부분에 더 집중하
는 '부정 본능'과 특정인이나 집단을 비난하는 '비난 본능'을
이용한다.[26] 또 사람들은 자신의 검증에만 의존하지 않고 남들
의 지식이나 경험을 자신의 것으로 받아들인다.[27] 특히 언론사
의 기자나 전문가, 검사처럼 지식을 많이 가지고 있다고 평가
받는 사람의 의견을 큰 저항 없이 수용한다. 이렇게 윤미향과
정의연에 대한 혐오 인식은 언론이 제시한 여러 개의 프레임을
통해 형성됐다.

장기간에 걸쳐 엄청난 양의 기사를 반복해 내보내는 보도
방식도 혐오를 더욱 부추겼다. 이용수 할머니가 기자회견을 한
2020년 5월 7일부터 3년간 54개 언론사에서 쏟아낸 윤미향 관
련 보도 수는 17,557건이다.* 이 가운데 5월 7일부터 6월 12일
까지 동안 보도된 뉴스는 8,024건에 달했다. 3년간 보도된 건
수의 절반에 해당하는 기사가 약 한 달 동안 집중적으로 발생
한 것이다.

* 54개 언론사의 기사는 언론진흥재단에서 운영하는 뉴스 검색 시스템
'빅카인즈'(bigkinds.or.kr)에서 볼 수 있다.

한국에서의 뉴스 소비는 약 75%가 인터넷 포털을 통해서 이루어지고,* 특히 헤드라인이 차지하는 역할이 크다. 사람들은 기사 하나를 자세히 보는 것보다 여러 개 기사의 헤드라인을 훑어보는 걸 선호한다. 우리 뇌는 제한된 에너지로 작동하는데, '정보 최소량의 법칙'에 따라 하나에 대해 많이 아는 것보다 많은 것에 대해 필요한 것만 아는 것이 생존에 훨씬 도움이 되기 때문이다.[28] 따라서 설령 본문에 반론이 포함되어 있다 하더라도 포털에서 부정적인 뉴스 제목만 보는 독자에게 혐오 인식이 강화될 수밖에 없다.

더구나 족벌 · 상업 언론은 민주당이나 문재인 정부를 비판하는 기사나 사설에서 조국과 윤미향을 자주 소환했다. 또, '윤미향(정의연) 사례에서도 보듯이'라는 문구를 관용구처럼 사용하면서 재판 결과가 나오기 전임에도 유죄를 기정사실화했다. 이것은 끝없이 '여기 이 마녀에게 돌을 던지라'고 선동하는 것과 마찬가지였다. 실제로 윤미향을 공격하는 기사들에는 욕설과 막말을 섞어 그를 비난하고 저주하는 댓글들이 넘쳐났다. SNS에도 윤미향을 비난하는 수많은 이들의 다양한 글들이 올라왔다.

족벌·상업 언론만이 아니라 한겨레와 경향신문 같은 진보

---

* 〈2022 언론수용자 조사〉, 한국언론진흥재단. 또 〈디지털 뉴스 리포트 2021 한국〉(한국언론진흥재단)에 따르면, 포털에서 디지털 뉴스를 이용한다는 응답이 72%였는데, 이는 조사 대상 46개국 중 최고 수준이다.

표 3. 윤미향과 정의연에 관한 언론사별 단독 보도 제목과 출처, 그리고 문제제기 결과

언론사	기사 제목	출처	결과
한국경제	[단독] 하룻밤 3300만 원 사용..정의연의 수상한 '술값'	자체 취재	사실 아님 불기소
조선일보	[단독] 정의연 4년간 13억 국고 보조금 중 8억 사라졌다	곽상도	회계 실수 불기소
조선일보	[단독] 윤미향이 심사하고 윤미향이 받은 지원금 16억	황보승희	사실 아님
중앙일보	[단독] 곽상도 "윤미향 2012년 2억 원대 아파트 경매로 현금 구매"	곽상도	사실 아님 불기소
조선일보	딸 미국 유학 보낸 윤미향 부부, 소득세는 5년간 640만 원	자체 취재	사실 아님 불기소
한국일보	[단독] 위안부 피해자 '쉼터'엔 할머니들이 없었다	자체 취재	사실 아님 불기소
중앙일보	[단독] "정대협·정의연 소식지 편집회사 대표는 윤미향 남편"	곽상도	사실 아님 불기소
한국일보	[단독] 정대협 '수상한 회계'…기부금 받아 산 7억대 '쉼터' 7년 후 부채로 둔갑	자체 취재	무죄
조선일보	[단독] 할머니 가족 "숨진 소장이 돈 빼내" 정의연 "아들이 돈 요구"	자체 취재 (할머니 가족)	무죄
중앙일보	[단독] SNS서 기부금 모금, 윤미향 개인계좌 3개로 받았다	자체 취재	사실 아님 무죄

출처: 민주언론시민연합

언론과 진보적 지식인들도 윤미향을 비판하는 글들을 신기 시작했다. 십자가에 매달린 윤미향을 풀어주려는 사람은 보이지 않고, 작은 돌 하나라도 같이 던지려는 사람들이 곳곳에서 나

표 4. 1심 판결 이후 윤미향 연관어 분석 (2023.2.13. - 2.19.)

순위	연관어	건수
1	이재명+민주당+더불어민주당+김두관	1,574
2	유죄+벌금+후원금+횡령+벌금형+범죄	1,389
3	판결+재판+법원+결과+판사	1,287
4	검찰+수사+검사	1,268
5	의원+윤의원	1,069
6	무죄+무죄판결	847
7	곽상도+국민의힘	832
8	위안부+할머니	573
9	한동훈+장관+법무부	507
10	마녀+사냥+마녀사냥	433
11	정의연+정의기억연대	422
12	무소속+무소속의원	392

*1심에서 거의 무죄가 나왔음에도, 무죄 관련 연관어보다 유죄나 횡령 관련 연관어가 더 많음을 알 수 있다.
출처: 스피치로그

타났다. 이미 '윤미향은 위선적이고 파렴치한 사람'이라는 혐오와 편견의 인식이 강하게 형성됐기 때문이었다.

이렇게 굳혀진 혐오 인식은 정정 보도를 해도 크게 약화되지 않았다(48쪽 〈표 1〉 참조). 심지어 제기된 의혹 대부분이 불기소 처분되고 1심에서는 무죄에 가까운 판결까지 나왔지만, 윤미향과 정의연에 대한 부정적 인식은 쉽게 사라지지 않았다(〈표 3〉,

〈표 4〉 참조). 왜냐하면 프레임이 사실을 이기기 때문이다.[29] 뇌과학에 따르면, 한번 만들어진 사회적 가치 체계는 좀처럼 변하지 않는다고 한다. 즉, '나쁜 사람'으로 정의된 대상은 평생 나쁜 사람으로 인식된다는 뜻이다. 뇌가 세상에 대해 아는 지식의 대부분은 대상에 대한 구체적인 정보가 아니라 대상에 대한 분류 정보이기 때문이다.[30]

확대된 마녀사냥의 표적

강력하게 굳어진 윤미향과 정의연에 대한 혐오는 시민운동 출신 정치인이나 진보적 시민단체 자체에 대한 비판과 혐오 조장으로 확대되었다.

["정부 감시 대신 정권 옹호" 86세대 성공 루트 된 시민단체] (중앙, 2020.5.26.)

[김명호 칼럼 | 윤미향 사건이 진보의 품격과 염치를 묻는다] (국민, 2020.6.1.)

[정의연 사태서 드러난 정부와 NGO의 공생관계] (동아, 2020.6.2.)

["제2 윤미향 방지하자"… '기부금 투명 관리 3법' 발의한 통합당] (조선, 2020.6.18.)

[우인호 칼럼 | 이런 '시벌(市閥)'이 있나] (디지털타임즈, 2020.6.23.)

[시민단체 '정치권력 비판' 칼 내팽개치고… 정치권 진입 수단으로] (한국, 2020.6.30.)

그리고 2022년에 윤석열 정부가 들어섰다. 그동안 시민단체와 '회계 부정'을 계속 연결하며 혐오를 조장해온 족벌·상업 언론의 논리를 토대로, 윤석열은 정부 보조금을 받는 비영리 민간단체의 회계 투명성을 강조했다. 이들은 윤미향과 정의연이 그 계기가 되었다는 발언을 빼놓지 않았고, 관련 법안을 이른바 "윤미향 방지법"이라고 부르면서 윤미향과 시민단체에 대한 혐오 의식을 지속적으로 부추겼다.

[尹 '민간단체 보조금 대수술' 예고… 與 "그들만의 카르텔" 野 "노조 이어 시민단체"] (동아, 2022.12.28.)

[사설 | 시민 팔아 나랏돈 빼먹는 'NGO 적폐' 청산해야] (한국경제, 2022.12.28.)

[사설 | '먼저 본 사람이 임자'였던 시민단체 보조금] (중앙, 2022.12.29.)

2023년, 윤석열 정부는 감사원을 동원해 비영리 민간단체에 대한 대대적인 감사를 시행했다. 족벌·상업 언론은 감사 내용을 인용해 다음과 같은 제목의 기사를 내보냄으로써 시민단체 전체에 대한 혐오를 조장했다.

[정부 보조금은 '쌈짓돈'… 나랏돈으로 집 사고 차 산 시민단체들] (디지털타임즈, 2023.5.16.)

[손녀 말 사주고 유학비 대주고… 보조금 '내 돈'처럼 쓴 시민단체] (한국경제, 2023.5.16).

하지만 감사에서 적발된 단체들은 진보적인 시민단체가 아니었다. 그럼에도 불구하고 언론은 '잘못된 일반화의 오류'를 이용해 보도한 것이다.* 실제로 국세청의 2022년 공익법인 추징 세액 및 추징 건수를 분석한 결과를 보면, 공익법인 전체 추징액의 89%가 사학과 장학재단, 교회와 사찰 등에서 발생했다. 정작 시민단체들이 대체로 속해 있는 '기타 법인'의 추징액은 전체 추징액의 0.4%(추징 건수 3건)에 불과했다. [단독|시민단체 회계 꼬집더니… 정작 추징액은 0.4%뿐] (한겨레, 2023.10.9.) 하지만 족벌·상업 언론은 시민단체의 정치적 중립과 회계 투명성을 강조하면서, 정작 이 기준을 철저히 지켜야 할 검찰, 언론, 공무원에 대해서는 별다른 언급을 하지 않았다.

시민단체는 1990년대 이후 한국 사회의 여러 분야를 발전시키는 데 상당 부분 촉매제 역할을 해왔다. 그런데 윤미향과 정의연 사건을 계기로 시민단체에 대한 혐오와 부정적 인식을 확

---

* [팩트 체크 불가능한 민간단체 보조금 감사] (시사IN, 2023.6.27.) 6월 4일 대통령실이 '민간단체 보조금 감사 결과'를 발표할 때 권력을 견제하는 시민단체와 새마을운동지회 같은 비영리 민간단체를 구분하지 않아 '시민단체 때리기'에 감사 결과를 이용했다는 비판이 일었다.

산하는 방향으로 '여론몰이'가 진행됐음을 알 수 있다. 이 사실은 대부분의 마녀사냥이 처음에는 주로 소수의 피해자를 겨냥하지만, 그것이 성공하면 표적을 확대하면서 계속 새로운 피해자들을 양산해나간다는 것을 확인해준다.

7장
마녀사냥꾼 1: 족벌·상업 언론

마녀사냥이 시작되고 확대되는 과정은 이어달리기와 흡사하다. 누군가를 마녀로 지목하는 사람, 마녀로 지목된 사람에 대해 온갖 나쁜 소문을 만들어서 퍼트리는 사람, 그 소문을 바탕으로 희생자를 십자가에 매다는 사람, 십자가에 매달린 희생자에게 돌을 던지라고 선동하는 사람, 여론몰이를 바탕으로 희생자가 마녀로 입증됐다고 선포하는 사람 등 여러 종류의 마녀사냥꾼이 필요하다. 2부의 다음 장들에서는 마녀사냥꾼들이 각각 어떤 역할을 했는지 자세히 짚어보고자 한다.

먼저 살펴볼 것은 족벌·상업 언론이다. 보통 민주사회에서 언론과 여론은 갈등 조정과 문제 해결에 중요한 기능을 한다. 언론이 국민에게 정확한 사실과 다양한 의견을 제공하면, 여론이 형성되는 과정에서 시시비비가 가려지고 옳고 그름이 드러나 합리적인 결론에 이르게 된다. 반대로 언론이 사실을 은폐하거나 편향된 정보와 의견을 전달하면, 여론은 호도되고 민주주의마저 위협받게 된다.

정상적인 언론은 정확한 사실과 다양한 의견을 정직하고 공정하게 전달하여 대중들이 합리적인 판단을 하도록 돕는다. 하지만 비정상적인 언론은 자신의 의도에 맞는 사실과 의견을 전달함으로써 대중의 판단을 의도된 방향으로 몰아간다. 이념과 지역과 세대와 계층과 성별로 편을 가르고 분열을 조장한다. 갈등 해소가 아니라 갈등을 키우는 데 앞장서는 것이다. 이것이 바로 한국 사회에서 주로 보이는 족벌·상업 언론의 모습이다.

여기서는 족벌·상업 언론들 중에서 가장 선봉에 있다고 평가받는 조선일보를 통해서 마녀사냥꾼으로서 족벌·상업 언론의 구실과 특징을 살펴보겠다.

어젠다 세팅과 프레임 짜기

2020년 6월, 조선일보 정치부장은 [어떤 인터뷰에서 진짜 윤미향을 보았다] (2020.6.6.)에서 "총선 전인 3월 31일, 정치부 후배 기자가 "반미(反美) 운동했던 여당 비례대표 후보 딸이 미국 명문대를 다닌다"는 보고를 했다"고 밝혔다. 이 말을 입증이라도 하듯, 조선일보는 총선 선거운동 기간부터 윤미향과 정의연을 공격하기 시작했다.

[위안부 지원단체 정대협, 市기금 중복 신청 들통] (3.30.)

[반미 앞장서온 시민당 윤미향, 정작 딸은 미국 유학중] (3.31.)

[단독|與 비례당 7번 윤미향의 딸, 자가격리 중 꽃놀이?] (4.2.)

이어서 조선일보는 4월 12일 [日 강제동원 피해자 단체들 "윤미향 사퇴하라"]라는 단독 기사를 통해 당시 윤미향 후보에 대한 기본적인 공격 프레임을 짜고 포인트를 적시했다. "윤 후보가 그동안 ▲소수의 위안부들을 회유하여 반일(反日)에 역이용했고 ▲일제 피해 당사자가 아닌 운동권으로서 자기 밥그릇 챙기기에 혈안이 되어 있다는 점 ▲남편은 반미(反美)의 선봉장으로 간첩 사건에 연루돼 일부 유죄 판결을 받았고, 자녀는 미국 유학을 보낸 '내로남불' 등을 문제로 꼽았다."

그러던 와중 5월 7일에 열린 이용수 할머니의 기자회견은 그들에게 공격을 본격화할 너무나 좋은 빌미를 제공한 셈이었다. 조선일보는 윤미향과 정의연에 대한 공격의 최전선에 서서 여론을 주도했다. 2020년 5월 7일부터 1년 동안 54개 언론사가 쓴 윤미향 관련 기사 건수는 17,557건인데, 이중 조선일보의 기사량이 전체 기사량의 9%에 해당하는 1,547건으로 가장 많았고, 이어 세계일보(1,289건)와 중앙일보(1,215건) 순이다(출처: 빅카인즈).

신문의 1면을 장식하는 기사나 방송 뉴스에서 첫 번째로 나오는 톱뉴스는 사람들에게 가장 중요한 정보라는 인식을 준다. 같은 사안의 뉴스가 반복되는 것도 마찬가지다. 이것을 언론의 의제 설정, 어젠다 세팅(Agenda Setting)이라 부른다.

한국 언론에서 여론화의 의제를 설정하는 최고의 어젠다 세터(setter)는 조선일보다. 윤미향과 정의연에 대한 마녀사냥에서도 어젠다 세터는 조선일보였고, 마녀 프레임을 씌운 '1등 언론'도 조선일보였다.

당시 정대협이 마련한 마포 쉼터에 거주하면서 정대협과 활동을 함께해온 김복동, 길원옥 할머니와 달리 이용수 할머니는 마포 쉼터에 거주하다 다른 할머니와의 불화로 조계종이 운영하는 '나눔의 집'으로 거처를 옮겼다. 나중에는 고향인 대구에 거주하면서 정대협과 따로 활동을 해왔다. 기자회견의 형식은 내부 고발의 외양을 하고 있었지만, 부정과 비리에 가담했거나 목격한 내부자의 고발이 아닌 할머니의 주관적 소회와 개인적 감정을 토로하는 회견이었고, 선뜻 납득되지 않는 발언들도 있었다.

애초에 이용수 할머니의 1차 기자회견은 언론의 관심을 크게 끌지 못했다. 회견에 참석한 기자는 예닐곱 명에 그쳤고, 조선일보와 중앙일보를 제외한 대다수 언론은 연합뉴스의 기사를 옮겨서 싣는 정도였다. 동아일보와 한겨레는 당일에는 보도하지 않았다. 발언의 내용이 갑자기 제기된 터라, 추가 취재로 사정을 더 알아보기 위해서였다는 게 한겨레의 설명이다.

하지만 조선일보는 달랐다. 이용수 할머니의 기자회견을 중요하게 보도했을 뿐 아니라 "30년간 속을 만큼 속았고, 당할 만큼 당했다", "증오와 상처 가르치는 수요집회 참석 안 하겠다"

같이 자극적인 제목을 단 기사를 내보냈다. '수요집회에서 돈 없는 학생들이 십시일반으로 성금을 기부하는데 돈이 어디에 쓰이는지 모르겠더라, 배고프다 해도 돈 없다고 하더라, 벽시계 사달라고 해도 안 사주더라'는 할머니의 발언 내용은 독자들의 말초신경을 자극하고 분노를 촉발하기에 충분했다.

기사 제목은 이용수 할머니가 한 말을 그대로 인용한 것 같지만, 월간조선이 최대한 그대로 실었다는 이용수 할머니의 기자회견 발언 전문에는 '증오'라는 표현이 없다. '일본군 성노예제 문제 해결을 위한 정기 수요시위'라는 공식 명칭에서도 알 수 있듯이, 수요집회는 할머니들의 생계 지원을 위한 모금 행사가 아니라 일제의 반인륜적 전쟁 범죄를 국내외에 널리 알리고 과거사를 숨기거나 왜곡하지 말고 솔직하게 인정하고 사죄할 것을 일본 정부에 촉구하는 시위다. 또한 정대협(정의연)은 '위안부' 피해자들을 위한 구호단체나 복지기관이 아닌, 일본군 성노예제 문제의 정의로운 해결과 평화로운 세상을 만들기 위한 비영리 시민단체다.[31] 그리고 할머니가 벽시계를 사달라고 했다는 걸 기억하는 정대협 활동가는 없다. 다만 이용수 할머니의 집에 있는 가전제품 중 정대협이 후원을 받아 마련해준 적은 있었다.

그럼에도 조선일보는 '증오와 상처를 가르치는 수요집회', '위안부 피해자들에게 성금을 쓰지 않는 위안부 피해자 단체'라는 의제를 설정하고 '속을 만큼 속았고, 당할 만큼 당했다'는 배신과 분노의 프레임에 독자들을 욱여넣었다. 정론직필을 언론의 금과옥조로 여기는 진정한 '1등 신문'이라면 해서는 안 되는 대중 선동이고, 여론 조작이었다.

조선일보의 계속된 왜곡과 선동 보도

당시 정대협에는 일본인 후원자들도 꽤 있었다. 일본군 '위안부' 문제를 한일 간의 문제가 아니라 인류 보편적인 인권 문제로 바라봐야 하고, 역사를 바르게 기록하고 가르쳐야 한다고 믿는 사람들이었다. 이들은 정대협을 방문할 때 활동가들을 위한 선물로 일본 과자를 사오곤 했다.

2016년 5월 윤미향과 정대협 활동가들은 안성 쉼터에서 워크숍을 마치고 새로 들어온 활동가 환영 파티도 할 겸 조촐한 회식 자리를 가졌다. 윤미향은 회식 풍경을 담은 사진과 함께 "오랜만에 이야기꽃을 피웠습니다"라는 글을 자신의 SNS에 올렸다. 정대협 활동 홍보를 위해서였다.

마치 사설탐정을 동원해 샅샅이 훑기라도 했는지, 조선일보는 [윤미향이 즐기던 술상엔 일본과자들이…] (2020.5.17.)라는 제목으로 "할머니들을 위한 쉼터에 할머니는 없고 반일(反日)을 외치는 윤미향과 정대협 활동가들이 일본과자 먹으며 술판을 벌였다"고 비아냥거리는, 보도가 아닌 악담을 배설했다. 왜곡과 거짓으로 대중의 분노를 부추기는 선동이었다. 이런 기사는 정정이 이뤄진다 해도 독자들의 뇌리에 남은 부정적인 이미

지까지 바꿀 수는 없다. 언론 윤리에 있는 대로 충실하게 사실 확인을 했다면 절대 쓸 수 없는 기사들이었다.

TV조선도 윤미향과 정의연에 대한 초기 마녀사냥에 물량을 집중했다. 뉴스는 물론 편성의 상당수를 차지하는 시사 프로그램에서도 엄청난 시간을 할애해 무분별한 의혹 제기에 나섰다. 예를 들어, 낮 시간대 프로그램인 엄성섭 앵커의 〈보도본부 핫라인〉은 2020년 5월 11일부터 6월 1일까지 전체 방송 시간의 61% 정도를 윤미향 관련 아이템으로 채웠다. 그리고 같은 기간 동안 저녁 시간대 프로그램 〈이것이 정치다〉에서는 전체 방송 대비 약 55%의 시간을 윤미향과 정의연에 관한 주제로 다뤘다. 코로나19와 조국 관련 주제를 제외하면, 거의 모든 이야기가 윤미향과 정의연에 관한 내용이었던 셈이다.

내용도 그저 의혹 제기 기사를 기정사실로 한 해설이거나 윤미향 관련 이미지에 대한 해석이 대부분이었다. 이를테면 〈보도본부 핫라인〉의 엄성섭 앵커는 이틀 연속으로 자료화면까지 보여주면서 기자회견에서 '땀 흘리는 윤미향'만 강조했다. 〈이것이 정치다〉에서는 윤미향의 일거수일투족에 초점을 맞췄는데, 진행자인 윤정호는 전화기를 들고 활짝 웃고 있는 윤미향의 사진을 보여주며 그의 복장과 표정을 구체적으로 묘사하기도 했다.

당시 민주언론시민연합의 김언경 대표는 TV조선의 이런 방송 행태를 꼬집었다.

"이건 뉴스 가치라기보다 '스토킹' 수준인데요. 언론의 정의연에 대한 보도, 윤미향 의원에 대한 보도는 분명 정상적인 저널리즘의 행태가 아니라 지나치게 과열되어 있고, 근거가 매우 부족하다고 생각합니다. … 그저 특정 언론사의 정파적 이해관계 속에서 논란이 일어서 이목을 집중시킬 만한 보도로 클릭을 유도하는 상업적 목적이 있다고 봅니다."[32]

정의연은 TV조선의 방송 기사 5건에 대해서 방송통신심의위원회에 제소했고, 그중 2건이 심의규정 위반으로 '권고' 조치를 받았다.

스토킹 같은 보도와 방송

윤미향과 정의연을 향한 족벌·상업 언론의 집중포화가 쏟아지던 5월 15일, 조선일보는 정대협이 2016년부터 2018년까지 정부 보조금으로 13억 원을 받았는데 국세청 공시에는 5억 3,800만 원만 올라 있다며 "국고보조금 8억 원이 사라졌다"고 보도했다. 국고 보조금을 장부에 기재도 하지 않고 뒤로 빼돌리기라도 한 것처럼 보도한 것이다.[33] '단독'이라는 모자를 씌운 그 보도는 당시 미래통합당 곽상도 의원발 기사였다.

정의연은 비영리단체에서 적용해왔던 회계 기준 및 내부적인 결산 방법이 국세청 공시 기준과 달라서 일부 오류와 누락이 있었다고 해명했으나 조선일보는 "국고 보조금이 사라졌다"고 기사화했다. 의도치 않은 회계 오류를 의도적인 회계 부정으로 둔갑시킨 것이다. 사설에서는 "사라진 세금 8억 원이 눈먼 돈이 돼 버렸다"고 호도했고, 어떤 해엔 기부금의 1%도 할머니들에게 주지 않았다느니, 피해자들을 앞세워 앵벌이를 했다느니, 할머니들을 팔았다느니 하는 악담을 반복했다.

조선일보의 단독 보도가 있은 지 두 달이 지난 8월 31일, 정대협은 약속대로 국세청의 공시 기준에 맞춘 결산서를 국세청 홈페이지에 재공시했다. 그리고 나흘이 지난 9월 4일, 조선일보에는 [정대협, 없던 돈 8억이 어디서 생겼을까]라는 제목의 단독 보도가 실렸다. 마치 정대협이 돈을 빼돌렸다가 발각되자 반납하기라도 한 것처럼 의심하는 내용이었다. 글을 쓴 기자는 '사라진 8억' 기사를 썼던 사람과 동일했다. 몇 년 전도 아니고 불과 두 달 전인데 자기가 썼던 기사도 기억하지 못하는 걸까? 그래서 김경율 회계사의 입을 빌려 "정대협이 갑자기 부자가 된 셈"이라고 비아냥거리고, '일각에선'이라는 익명을 빌려 "정대협이 숨겨둔 비자금이 아니냐"라는 식으로 몰아가며 범죄자 낙인을 덧씌웠다. 기사 어디에도 정의연의 입장을 실은 내용은 없었다.

언론 윤리에 있는 대로 공식적인 경로를 통해 사실 확인을 하고도 사실을 무시하고 '의혹'을 창조한 기사도 있다. 6월 16일, 조선일보는 "윤미향이 여성가족부의 지원 사업을 심사하고 지원금 16억 원을 받아갔다"는 내용의 기사를 실었다. 당시

미래통합당 황보승희 의원이 여성가족부에서 받은 자료를 자의적으로 해석해 '의혹'을 창조한 것이었다.[34]

'일제하 일본군 위안부 피해자에 대한 보호·지원 및 기념사업 등에 관한 법률(위안부피해자법)'에 따르면, 심의위원회는 일본군 '위안부' 피해자를 생활안정지원 대상자로 등록해 보호하려 할 때 등록과 관련한 사실 여부를 심의하거나 일본군 '위안부' 피해자 관련 기념사업에 관한 전반적인 사업 추진 방향을 심의하는 기구이고, 사업을 수행할 기관 선정은 '보조사업자선정위원회'에서 한다.

윤미향과 정의연 이사들은 사업자선정위원회에 참여한 적이 없으니 '셀프 심사'를 하고 보조금을 받아 갔다는 건 허위다. 여성가족부도 조선일보 기자에게 심의위원회와 선정위원회의 차이에 대해 설명했고, 정의연 이사들이 선정위원회에는 참여한 적이 없다고 밝혔다는 내용이 해당 기사에도 실려 있다. 그런데도 '셀프 심사'로 보조금을 받아간 것처럼 보도하고, 기자회견에서 "당할 만큼 당했고 속을 만큼 속았다"고 한 이용수 할머니의 말로 기사를 마무리했다.

또 조선일보는 정의연과 정대협이 기부금 및 국고 보조금 37억 원을 빼돌렸다고 반복적으로 주장했다. 이 37억 원이라는 숫자는 조선일보가 법치주의바로세우기행동연대(법세련, 대표 이종배)라는 고발 전문 단체의 주장을 인용해 5월 23일 처음 사설에 사용했다.[35] 이 액수는 [윤미향 3개월만에 첫 소환… 檢 이

달중 기소 방침](8.14.)이란 기사에서 다시 등장한다.

"서울서부지검 형사4부(부장 최지석)는 이날 윤 의원 소환을 앞
두고 정의연·정대협의 37억 원에 달하는 보조금·기부금 회계 누
락, 안성 쉼터 고가 매입 등 그동안 제기된 정의연 의혹 상당 부분
을 사실로 확인한 것으로 알려졌다… 윤 의원이 대표로 있던 정
의연과 정대협의 회계장부에서 총 37억 원이 넘는 기부금과 보조
금이 누락됐는데, 이 중 일부를 윤 의원이 가져다 쓴 것 아니냐는
의혹이 나온다."

논란 초기 이미 정의연 관계자는 국고 보조금의 국세청 공
시 누락은 개별 보조금을 준 기관에 따로 정산했기 때문에, 회
계 전문 지식이 없어 일어난 단순 실수라고 해명했다.* 그러나
조선일보는 사설과 칼럼에서 반복적으로 '37억 원'을 명시해
어마어마한 금액의 회계 부정 내지 횡령이 있다는 인식을 독자
에게 심어주었다. 하지만 정작 이 37억 원이 9월 14일 검찰의

* 〈22억 원 증발 정의연 회계 처리 오류〉 보도 관련: 이는 회계 처리의 오
류가 아니라 회계 감사를 마친 회계 자료를 국세청 공시에 입력하는 과정
에서 누락이 발생한 것입니다. 국세청도 밝힌 것처럼 의도적 누락은 아닌
것으로 국세청의 재공시 명령에 따라 이후 절차를 진행할 것입니다. 2020
년 5월 12일 정의연 성명 〈붙임자료〉, 정의연 홈페이지(https://womenand-
war.net/kr) 게재

기소 내용에 없는 것이 확인되자, 아무런 해명이나 사과도 없이 슬그머니 지면에서 사라졌다.

사라진 팩트와 언론 윤리

　　의제를 설정하고 여론화하기 위한 '어젠다 키핑(agenda keeping)'에서 중요한 것은 반복이다. 조선일보는 윤미향과 정의연에 대한 마녀의 낙인을 강화하는 데 필요한 '왜곡된 사실'만 과장하여 반복적으로 보여주고, '있는 그대로'의 사실은 보여주지 않았다. 비영리단체의 회계 방식이 복식 부기로 바뀌면서 생긴 혼선과 공시 과정에서의 오류가 돈을 빼돌리는 회계 부정이 아니라는 건 말하지 않았다. 대신 '하룻밤 술값 3,300만 원'이 수상하다며 비용을 과대 계상하여 돈을 빼돌린 것처럼 몰아갔다. 2015 한일 합의의 본질은 '굴욕적 합의'였고 그래서 국민의 지지를 받지 못했으며 일본군 '위안부' 문제가 여태 해결되지 않고 있는 건 과거사를 인정하지도, 반성하지도 않는 일본 정부의 책임이 크다는 걸 결코 말하지 않는 것과 같은 맥락이다.

　2020년 9월 14일 윤미향 의원이 기소되었고, 11월 30일은 1차 공판준비기일로 재판을 위한 공식 절차가 시작됐다. 재판을 통해 윤미향과 정의연에 대한 수많은 의혹의 진실을 찾는 시간이 시작된 것이다. 그러나 조선일보는 윤미향에 대한 마녀사냥을 멈추지 않았다. 기사와 사설을 통해 지속적으로 윤 의원을 공격했고, 다른 이슈에도 그를 소환했다.

예를 들어, [윤미향, 日 배상책임 판결에 "피해자 인권 위해 계속 노력"] (2021.1.8.)이란 기사에서 느닷없이 윤 의원의 기소 혐의를 나열했다. 그리고 [野 "8개 죄로 기소된 윤미향이, 부끄럼 모르고 다시 위안부 팔이"] (1.9.)라는 기사와 ['위안부 이용' 운동과 '여성 이용' 운동, 참으로 역겹다] (1.11.)라는 사설을 썼다. 윤미향에 대한 혐오를 강화하고 위안부 관련 활동을 하지 말라는 압박이었다. 그리고 윤미향을 거명할 때는 '파렴치'라는 표현을 썼다. [사설 | 민주당 법안 처리 꼼수에 또 파렴치 혐의 윤미향 동원] (2022.12.30.)

조선일보는 1심 선고에서 윤미향과 정의연에 대한 범죄 혐의가 거의 벗겨지자, 이를 뒤집기 위해 법원을 압박하기 시작했다.

[윤미향 1심서 벌금형… 법조계 "납득 어려워"] (2023.2.11.)

[與 "尹, 죄질에 비해서 깃털만큼 가벼운 형량… 국민의 법감정에 미달", 野에선 공식입장 안 내] (2.11.)

[사설 | 2년 5개월 끌다 면죄부성 벌금형 선고한 윤미향 판결] (2.11.)

특히 위의 사설에서는 "당시 검찰이 제대로 수사를 안 한 것인지, 법원의 판단에 문제가 있었는지는 알 수 없다. 어느 쪽이든 항소심에선 정의가 바로 세워져야 한다"며 2심 담당 검찰과 재판부에 노골적인 압력을 가했다.

이 모든 과정에서 펙트 체크나 언론 윤리는 찾아볼 수 없었다. 조선일보 양상훈 주필은 2021년 9월 2일 조선일보에 실린 [5배 징벌적 배상 1호는 '탈원전 文'이 마땅하다]는 제목의 기명 칼럼에서 아래와 같이 주장했다.

"책임 있는 언론은 보도 전 확인 과정에 한 달 이상 걸리는 경우도 있다. 그래도 오보를 한다. 그런데 국가 에너지 정책을 혁명적으로 바꾸면서 기본 팩트조차 확인하지 않았다. 탈원전이라는 '고의'를 갖고 있었기 때문에 검증 절차 따위는 거추장스러웠을 것이다. 탈원전 가짜뉴스는 '명백한 고의'에 의한 것이다."

하지만 양상훈 주필의 칼럼은 문재인 정부의 탈원전 정책이 아니라 조선일보의 '윤미향 죽이기' 보도에 적용해야 맥락이 매끄럽게 이어진다. 앞에서는 정론직필을 다짐하고 뒤에서는 혹세무민을 일삼는, 무늬만 언론이 아닌 언론의 사회적 책임을 아는 정상적인 언론사의 상식적인 기자라면, 기사를 쓰기 전에 사실 여부를 확인하는 과정에 한 달 이상 걸리는 경우도 있다. 그래도 어떤 경우에는 오보를 한다. 그런데 개인 간의 이해 다툼이 아닌 사회적으로 매우 중대한 사안을 보도하면서 기본 팩트조차 확인하지 않는다면, 잘못된 주장임을 알면서도 검증 없이 보도한다면, '고의'가 있었다고 볼 수밖에 없다.

만약 조선일보와 족벌·상업 언론이 '윤미향 죽이기', '정의연 고립화', '일본 우익들이 혐오하는 위안부 문제를 역사에서 삭제'하려는 '고의'를 갖고 있었다면, 언론 윤리의 기본인 사실 확인이나 검증 따위는 거추장스러웠을 것이다. 통상 언론은 제보를 받으면 일단 의심하고 관련 전문가에게 자문을 구하는 경우가 많다. 전문가들이 말도 안 된다고 하면 바로 접는다. 폭로성 기자회견이나 이른바 셀럽들이 SNS에 올리는 일방적인 주장도 마찬가지다. 기자의 직업병은 '의심'이다. 그걸 '합리적 의심'이라고 한다. 합리적 의심이 결여된 기자는 기자가 아니라 받아쓰기 로봇이거나 위에서 시키는 대로 주문형 기사를 쓰는 용역업체 직원이다.*

언론 윤리는 대국민 사기극의 소품이나 늑대의 얼굴을 가리는 가면이 아니다. 기자들에게 언론 윤리는 직업윤리이자 복무수칙이고 반드시 지켜야 하는 의무다. 어느 직업이든 공공의 영역으로 갈수록 직업윤리는 엄격해지고 준수는 의무가 된다. 언론 윤리가 사실상 사문화된 미개한 정글에선 마녀사냥이 일상이고, 펜은 사람을 죽이는 흉기가 된다. 조국 가족 보도가 그랬던 것처럼 언론 윤리가 사실상 사문화된 미개한 정글에서 또 하나의 사냥이 전개됐다. 윤미향 마녀사냥, 그 선봉에 조선일보를 위시한 족벌·상업 언론이 있었다.

* 조선일보 양상훈 칼럼의 논리를 차용했다.

8장
마녀사냥꾼 2: 정치검찰

중세 마녀사냥에도 누군가를 마녀로 지목하는 것만이 아니라 그 사람이 실제 마녀인지를 조사하는 수사관과 왜 마녀인지를 판정하는 재판관이 필요했다. 주로 교회나 종교기관이 그런 역할을 수행했다. 오늘날 한국 사회의 마녀사냥에서도 수사기관과 재판관은 필요하다. 그 일을 주도하는 이들이 바로 정치검찰이다.

마녀사냥이 주로 '빨갱이'나 '종북 좌파'를 색출하는 성격이었을 때는 국가보안법이나 보안수사대, 검찰 '공안부'가 중요한 역할을 맡았다. 하지만 이제 '종북몰이'는 시대착오적 색깔론이라는 반발을 사면서 효과가 떨어지고 있다.

그래서 마녀사냥의 표적을 '위선적이고 파렴치한 범죄자'로 만드는 것이 더 중요한 과제로 등장했다. 이런 상황에서 주로 '특수부'로 상징되는 정치검찰이 전면에 등장해서 마녀사냥의 핵심적인 사냥꾼 노릇을 하기 시작했다. 정치검찰과 검사들은 표적이 된 '마녀'가 왜 사회적 지탄을 받고 정치적으로 매장 당해 마땅한지를 수사와 기소를 통해 법률적으로 정당화한다. 2019년 조국몰이 과정에서 보여준 윤석열 사단의 모습이 가장 대표적인 사례지만, 2020년 윤미향 마녀사냥에서도 정치검찰은 그 폐해를 고스란히 드러냈다.

수사인가 사냥인가

족벌·상업 언론들만큼이나 정치검찰도 매우 초기부터 윤미향 마녀사냥을 위해 기민하게 움직였다. 이용수 할머니의 1차 기자회견 후 일주일이 지나지 않아 여러 보수 단체가 윤미향과 정의연을 사기, 횡령 등의 혐의로 고발했고(5.12.~5.14.), 대검찰청은 이 사건을 서부지검의 경제범죄전담 부서(형사4부, 부장 최지석)에 바로 배당했다. 그리고 5월 14일 곧바로 수사가 시작됐다. 서부지검은 5월 20일 오후 5시경 정의연과 전쟁과여성인권박물관을 12시간에 걸쳐 전격 압수수색하고, 다음날에는 마포 쉼터도 압수수색했다.

정의연은 과도한 압수수색에 반발하며 "변호인들은 일본군 '위안부' 피해자 길원옥 할머니께서 생활하시는 마포 쉼터에 있는 자료에 대해 임의 제출하기로 검찰과 합의한 바 있다"고 밝혔다. 그런데도 "변호인들과 활동가들이 미처 대응할 수 없는 오전 시간에 길원옥 할머니께서 계시는 쉼터에 영장을 집행하러 온 검찰의 행위는 일본군 '위안부' 운동과 피해자들에 대한 심각한 모독이며 인권 침해 행위"라고 강하게 비판했다.

압수수색 다음날인 5월 22일 검찰은 기존 서부지검 형사4부에 형사1부와 5부를 합류시켜 수사팀을 보강했다. 그리고 정의연(정대협) 활동가들을 소환 통보했다. 5월 26일 회계 담당자가 서부지검에서 첫 조사를 받았다. 그는 모두 4차례나 불려갔고, 몇 날 며칠 밤을 새우며 수백 페이지에 달하는 질문지에 서면으로 답변해야 했다. 그는 이 일로 체중이 무려 8kg나 빠졌다고 한다. 검찰은 윤미향 의원의 소환조사에 이르기까지 20명가량의 정의연(정대협) 활동가와 관련자, 그리고 위안부 할머니 가족 등을 불러서 조사했다.

2013년부터 2년간 수요집회 지원과 '위안부' 피해자 보조금 관리를 맡았던 전 간사는 서부지검이 제주지검에 수사관을 파견해 조사하기도 했다. 처음에 그가 제주에 살고 있고 육아 문제로 출석이 어렵다고 하자 검찰은 그를 하루 만에 참고인에서 피의자로 입건하며 압박했다. 그는 "너무 겁이 나서 어찌해야 할지 몰라 발만 동동 구르고 있었다"며 "식사도 제대로 할 수 없었고 밤에 잠도 자기 어려웠다"고 호소했다.[36]

정의연 활동가들은 쏟아지는 언론 기사에 대한 대응도 벅찬 와중에 검찰이 보내온 수십 년에 걸친 활동에 대한 질의서에 일일이 답변서를 보내야 했다. 검찰 수사 과정에서 어떤 이는 너무 힘들어 구토 증세를 보이다 결국 정신병원에 입원했다. 그들이 힘들어한 것은 특히 "내가 혹시 뭔가 일을 잘못 처리한 건 아닐까?", "내가 더 완벽했더라면 빌미를 주는 일은 없지 않 았을까?" 하는 자책감이었다고 한다. 게다가 오랜 동료였던 손 영미 소장마저 숨지자, 그들은 거의 모두 우울감과 트라우마로 심리치료를 받아야 했다.

5월 29일, 검찰은 법세련이 고발한 윤미향 아파트 매입 건을 서부지검에 추가 배당했다. 또 6월 2일 서울중앙지검 공공수 사1부(부장 양동훈)는 자유대한호국단이 고발한 윤미향 의원과 남편 그리고 민변 변호사를 상대로 국보법 위반에 대한 수사에 착수했다. 이렇게 여러 가지 혐의가 잇달아 고발되고 검찰 수 사가 즉각적으로 이루어진 경우는 드물다. 수사를 넘어 전방위 사냥을 하겠다는 검찰의 의지를 볼 수 있었다. 결국 검찰 수사 에 압박을 받던 손영미 소장이 6월 6일 스스로 목숨을 끊는 비 극이 일어났지만, 검찰은 멈추지 않았다.

6월 10일 검찰은 숨진 마포 쉼터 손영미 소장의 휴대폰과 외 장 하드를 압수했다. 8월 6일에는 전쟁과여성인권박물관장이 검사실에 재차 소환되었다. 그리고 8월 13일에는 윤미향 의원 이 소환되어 15시간 가까이 밤샘 조사를 받았다. 그리고 한 달 뒤인 9월 14일 검찰은 윤미향과 박물관장을 기소했다. 윤미향 에 대해서는 8개 혐의였고 박물관장은 6개 혐의였다. 가장 언 론에서 많이 언급되었고, 대중의 뇌리에 강하게 박혔던 '회계 부정' 관련한 회계 공시 누락 등은 수사와 기소 단계에서 대부 분 빠졌지만, 이미 마녀사냥의 효과와 목적은 충분히 달성된 상황이었다.

"인생이 부정당했다"

검찰의 소환자 명단에는 재일교포 3세 여성 Y
씨가 있었다. 그는 1990년대 초반 일본에 살 때 김학순 할머니
의 '위안부' 증언 이야기를 들었다고 한다. 당시 직장을 다니며
재일동포 관련 활동을 하고 있던 터라 관심이 갔고, 정대협과
도 연락을 주고받게 되었다. 그러다가 2005년경 한국말을 배
우러 아예 한국에 왔고, 정대협에서 자원봉사를 시작했다. 그
때가 30대 중반의 나이였다. 일본어 통역 등 할 일이 점점 많아
져 2009년에 정대협 정식 간사로 채용되었다.

Y 씨는 일본에서와 달리 시민단체의 상근 직원으로 근무하
는 게 신기했다고 한다. 적은 인력이었기 때문에 통역뿐만 아
니라 운전, 할머니 돌봄, 회계 등 거의 모든 일을 분담해야 했
다. 그럼에도 2015년 한일 위안부 합의 이전까지는 정대협 활
동에 매우 보람을 느꼈다고 한다. 식민지 시절부터 억눌려왔던
할머니들의 작은 목소리에 세상 사람들이 점점 귀 기울이는 모
습을 옆에서 볼 수 있었기 때문이었다.

Y 씨는 팀장을 거쳐 2017년에는 정대협 사무처장이 되었다.
그러나 1년이 안 돼 건강에 이상이 왔다. 결국 2018년에 정대
협 일을 그만두었고, 이듬해 암 수술과 그 이듬해 눈 망막 수술
을 받아야 했다. 그 와중에 '위안부' 운동의 기둥이었던 김복동

할머니도 암으로 세상을 떠났다. 그리고 2020년 5월, Y 씨는 정의연 사무실에서 걸려온 전화를 받았다. 검찰이 찾는다는 얘기였다. 그는 6월 4일 참고인 신분으로 첫 조사를 받았다.

4명의 검사들이 번갈아가며 10년간 해온 활동에 대해 신문했다. 같은 달 또 한 번의 참고인 조사를 받았고, 세 번째는 피고인 신분으로 검찰에 소환됐다. 열 손가락 지문을 찍었다. 재일 한인들의 강제 지문 날인이 떠올랐다. 너무 무서웠고 기분이 나빴다. 이후 재판에 증인으로도 세 번이나 불려갔다. 첫 증인신문에선 검찰의 질문에 7시간이나 답변을 해야 했다. Y 씨는 기부금품법 위반으로 기소유예를 받았고, 이로 인해 일본을 오갈 때마다 비자 문제로 지금도 고생하고 있다.

3년 전 일본에 돌아가려고 했던 계획은 어그러졌다. 몸은 병을 얻었고, 마음은 지워지지 않는 상처를 입었다. 정당한 일을 했고 잘못이 없었기에 곧 진실이 밝혀질 것이라는 믿음은 철저히 배신당했다. 그의 이야기를 들어주는 사람도 없었다. 완전한 고립이었다. 그는 "재판 과정만 보더라도 이 사건에 문제가 없다는 사실을 금방 알 텐데 오해하는 사람이 너무 많다"며 억울해했다. 여성·평화·인권 운동에 헌신한 그의 인생은 마녀사냥의 광풍에 부정당했다.

윤석열의 등장

이렇게 검찰이 이례적으로 빠르게 움직인 배경

은 무엇일까? 거기에는 윤석열 당시 검찰총장의 의지가 반영
됐다고 볼 수 있다. 이용수 할머니의 2차 기자회견 다음날인
2020년 5월 26일 중앙일보에는 윤석열 검찰총장의 '이례적'인
지시가 보도됐다.

> "대검은 윤 총장의 지시에 따라 실무적으로도 정의연 수사를 맡
> 은 서울서부지검 형사4부(최지석 부장)에 전문 수사관 지원에 나
> 서고 있다. 대검 수사 지원과 소속 자금 추적 전문 수사관이 이미
> 파견돼 수사팀과 정의연의 회계 장부와 증빙 자료 등 압수품을
> 분석하고 있다. 이번 주 중에 회계사 자격증이 있는 전문 수사관
> 을 파견하는 방안도 검토 중이다."[37]

당시 윤석열 검찰총장은 2019년 8월부터 시작된 이른바 '조
국 사태' 이후 외부에 목소리를 거의 내지 않고 있었다. 특히
2020년 4월에 '채널A 검언유착 의혹'이 불거지면서 다소 수세
적인 처지였다. 윤 총장 입장에선 '윤미향과 정의연 사건'을 계
기로 집권 여당과 진보 진영에 대한 공격을 강화하고 보수층의
지지도를 높일 필요가 있었을 것이다. 중앙일보의 기사에 따르
면 "윤 총장이 정의연 사건에 수사 속도를 내라고 주문한 것은
공적 자금이 투입된 만큼 윤 당선인 등의 범죄 혐의가 중대하
다고 판단했기 때문으로 알려졌다." 그리고 그가 "정부 보조금
이 투입된 만큼 신속하게 수사하고 언론에 제기된 모든 의혹을

규명하라"고 대검찰청 간부들에게 지시한 것으로 확인됐다.

또 8월 3일 윤 총장은 신임 검사 신고식에서 "부정부패와 권력형 비리는 어떤 경우에도 외면하지 않고 당당히 맞서야 한다"고 말했다. 조선일보는 다음날 사설에서 윤 총장의 발언을 "검사들을 상대로 울산 선거 공작, 윤미향, 박원순 피소 유출 사건 등 사실상 중단된 권력 비리 수사를 촉구한 것"[38]이라고 해석했다. 윤미향 사건을 문재인 정부와 범여권의 '권력 비리'로 여겼다고 읽힌다. 따라서 윤미향 사건이 이렇게 광범위하고 집요하게 파헤쳐진 이유는 문재인 정부와 민주당을 압박하려는 검찰 수뇌부의 의지가 반영된 것이라 볼 수 있다.

윤미향 의원을 기소할 당시(8.14) 서부지검 검사장 이름으로 보도자료를 배포한 것도 이러한 윤 총장의 의지가 투영된 것이라 여겨진다. 9월 15일 조선일보는 [서부지검이 尹 기소… '秋라인' 중앙·동부지검과 달랐다]는 기사에서 "이날 검찰이 윤 의원을 기소하고 언론에 배포한 보도자료에는 '서울서부지검(검사장 노정연)'이라고 돼 있었다. 대개 검찰 보도자료에는 담당 부장검사 이름을 적는 게 일반적이다. 수사에 대한 책임을 노 검사장이 진다는 것을 분명히 하기 위한 것으로 풀이된다"고 썼다. 즉 윤미향 의원의 수사와 기소는 부장검사 차원이 아니라 서부지검 전체가 이름을 걸고 임했다는 것을 뜻한다.

이러한 검찰의 의지는 일관됐다. 2021년 4월 4일 유튜브 채널 '개수작TV'는 정대협이 "갈비뼈가 부러진 길원옥 할머니를 해외에서 노래를 시켰다"는 의혹을 제기한 바 있다. 조선일보를 비롯한 언론은 이 의혹을 크게 보도했고, 나흘 뒤 고발 전문 단체인 법세련이 윤 의원을 노인 학대 혐의로 대검에 고발했다. 그리고 4월 14일 이 사건이 서부지검(김영준 검사실)에 배당돼 수사가 시작됐다. 당시 윤미향 의원과 독일에 있는 시민단체가 이에 대해 해명했지만, '의혹 제기→언론 보도→고발→검찰 수사'의 과정은 너무나 빨리 진행됐다.

검찰총장의 옷을 벗고 국민의힘 대선 후보로 변신한 윤석열은 이듬해 "윤미향과 정의기억연대 사태로 무너진 공정과 상식을 되살리겠다"며 "정의연 사태는 일부 시민단체의 민낯을 보여주는 상징적 사건"이라고 규정했다. 그리고 "시민단체의 공금 유용과 회계 부정을 방지할 수 있는 '윤미향 방지법' 통과를 추진하겠다"고 밝혔다.[39]

이후 정권이 바뀌었다. 2023년 2월 10일 1심 판결에서 검찰이 기소한 내용에 대해 대부분 무죄가 나오자, 한동훈 당시 법무부 장관은 윤미향 의원에 대한 항소심에서 유죄 판결을 받아내겠다는 의지를 명시적으로 드러냈다. 그리고 한 장관에 이어 이원석 검찰총장도 윤미향 의원의 2심 재판을 철저히 준비할 것을 주문했다. 이들의 지시에 검찰 측은 울산지검과 광주지검에 발령났던 수사 검사들을 윤미향 및 정의연 관련 2심 재판에 다시 투입하는 등 전열을 재정비했다.

검찰과 언론의 상승 작용

마녀사냥 과정에서 정치검찰은 족벌·상업 언론들과 긴밀한 팀플레이를 펼쳤다. 검찰의 피의자 및 참고인 소환조사와 수사 과정은 상당 부분 언론에 보도되었다. 심지어 [윤미향 나흘 뒤 불체포특권… 정의연에 칼 뺀 檢, 주말도 반납] (중앙, 2020.5.26.)이라는, 검찰을 홍보해주는 기사까지 나왔다. 손영미 소장의 죽음을 둘러싼 '음모론'의 밑자락을 까는 기삿거리를 제공한 것도 수사기관이라고 볼 수밖에 없었다. 검찰밖에 모르는 사실들이 그 근거였기 때문이다. [단독ㅣ길원옥 할머니 가족 "뭉터기로 돈 빠져나갔다" 檢진술] (중앙, 6.17.).

검찰의 기소는 언론에 의해 곧 유죄로 단정된다. 특히 여러 혐의를 붙일수록 그 죄의 심각성과 유죄 가능성은 높아진다. 중앙일보는 9월 14일 [윤미향 1억 개인 유용 6개 혐의… 아파트·유학비 의혹은 벗었다]는 기사에서 조세 전문인 김광수 변호사를 인용해 "기소된 죄명이 8개인데, 대부분 유죄가 입증된다면 충분히 금고 이상은 나올 수 있을 것으로 본다"고 했다. 기소 이후 검찰은 이 공소 내용을 유출하여 언론으로 하여금 윤미향 의원의 유죄를 단정하는 듯한 기사를 생산하게 했다.

특히 조선일보는 9월 16일 검찰을 인용하며 3건이나 단독 보도를 했다.

[검찰 "윤미향, 길원옥 할머니 치매 알고 있었다"]

[윤미향, 7년간 유령 직원 내세워 국가보조금 타냈다]

[윤미향, 기부금·공금 1억 원 217차례 걸쳐 생활비로 사용]

이러한 검찰발 수사 및 공소 내용 유포는 다른 언론에서도 여러 번 인용되었다. [檢 "윤미향, 할머니 속여 기부·증여 유도한 자료 확보"] (한국, 9.16.), [법알못 l 윤미향 도덕성 치명타 입힌 '심신장애 이용한 준사기' 혐의란] (한국경제, 9.16.).

이는 독자들에게 검찰의 기소가 곧 유죄라는 인상을 심기에 충분했다.

"기소도 이루어지기 전에 수사기관이 수사 내용을 공표하면 피의자는 사실상 언론 보도에 따른 여론 재판대에 오른다. 이러한 관행은 피의자의 인권 침해를 넘어 망신주기로 이어져 심리적 위축은 물론 방어권 행사를 제약하는 방향으로 나아간다. 무죄 추정의 원칙을 넘어 사법 정의 실현에 반하는 결과를 초래하는 것이다."[40]

검찰 기소 후 약 7개월간 여섯 차례의 공판 준비 기일을 거쳐 2021년 8월 11일, 첫 공판이 열렸다. 그리고 9월 17일 2차 공판으로 본격적인 재판이 시작됐다. 그런데 9월 28일 법무부는 검찰의 공소장을 공개한다. 추미애 당시 법무부 장관은 검찰 개혁의 일환으로 "피고인의 명예와 사생활을 보호하고, 공정한 재판을 받을 권리를 보장하기 위해" 공소장 전문을 공개하는 대신, 공소 사실 요지를 내용으로 하는 보도자료를 배포한다는 원칙을 세운 바 있다. 하지만 윤석열 정권이 등장하고 법무부 장관이 교체되면서 이런 원칙은 다시 무너졌다.

10월 5일 국민의힘 전주혜 의원실을 통해 언론에 공소장과 범죄일람표가 공개됐다. 조선일보는 [단독 | 윤미향, 위안부 후원금 빼내 갈비 사먹고 마사지 받고…] 라는 제목으로 "후원금 1억 37만 원을 217차례에 걸쳐 쓴… 구체적인 횡령 내역이 확인됐다"며 다음과 같이 보도했다. "'A 갈비'라는 가게에서 모금액 중 26만 원을 체크카드로 썼다. … 돼지고기 전문점으로 보이는 'B돈(豚)'이라는 가게에서 18만 4,000원을, 'C 과자점'에서 4만 5,000원을 쓴 것으로 나온다. … 발마사지숍으로 보이는 'D풋샵'이란 곳에서 9만 원을 쓴 것으로 돼 있다."

윤미향 의원은 이에 대해 반박했으나, 족벌·상업 언론은 공소장의 내용을 유죄 사실로 단정하고 일제히 비판 사설을 썼다.

[사설|공소장서 새삼 확인된 파렴치 윤미향, 의원직 제명해야] (문화)

[사설|위안부 할머니 돈 쌈짓돈처럼 쓴 윤미향, 의원직 사퇴해야] (세계)

[사설|'공금 사적 사용' 윤미향, 의원 사퇴하고 재판 받아야] (중앙)

[사설|파렴치 혐의 드러난 윤미향, 의원직 사퇴가 옳다] (국민)

[사설|공소장 속 후원금 유용 혐의, 윤미향 의원 사퇴해야] (서울)

국민의힘은 윤미향 의원의 제명을 촉구하는 결의안을 제출
했고, 진보정당인 정의당마저 국회 차원의 징계를 요구했다.
이처럼 검찰이 흘리고 언론이 받아쓰면서 윤미향 마녀사냥은
계속 증폭돼갔다.

9장
마녀사냥꾼 3: 보수 정치권과 정치인

한국 사회의 기득권 카르텔은 보통 '재벌-보수 정치권-족벌·상업 언론-정치검찰'의 권력 복합체로 구성된다. 따라서 보수 정치권과 보수 정치인은 기득권 카르텔뿐만 아니라 마녀사냥에서도 빼놓을 수 없는 중요 축이라고 할 수 있다. 누군가를 희생양으로 삼아 기득권 카르텔의 이익을 지키는 것이 마녀사냥의 핵심 목적이기 때문이다. 더불어 마녀사냥의 전통적 방식인 '종북몰이'에 있어서도 보수 정치권의 반공 이데올로기는 강한 일체감을 나타낼 수밖에 없다.

게다가 보수 정치권은 국회에서 다수 의석을 가진 거대 정당이거나 현역 국회의원이 많다. 이것은 마녀사냥의 효과를 극대화하는 데 힘과 영향력을 행사하기 유리한 위치에 있다는 뜻이다. 먼저 원내 거대 정당과 의원은 다양한 정부 부처와 국가기관을 통해서 다양한 정보와 자료를 제출받거나 보고받을 수있다. 이런 정보력은 마녀사냥을 수행하는 데 매우 유리하며,

이렇게 입수한 정보와 자료를 족벌·상업 언론이나 정치검찰에 넘겨서 취재와 보도, 수사와 기소에 중요한 단초를 제공할 수 있다. 즉, 보수 정치권과 정치인들이 마녀사냥꾼들의 네트워크의 중심에서 족벌언론들과 정치검찰을 서로 연결시키고 정보, 어젠다, 프레임을 상호 전달하고 교환할 수 있게 도울 수 있다는 이야기다.

정당과 정치인의 말과 글은 정치적 파급력과 전달력이 매우 높다는 점도 중요하다. 보수 정치권과 정치인은 이 힘을 활용해 마녀사냥의 논리와 프레임을 대중적으로 확산시키는 거대한 스피커 구실을 할 수 있다. 면책 특권 등을 교묘하게 이용해서 '아니면 말고' 식으로 음모론을 유포하면 부정적 파급력은 더욱 강력해질 수 있다. 마녀사냥 희생자에 대한 혐오 감정과 적개심을 강화하는 이들의 악선동은 보수 지지층을 결집시켜 마녀사냥에 동참하게 만들면서 더욱 더 많은 이들을 마녀사냥의 소용돌이에 빠져들게 한다.

그래서 족벌·상업 언론, 정치검찰과 더불어 보수 정치권과 정치인은 빼놓을 수 없는 마녀사냥꾼들 중의 하나이다. 보수 정치인 중에서도 특히 족벌·상업 언론사 기자 출신이거나 검찰 혹은 경찰 출신이면서 권력욕이 넘치는 부패한 정치인들이 마녀사냥에 앞장서는 경향이 있다. 대표적인 인물로 윤미향 마녀사냥의 선두에 있었던 곽상도 전 의원을 꼽을 수 있다.

검찰-언론-보수 정치권의 3각 공조

1959년생인 곽상도는 전형적인 TK 인물로, 1983년 제25회 사법시험에 합격하고 사법연수원 15기로 수료하여 검사에 임명되었다. 1991년 서울지방검찰청 재직 시절 이른바 '강기훈 유서 대필 조작 사건'에 수사 검사로 참여했다. 이 사건 또한 한국 민주화운동의 역사에 남을 악명 높은 공안기관의 마녀사냥으로, 누명을 쓴 강기훈 씨는 오랜 시간 극심한 고통을 겪어야 했다. 그 후 24년이 지난 2015년에야 강기훈 씨는 이 사건에 대해 대법원에서 무죄 판결을 받았으며, 검찰은 그가 제기한 국가배상 청구 사건 항소를 포기했다.

하지만 곽상도는 공안부와 특수부를 거쳐 승승장구하다가 2008년 대구지검 서부지청장을 끝으로 약 20년간의 검찰 생활을 마쳤다. 이명박 정부의 검찰 수뇌부와 맞지 않아 승진에서 누락되자 검찰을 떠났다고 한다. 그런데 박근혜 정부 시절인 2013년 3월, 그는 청와대 대통령비서실 민정수석비서관으로 발탁된다. 당시로서는 검찰 출신 중 검사장(지검장급 이상)을 거치지 않고 청와대 수석비서관으로 입성한 최초의 사례다. 천주교 인권위원회와 인권운동사랑방은 성명서를 내어 "곽상도 씨는 '강기훈 유서 대필 조작 사건' 수사에서 피의자 강기훈 씨에 대한 잠 안 재우기 고문, 참고인에 대한 강압 수사와 협박 등에 관여"했다고 규탄하며 그의 임명을 반대했다. 암 투병 중이었던 당사자 강기훈 씨도 자신의 페이스북에 "1991년 6월 서울지방검찰청 11층 특별조사실에서 잠 안 재우기를 담당하셨던 검사 양반, 이렇게 나타나셨다"고 밝혔다. 하지만 박근혜 정부는 그런 반대를 당연히 무시했고 곽상도는 민정수석 자리를 지켰다. 이후 그는 2015년 대한법률구조공단 이사장을 거쳐 2016년 새누리당의 공천을 받아 대구 중구·남구에서 국회의원으로 당선됐다.

그는 의정활동 중 검찰 출신이라는 경력을 살려 진보 진영에 대한 '저격수' 역할을 자처했다. 2018년 7월에는 '드루킹 특검팀'의 수사를 받던 노회찬 의원에게 비난을 쏟아내기도 했다. 결국 압박을 이겨내지 못한 노회찬 의원이 극단적 선택을 하자 곽 의원은 자신의 SNS에 "이중성을 드러내도 무방한 곳에서 영면하기 바란다"는 조롱성 글을 남겼다. 또 그는 문재인 대통령의 딸과 사위 그리고 아들, 심지어 외손주에 대해 집중적으로 의혹을 제기해, 민주당으로부터 정상적인 의정활동이 아니라 '스토킹'이라는 비난을 받기도 했다.

곽 의원은 2019년 조국 법무부 장관 인사청문회 대책 태스크 포스(TF) 위원과 '감찰농단 진상조사특별위원회' 위원장을, 2020년에는 '더불어민주당 성범죄 진상조사단' 단장을 맡았다. 의정활동 4년 동안 '진상 규명', '진상조사'라는 이름의 위원회와 태스크 포스에서 활동한 것만 총 아홉 차례였다. 온갖 의혹을 제기하며 문재인 정부를 공격하는 선봉에 있었던 셈이다.

그는 2017년 11월 국회를 통과한 '일제하 일본군 위안부 피해자에 대한 생활안정지원 및 기념사업 등에 관한 법률 개정안'에는 기권표를 던졌다. 당시 투표 결과는 찬성 206, 반대 0, 기권 7이었다. 이처럼 위안부 피해자 문제 해결을 외면했던 곽상도는 몇 년 후, 천연덕스럽게도 위안부 할머니들과 30년을 같이 했던 윤미향을 공격하는 최전선에 나서게 된다.

곽상도의 역할과 사냥 방법

윤미향을 둘러싼 의혹이 제기된 2020년 5월부터 검찰이 기소한 9월까지 곽상도 의원의 활약은 단연 돋보였다. 같은 당 소속 의원들은 주로 언론에 난 기사를 가지고 논평을 하는 수준이었다면, 그는 자료를 발굴해 수많은 '단독' 기사를 만들어내고, 이를 여론화하는 데 탁월한 능력을 발휘했다.

윤미향에 대한 곽상도 의원의 첫 공격은 중앙일보를 통해서였다. ["정대협·정의연 소식지 편집 회사 대표는 윤미향 남편"] (중앙, 5.13)이라는 기사는 윤미향이 가족에게 일감 몰아주었다는 의혹을 제기하는 내용이었다. 그는 "언론 보도에 따르면 윤미향 당선인은 한국정신대문제대책협의회 시절부터 더불어시민당 공천 직전까지 이 단체 살림을 꾸려오면서 위안부 할머니를 위한 기부금을 본의 명의의 여러 개의 개인 계좌를 통해 수시로 모아온 사실이 드러났다"면서 "앞에서는 위안부 할머니들을 위해 눈물을 흘리고 뒤에서는 쌈짓돈을 챙겨온 것이 아니라면 떳떳하게 기부금이 어디에 어떻게 사용됐는지 국민 앞에

148

공개해야 한다"고 목소리를 높였다.[41]

그 후에도 곽상도는 연이어 족벌·상업 언론에 '단독' 기사를 제공했다. 보도자료와 언론 인터뷰, SNS 등을 통해 의혹을 하나씩 하나씩 폭로함으로써 보도량을 극대화하는 전략이었다. 이를 통해 곽상도 의원은 정의연의 국고 보조금 유용과 안성 쉼터 구매 의혹, 윤 의원의 주택 구입과 기부금 횡령 등의 문제를 잇달아 제기했다. 그러면서 그는 국민의힘 '위안부 할머니 피해 진상규명 태스크 포스(TF)' 위원장을 맡게 됐다.

특히 곽상도 의원은 윤미향과 정의연을 '위안부' 피해자들과 이간질하고 갈라치는 프레임을 만드는 데 성공한다.

[단독|정의연, 의료-주거 보조금 10억 타냈는데⋯ 할머니들은 '임대 생활'] (동아, 5.23.)
[배고프다 한 할머니에 "돈 없다"던 윤미향, 집 5채 현금으로만 샀다] (조선, 5.25.)
[곽상도 "윤미향 가족 1995년부터 '현금'으로 집 5채 사들여"] (조선, 5.26.)

곽 의원은 여기서 "보통 사람은 평생 살면서 집 한 채도 현금으로 구매하기 어려운데 윤 당선자 가족은 집 다섯 채를 전부 현금으로 구매했다"며 "개인 계좌로 모금한 현금이 어디로 흘러갔는지 검찰 수사를 통해 꼭 밝혀져야 할 것"이라고 주장했다. 그의 발언이 게시된 날은 이용수 할머니의 2차 기자회견이 있던 날이었고, 곽 의원의 주장은 수많은 언론 기사에 인용됐다. 곽상도 의원의 자극적인 문제제기에 숨겨진 허점을 간파한 보도는 찾아보기 힘들었다.*

윤미향 부부는 1993년 결혼 후 1,500만 원 전세에 살다가 1995년에 수원 송죽동에 빌라 한 채를 4,500만 원에 샀다. 윤미향 부부에겐 첫 집인데, 곽상도는 "윤미향이 1995년에 빌라를 매수했는데 '공교롭게도' 1992년에 정대협이 모금을 시작했다"고 연기를 피웠다. 빌라 매수와 모금 사이의 연결고리는 곽상도의 뇌피셜인 '공교롭게도'가 있을 뿐이었다. 그럼에도 조선일보는 사실을 확인하는 대신 곽상도가 한 말은 그때 모금한 돈이 윤미향 빌라 매입 자금으로 들어갔는지 규명해야 한다는 주장이라고 친절하게 해설까지 붙여주고, 기사 말미에는 이용수

* 이 와중에도 곽 의원과 언론 행태에 대해 비판한 거의 유일한 기사가 있었다. 머니투데이가 보도한 ["집 다섯 채를 현찰로"… 윤미향을 향한 주술] (2020.6.3.) 기사에서 김준형 기자는 곽 의원 식대로라면 "근무지나 무슨 사정이 있어 이사를 자주 다녔던 사람이라면 집을 한 열 채씩은 샀을 것"이라고 반박한다. 그리고 이렇게 결론 내린다. "여성의 인권과 전쟁범죄에 대한 고민은커녕 위안부 존재를 부인하고 위안부 할머니들을 비방했던 세력들이 고발과 공격의 주체가 되는 건 염치없는 일이다. 이용수와 윤미향의 벌어진 상처 틈을 비집고 칼을 들이미는 주술사들의 노하우는 이미 한국 정치와 언론의 고유 모델로 정착된 것 같다."

할머니가 배고프다고 했더니 "돈 없습니다"라며 거절했다는 흥분제를 가미했다.[42]

윤미향의 남편은 2012년 초에 경기도 수원의 아파트를 경매로 낙찰받았다. 낙찰가는 2억 2,600만 원이었고, 대출을 받지 않았다. 그러니까 현금을 싸들고 가서 집을 산 게 아니라 대출 없이 샀다는 거다. 그걸 곽상도는 굳이 '현금'으로 샀다고 했고, 언론도 이 말을 그대로 받아썼다.

언론은 곽상도의 주장에 대한 사실 확인이나 검증도 없이 그대로 옮겨 중계하듯 보도했다. 대출 없이 샀더니 전액 '현금'으로 샀다며 의심의 눈으로 보라 하고, '현금'이란 표현으로는 자극이 부족했는지 '생돈'으로 샀다고 표현의 강도를 높였다. 대출이 없는 걸 보니 현금이 풍족했던 걸로 보이고, 후원금의 사용처가 수상하다는 곽상도의 일방적 '뇌피셜'을 얹어 의혹을 증폭시켰다. 곽상도가 깃발을 올리면 언론이 그 방향으로 몰려가 윤미향과 정의연을 물고 뜯는 모양새였다.

윤미향 가족은 이사를 세 번 했다. 집을 사고팔기를 세 번 했다는 말이다. 윤미향의 남편은 고향인 경남 함양에 부모님을 위해 11평짜리 빌라를 샀다. 윤미향의 친정아버지도 수원에 아파트를 한 채 샀다. 그런데 "평생 살면서 집 한 채도 현금으로 구매하기 힘든데 윤 당선인 가족은 집 다섯 채를 전부 현금으로 구매했다"는 곽상도의 일방적인 '뇌피셜' 주장과 조선일보의 '침소봉대' 과정을 거치면서 "집 5채를 현금으로 구입"으로 왜곡됐고, 조선일보는 고장 난 녹음기처럼 '집 5채, 모두 현금'을 반복해서 보도했다.

그렇게 윤미향은 대중의 뇌리에 불쌍한 위안부 할머니들을 이용하여 돈벌이를 하고, 집을 5채나 소유하고 있고, 딸을 미국으로 유학 보내고, 할머니들을 위해 마련한 안성 쉼터를 개인 별장으로 쓰고, 그 모든 것이 '가족 비즈니스'인 마녀로 각인됐다. 곽상도의 이런 수법은 나치의 선전장관 괴벨스가 한 말로 알려진 "나에게 한 문장만 달라. 누구든 범죄자로 만들 수 있다"는 문구를 떠올리게 한다. 괴벨스는 "선동은 문장 한 줄로 가능하지만, 그것을 반박하려면 수십 장의 문서와 증거가 필요하다. 그리고 그것을 반박하려고 할 때면 사람들은 이미 선동당해 있다"고 지적한 바 있다.

마찬가지로 "배고프다는 위안부 피해자 할머니에게 돈이 없다고 거절하던 윤미향이 집 5채를 현금으로만 샀다"는 곽상도의 이 한 마디로 윤미향은 파렴치한 범죄자가 됐다. 한마디의 말을 반박하려면 백 마디의 말이 필요한데, 그마저도 언론이 왜곡하고 백 마디의 말에서 티끌을 찾아내어 또 트집을 잡는다. 아니라고 할수록 위선의 딱지에 거짓말쟁이라는 낙인이 찍힌다. 시간이 한참 지나 진실이 밝혀져도 대중의 기억에 남는 건 빨간 주홍글씨이고, 마녀의 낙인은 벗겨지지 않는다.

또 다른 유서 대필 조작

　　마포 쉼터의 손영미 소장이 숨진 다음 날, 곽 의원은 이 사실이 알려지자 바로 그 죽음의 책임을 윤미향 의원에게 돌리며 터무니없는 의혹을 제기했다. "윤미향 의원이 지운 페이스북 글과 쉼터 소장의 죽음 사이에는 어떤 선후 관계가 있는 겁니까." 곽상도 의원이 중앙일보 기자와의 통화에서 한 말이다. 그리고 "윤 의원이 손 씨 사건을 언제 누구를 통해 처음 알게 됐는지, 사건이 일어나기 전에 손 씨와 연락을 한 적이 있는 등을 국민 앞에 밝혀야 한다"고 목소리를 높였다. 즉, 손 소장의 죽음의 원인과 책임이 과도한 수사를 하고 있는 검찰이나 인격살인에 가까운 무분별한 의혹 제기를 하는 언론과 곽상도 자신에게 있는 것이 아니라, 윤미향 의원에게 있다는 얘기였다.

　　곽상도 의원은 손 소장의 오랜 동지였던 윤 의원에게 죽음의 책임을 떠넘기는 것도 모자라, 밑도 끝도 없는 의혹을 제기하며 기자회견을 열어 손 소장의 사망 방식이라든가 사망 과정을 자세히 묘사하기도 했다. 나아가 언론을 통해 ['김복동의 희망'서 2억 불법모금, 윤미향 부부·보좌진이 주도했다] (조선, 6.12.)며, '불법 모금' 주도자 중에는 마포 쉼터 소장도 포함돼 있다고 주장했다. 그리고 "사조직이나 다름없는 '김복동의 희망' 모금 활동은 명백한 불법인 만큼 사법처리가 불가피하다"고 했다. 손영미 소장을 계속 비리 범죄자로 몰아간 것이다.

　　게다가 "이분(손 소장)이 사망하기 직전, 마지막 통화자는 윤미향 의원이라고 하는데, 무슨 대화가 오갔는지 밝혀야 한다"
고 하면서 "윤 의원은 사건과 관련한 모든 경위를 국민 앞에 설
명해야 한다"고 '죽음의 배후'가 윤 의원일 수 있음을 암시했
다. 심지어 자신의 페이스북을 통해 "정의연에서 손영미 마포
쉼터 소장의 사망 시점을 6월 6일 낮이라고 부고장에 적었답니
다"라고 말했다. 즉 부검도 하기 전에 정의연이 사망 시점을 알
았을 거라는 의혹을 제기한 것이다.

이어서 손 소장이 "길원옥 할머니에게 지급된 … 돈을 어떻
게 사용했는지 추궁 당하자 무릎 꿇었고, 해명하라고 다시 독
촉 문자를 받은 3일 뒤 사망했다고 한다"고 썼다. 이처럼 곽상
도 의원은 매일같이 하나의 단서를 부풀리고 왜곡해서 마녀사
냥에 앞장서고, 두려움과 압박에 시달리던 사람이 죽으니 이
일을 다시 '배후 세력'의 음모로 몰아갔다. 이것은 곽상도 의원
본인이 주요 책임자 중의 하나였던 1991년의 '유서 대필 조작
사건'의 재탕이었다.

당시에도 곽상도 검사를 비롯한 공안검찰과 조선일보 등은
민주주의를 요구하며 분신한 감기설 씨의 유서를 대신 써주고
죽음을 사주했다면서 강기훈 씨를 마녀사냥 했다. 물론 유서
대필은 존재하지도 않았고 김기설 씨의 분신은 반민주적인 군
부독재 시대가 낳은 비극이었다. 하지만 책임자인 곽상도 의원
과 조선일보는 전혀 반성하거나 사과한 적도 없었고, 그 후에
도 여전히 권력을 누리고 있다. 그리고 손영미 소장의 비극적

죽음에 곽상도 의원과 조선일보는 예전의 더러운 수법을 또다시 꺼내들었다.

50억 클럽과 똥 묻은 개

기자들에게 '단독'을 흘리고 자극적인 프레임과 헤드라인을 제공한 곽 의원의 말은 윤미향 마녀사냥 과정에서 거의 매일 언론 기사에 인용되었다. 그 덕분에 곽상도는 존재감을 과시하며 당 안팎에서 인지도도 높아졌다. 그는 2022년 치러질 지방선거에서 대구·경북(TK) 정치권 인사 중 대중 인지도가 가장 높다는 평가를 받으며 대구시장 유력 후보로 거론되기도 했다.[43] 실제 2021년 6월 곽 의원은 대구시장 출마 의지를 공개적으로 드러냈다. 그런데 2021년 9월 대장동 개발을 주도했던 화천대유에 근무했던 곽 의원의 아들이 '50억 퇴직금'을 받았다는 사실이 세상에 알려졌다. 곽 의원의 아들은 2015년 6월 화천대유에 입사해 2021년 3월까지 6년 여간 일했다. 곽 의원이 국회의원이 된 2016년부터 숱하게 타인의 가족을 비리 혐의자로 몰아붙이던 그때, 그는 아들을 통해 법조기자 출신 김만배 등과 수상한 거래를 하고 있었던 것이다.

곽 의원이 화천대유 관계자들에게서 수천만 원의 정치자금을 받았다는 사실도 드러났다. '똥 묻은 개'였던 곽상도 의원이 '겨 묻은' 것인지도 의심스러운 윤미향 의원을 마녀사냥하고 있었던 셈이다. 여론이 악화하면서 국민의힘 당내에서 제명 요구가 있었고, 그는 9월 26일 급히 탈당할 수밖에 없었다. 여야 의원뿐 아니라 '윤석열 대선 캠프'에서도 의원직 사퇴를 주장하자, 곽상도 의원은 결국 10월 2일 국회의원직을 내려놓았다.

결국 곽상도는 이듬해인 2022년 2월 4일 구속되었고, 22일 대장동 개발 사업 논란과 관련하여 알선수재, 뇌물수수, 정치자금법 위반으로 재판에 넘겨졌다. 그러나 검찰은 수사의 핵심이었던 하나은행 청탁 관계에 대해 제대로 수사하지 않았고, 곽상도가 민정수석 당시 영향력을 행사한 흔적도 파헤치지 않았다. 또 형량이 가장 적은 정치자금법 위반으로 기소해서 빠져나갈 틈을 마련해줬다. 게다가 정작 '50억 퇴직금'을 받은 곽상도의 아들은 기소도 하지 않았다. 결국, 2023년 2월 8일 1심 법원(부장판사 이준철)은 정치자금법 위반 혐의만 유죄로 인정하고 뇌물죄는 무죄로 보아 벌금 800만 원, 추징금 5,000만 원의 솜방망이 처벌을 선고했다.

재판부는 '50억' 부분에 대해서는 "결혼해 독립적 생계를 유지한 곽병채가 화천대유에서 받은 이익을 곽상도 피고인이 받은 것과 같이 평가하는 것은 합리적 의심의 여지없이 증명되지 않았다"는 이유로 무죄를 선고했다. 이러한 1심 판결에 대해 곳곳에서 '검찰이 제대로 수사를 하지 않고 봐주기를 한 것 아니냐'는 거센 비판이 일었다. 이런 여론을 바탕으로 야권은 김건희 여사 주가 조작 연루 의혹과 '대장동 50억 클럽' 의혹을 묶어 2023년 연말에 이른바 '쌍특검법'을 국회 본회의에서 통과시켰다.

그러나 윤석열 대통령은 "총선용 악법"이라며 거부권을 행사했고, 2024년 1월 '쌍특검법'은 결국 폐기되었다. 같은 '50억 클럽'으로 기소되었던 박영수 전 특검도 2025년 2월 1심에서 이 부분에 대해 무죄를 선고받았다. 이처럼 국민의 공분을 산 곽상도와 '50억 클럽'에 대한 법의 심판은 아직도 이루어지지 않고 있다. 권력욕에 불타서 윤미향과 정의연에 대한 마녀사냥에 앞장섰던 곽상도는 고문 수사의 책임자로 지목된 바 있지만 전혀 영향받지 않고 이후 출세가도를 달렸고, 명백한 비리 의혹까지 나왔지만 언론의 감시와 검찰의 수사를 피해가며 살아남았다. 한국 사법 현실의 극심한 불공정을 상징적으로 보여주는 장면이다.

10장
마녀사냥꾼 4: 지식인과 전문가

오늘날 한국 사회에서 자행되는 마녀사냥에서 큰 역할을 하는 세력 중, 지식인과 전문가들을 빼놓을 수 없다. 족벌·상업 언론들이나 정치검찰이 할 수 없는 일들을 대신해 주는 사람들이기 때문이다. 이들은 자극적인 표현으로 마녀사냥의 희생자를 비난하거나 조롱하면서 대중의 어두운 욕망을 충족시키고, 지식인이나 전문가라는 권위를 이용해 마녀사냥의 신뢰성을 높이는 구실을 한다. 특히 '진보' 지식인이라는 타이틀을 가지고 있던 경우에 그런 효과는 더욱 배가된다.

이것을 가장 잘 보여준 사례는 2019년 조국몰이에서 나중에 일명 '조국 흑서'라고 불리게 된 책 《한 번도 경험해보지 못한 나라: 민주주의는 어떻게 끝장나는가》를 함께 썼던 강양구, 권경애, 김경율, 서민, 진중권이다. 이 책은 문재인 정부에 대한 기득권 우파의 연성 쿠데타가 본질인 조국몰이에 중요한 무기를 제공하면서 베스트셀러가 됐고, 족벌·상업 언론들의 대대적인 홍보 속에서 보수 지지층의 필독서가 됐다.

이 책의 공동저자들이 조국을 비난하고 조롱한 가장 중요한 근거는 '조국 가족이 사모펀드를 통해 권력형 비리를 저질렀다'는 것이었다. 하지만 이후 진행된 관련 수사와 재판에서 이것은 모두 사실무근으로 밝혀졌다. 이들이 그토록 떠들었던 '조국 가족 펀드', '권력형 비리', '관급공사' 등은 존재하지도 않았다. 이들에게 그 일이 사실인지는 그다지 중요한 문제가 아니었다.

족벌·상업 언론들은 이들이 SNS에 올리는 발언들을 거의 실시간으로 퍼 날랐고, 국민의힘은 그것을 조국을 비판하는 주장의 근거로 삼고 활용했다. 조국이나 민주당 586 정치인을 역겹고 구역질나는 인간들로 묘사하면서 매도하는 속 시원한 표현들을 대신 써주었기 때문이다. 언론이나 정치인이 직접 하기 어려운 표현을 '혐오 전문가'들이 해주면, 그 말을 그대로 인용하고 옮기면 그만이었다. 자극적이고 선정적인 표현들은 우파 지지층이나 중도층의 분노와 혐오감을 끌어올리는 데 최고의 무기였다.

무엇보다 과거에 이 사람들이 '운동권' 출신의 '진보 지식인'으로 구분돼왔다는 것이 중요했다. '운동권 출신의 진보 지식인들도 민주당을 비판하고 윤석열을 지지하고 검찰을 편들고, 조선일보와 비슷한 주장을 하고 있다'는 사실은 중도층뿐만 아니라 진보 지지층의 여론까지 움직였다. 보수 우파 지식인이나 명망가가 아무리 비슷한 주장을 반복해도 도저히 얻을 수 없는 효과가 있었던 것이다. 족벌·상업 언론이나 보수 종편들이 운동권 출신이면서 이제는 진보 진영을 비판하는 지식인들을 최고의 값어치를 매겨 모셔가는 이유가 여기에 있었다.

이들은 대개 명문대 출신의 상층 전문직(교수, 변호사, 회계사, 기자)들이면서 족벌·상업 언론들과 보수 종편의 단골 기고자와 출연자가 됐다. 그리고 진중권, 김경율, 서민, 권경애 등은 2020년 윤미향 의원에 대한 전 사회적 마녀사냥이 벌어질 때도 역시나 가장 저열하고 잔인한 표현들(앵벌이, 악마)로 윤 의원을 공격하고 사냥하는 데 앞장섰다.

나팔수가 된 지식인 엘리트들

그중 특히 두드러진 사람은 김경율 회계사였다. 윤미향 마녀사냥 서사의 핵심에 '회계 부정'이 있었기 때문이다. 그는 회계사라는 타이틀을 내세워 족벌·상업 언론들의 회계 부정 스토리 만들기에 확실한 추진력을 부여했다.

김경율은 2020년 5월 11일 윤미향 딸의 유학에 관해 의혹을 제기한 조선일보 기사에 처음 등장한다. "참여연대 출신 김경율 경제민주주의21 대표(회계사)는 10일 본지 통화에서 '여러 변수들을 고려해 높게 추정하더라도 부부의 연 수입 금액이 합산하여 5,000만 원 정도일 듯하다'며 '유학 비용을 어떻게 마련했는지 의구심이 든다'고 했다."[44]

당일 윤미향 당선자가 딸 유학 자금 출처에 대해 해명하자, 다음날 그는 바로 이 해명의 문제점을 파고든다. [김경율 "윤미향, 2018년 배상금으로 2016년 딸 유학비 냈다?"] (중앙, 5.12.) 그의 논법은 수많은 언론에 보도되었고, 사건 초기 윤미향 당선인의 거짓말 프레임을 형성하는 데 큰 역할을 했다. 족벌·상업 언론으로부터 쏟아지는 의혹 제기에 정의연도 5월 11일 긴급 기자회견을 열었다.

김경율 회계사는 다음 날 자신의 페이스북에 글을 올려 정의연의 해명이 충분하지 않다며 기자회견의 신뢰도를 흔들었다. [김경율 "'정의연 문제없다' 설치는 분들이 제일 웃겨"] (머니투데이, 5.12). 그리고 그의 의견은 정의연이 국세청 홈페이지에 올린 공시가 엉터리라는 언론 기사에 인용된다. "김경율 회계사는 '기부금과 정부 보조금으로 운영되는 시민단체라면 1원이라도 꼼꼼히 회계 처리를 해야 한다'며 '2019년 기부금 지출액도 유사하게 펑크가 나 부실한 회계 처리가 계속됐음을 확인할 수 있다'고 말했다."[45]

그는 정의연의 안성 쉼터 매입에 대한 공격에도 앞장섰는데, 발언 수위 또한 점점 높아져갔다. "참여연대 인사인 김경율 회계사가 정의기억연대 윤미향 전 이사장에 대해 '명성교회가 쉼터 구매 자금을 대준 게 드러났는데도 거짓말을 하고 있다'며 '후안무치함의 끝을 본다'고 일갈했다."[46] '회계 부실'을 '회계 부정'으로 확대하는 게 그의 수법이었다. 김경율은 '단순 기재 오류로 보기엔 석연치 않은 정황이 감지된다. 횡령을 포함한 범법 가능성도 감안할 수밖에 없다'며 '정부가 감사를 벌이거나 검찰 수사로 밝혀져야 한다'고 공격적인 글을 페이스북에 올렸고, 이런 말들은 검증 과정 없이 기사화되었다.[47]

윤미향의 유죄와 사퇴를 주장한 김경율

이렇듯 김경율은 사건 초기 2주 동안 거의 매일, 하루에도 몇 차례나 조선일보와 중앙일보를 비롯해 주요 언론에 등장하며, '윤미향과 정의연이 회계 부정을 저질렀다'는 여론을 형성하는 데 중심적 역할을 했다.

족벌·상업 언론들과 정치검찰, 그리고 김경율의 팀플레이는 체계적이었다. 2020년 5월 20일 정의연에 대한 검찰의 첫 압수수색이 있었고, 5월 25일에는 이용수 할머니의 2차 기자회견이 열렸다. 5월 26일 김경율은 그가 대표를 맡고 있는 시민단체의 이름으로 성명을 발표한다. "윤 당선인은 물론 정의연의 현재 임원들이 위안부 문제를 올바르게 해결하는 데 필요한 정의로움과 도덕성을 갖추지 못하고 있다."

그러면서 김경율은 윤미향 국회의원 당선인의 즉각 사퇴, 정의연의 현 임원진 총사퇴, 정치적 중립성과 회계 투명성을 담보하는 새 임원진 구성, 새 임원진이 위촉하는 진상조사위원회의 정의연 회계부정·기타 불법 의혹 진상 규명과 공표, 검찰과 국세청의 철저한 진상규명을 요구했다.[48] 6월 1일 21대 국회

개원을 앞둔 시기에 그의 성명은 윤미향 당선인에 대한 부정적 여론을 형성하는 것에 큰 힘을 실어줬다.

5월 29일 윤미향 당선인의 해명 기자회견이 열리자, 김경율은 여기에 대해서도 혹평했다. "불투명하고 앞뒤가 맞지 않는 회계 오류에 대한 해명은 전혀 없었다"며 "워낙 제기된 의혹이 많은 만큼 이제 남은 부분은 검찰 조사로 밝혀져야 할 것 같다"고 목소리를 높였다.[49] 2020년 8월 12일 정의연은 외부 회계 법인에 의뢰한 감사 결과를 발표하며, '정의연의 회계 관리 수준은 전반적으로 양호하다'고 해명했다. 하지만 김경율은 "작년과 올해 장부만 대충 보고 '작은 실수, 오해'라는, '눈 가리고 아웅' 하는 결과를 내놓은 것"(조선, 8.13.)이라고 깎아내렸다.

그러나 9월 14일 윤미향 의원이 재판에 넘겨지면서 검찰의 기소 내용이 알려졌는데, 막상 김경율이 제기했던 의혹들 가운데 상당 부분이 제외됐다. 그러나 김경율은 검찰도 불기소한 '윤 의원 딸 유학비 유용 의혹' 부분에 대해서 "주변의 도움이 할머니들 통장에서 빠져나간 현금과 연관돼 있다는 의혹 역시 해소되지 않았다"고 주장했다.[50] 또 윤미향 부부가 탈세를 한 것 같다는 새로운 의혹을 제기하기도 했다.[51] 이런 부분은 이후 조선일보 등 언론에 다시 크게 인용되었고, 고발 전문 단체는 그것을 바탕으로 국세청에 진정을 냈다.

김경율은 계속해서 "난 너희 같은 놈들이 국정을 농단하는 놈들이라 생각한다. 당장 옷 벗어라"며 "너희는 사회 어디에서

든 쓰일 구석이 없는 것들이다. 더러운 것들"이라고 윤미향 의원을 거칠게 비판했다.[52] 이처럼 김경율은 계속해서 윤미향의 유죄를 주장했지만[53] 2023년 2월 10일 윤미향에 대한 1심 재판 결과는 김경율이 주장했던 혐의에 대해 거의 대부분 무죄를 선고했다. 그러자 김경율은 자신의 페이스북에 이 판결에 관해 비아냥거리며 비난하는 글을 열흘간 20여 개나 연달아 올렸다. 김경율에게 윤미향은 유죄여야만 했던 것이다.

화형대에 기름 붓고 부채질하기

족벌·상업 언론은 김경율 회계사가 참여연대 출신임을 내내 강조했다. 그의 주장에 정파성이 없다는 의미였고, '진보 진영 시민단체의 실체를 잘 안다'는 뜻이기도 했다. 결국 김경율은 윤미향 마녀사냥 과정에서 화형대에 기름을 붓고, 불길이 타오르자 더 활활 타오르도록 부채질을 하는 구실을 한 것이다.

김경율은 2019년 조국몰이 시기에 '조국 사모펀드는 권력형 범죄'라고 지적한 뒤 참여연대를 탈퇴했다.[54] 그의 발언은 당시 윤석열 검찰에 큰 힘을 실어주었다. 이후 2020년에는 윤미향 마녀사냥에 적극 앞장섰고, 2021년 대선 정국에서는 대장동과 이재명 후보에 대한 의혹을 집중적으로 제기하는 데 주력했다.[55]

    2022년 11월에 김경율은 서민 교수*와 《맞짱, 이재명과의 한판》이란 책을 출간해 이재명 후보의 대장동·백현동 개발 사업 특혜 의혹, 김혜경 씨 법카 불법 유용 의혹, 쌍방울 변호사비 대납, 성남FC 기업 후원금 의혹 등을 다뤘다. 이 책의 출간 인터뷰에서 그는 "조국 사태도 그렇고 대장동 사건도 팩트로 접근하는 사람이 아무도 없다"고 지적했다.[56] 그런데 조국과 윤미향 사건에서 본 바와 같이, 정작 자신이 주장한 사안이 수사와 재판 과정에서 사실이 아니라고 밝혀져도 사과하거나 성찰하는 모습은 전혀 찾아볼 수 없었다.

    김경율의 페이스북 게시판은 언제나 민주당과 진보 진영에 대한 비판과 비아냥이 넘쳐났다. 동시에 윤석열과 한동훈을 향한 기대와 칭찬이 이어졌다. 그는 "진영 논리에서 벗어난 입바른 소리"[57]를 한다고 했지만, 행태는 강성 보수 정치인만큼이나 정파성을 보였다.[58] 참여연대 출신의 후광 아래 민주 진영과 시민단체를 공격하는 마녀사냥의 최전방 공격수가 된 것이다. 그리고 보수 진영과 족벌·상업 언론들은 연신 그를 띄워주며 십분 활용했다.

* 윤미향에 대한 과도한 '악마화'를 하는 서민을 진중권이 비판하자 둘의 사이가 틀어지기도 했다. ["윤미향=악마" 비판한 서민에 진중권 손절 예고? "선동가 다 됐다, 같이 못 갈 듯"](매일신문, 2021.4.9.) ["인간에 대한 예의 없어"… 서민, 진중권 손절 선언](국민일보, 2022.5.26.).

윤석열 정부가 들어선 뒤, 김경율은 정부가 '회계 투명성'을 근거로 진보적 시민단체와 노동조합을 공격하는 데에도 힘을 보탰다.

마침내 김경율 회계사는 22대 총선을 맞아 한동훈 비대위원장이 주도하는 국민의힘 비대위에 전격 영입된다. 그는 이미 2020년 이른바 '검언 유착' 사건 당시 한동훈 검사장이 수사선상에 오르자 한동훈을 적극적으로 엄호한 바 있다. 김경율 비대위원은 총선 과정에서 '김건희 디올백 수수' 관련 발언으로 대통령실과 충돌하기도 했지만, 김건희 여사의 도이치모터스 주가 조작 사건에 관해서는 "더 이상 밝혀질 것이 없다"며 적극 방어했다. '진영 논리를 벗어나 같은 진보 진영의 문제점에도 침묵하지 않는다'던 김경율은 결국 국민의힘 소속 정치인으로 변신해 '친한동훈계'의 대표적인 인물이 되었고, 권력 핵심부의 여러 문제점과 비리 의혹들에 대해서는 '사안별로' 침묵했다. 이어서 그토록 지지하던 윤석열 검찰정권이 내란까지 일으키다가 몰락한 뒤에는 아무런 반성도 없이 여전히 여기저기 돌을 던지고 있지만, 이제는 주류언론들도 그에게 관심을 주지 않고 있다.

박유하 교수와 이중 잣대

박유하 교수도 윤미향 마녀사냥에 편승해 함께 돌을 던진 지식인 중 하나였다. 박유하 교수는 《제국의 위안부》라는 책을 통해서 학문적 비판을 제기했을 뿐인 나야말로 윤미향과 정의연 등에 의해서 8년 동안이나 입에 재갈을 물려 있었다"고 주장했다.[59] '위안부는 자긍심을 가지고 일본 병사를 위안했고 서로 간에 동지적이고 협력적인 관계에 있었다'는 것이 《제국의 위안부》의 핵심 내용과 논리였다. 이것도 하나의 '학문적 주장과 비판'이라고 주장할 수는 있지만, 이 논리가 '위안부'(전시 성폭력) 피해자들에게 매우 큰 상처와 고통을 안긴 것도 사실이었다. 결국 박유하 교수는 '위안부' 피해 당사자들에게서 명예훼손으로 고소를 당했다.

당시 박유하 교수는 일부 누리꾼이나 정치인들로부터 과도한 비난을 받기는 했지만, 2020년의 윤미향 의원처럼 수많은 의혹이 쏟아지면서 전 사회적 마녀사냥과 조리돌림의 표적이 됐다고 볼 수는 없다. 진보 언론을 비롯해 많은 족벌·상업 언론들은 박 교수에 대해 유보적이거나 옹호 기사를 내기도 하는 등 일방적인 비난 분위기가 아니었고, 검찰이 대대적 압수수색에 돌입하거나 기성 정당들이 한목소리로 사퇴를 촉구하면서 인생 전체가 부정당하고 존재 자체가 탈탈 털리는 정도는 아니었다. 왜냐하면 박유하 교수의 주장은 당시 족벌·상업 언론들이나 박근혜 정부의 입장에서 동조하거나 이용하고 싶은 편에 가까웠기 때문이다.

다만 피해자들의 고소를 검찰이 기각하지 않아서 기소가 이뤄졌다. 정치적 맥락을 살펴서 자신들의 존재를 과시할 기회를 노리는 '정치검찰'다운 반응이었다. 고발의 주체는 '나눔의집'에 기거하는 피해자들이었다. 나눔의집은 정의연과는 완전히 다른 단체였다. 당시 정의연은 그 고소에 관여하지 않았을 뿐 아니라 고소를 지지하는 입장도 아니었다. 정의연에 직간접적으로 관련돼 있으면서 박유하 교수의 주장에 매우 비판적인 지식인들(윤정옥, 양현아, 이나영, 강성현, 박노자 등)은 당시 박유하 교수에 대한 형사 고소를 반대하는 입장도 발표했었다. "학문적으로 토론하고 비판할 문제이지 법적으로 처벌할 문제가 아니다"라는 취지였다.

반면, 윤미향 의원이 당한 공격은 학문적 비판이 오가는 와중에 진행된 민사소송과 일부 악성 댓글 정도가 아니었다. 거의 전 언론이 합심해 온갖 무책임한 의혹들을 쏟아내며 파렴치한 사기꾼으로 낙인찍는 상황이었다. 상식적이라면 이런 상황에서는 학문적 입장이 다른 상대방을 비판하다가도 일단 멈추고 다음 기회를 보는 게 맞았다. 물에 빠져 허우적거리며 숨이 넘어가는 사람의 머리를 물속으로 눌러서는 안 되기 때문이다.

하지만 박유하 교수는 몇몇 언론과의 인터뷰나 기고 등을 통해서 정의연과 윤미향 의원에 대한 전 사회적 공격에 가담하는 태도를 보였다. 특히 박유하 교수는 "지원 단체의 가장 큰 문제는 공금 횡령이 아니다. … 북한이 일본에 배상을 받아낼 좋은 재료로 삼은 게 모든 문제의 배경이다"라고 썼다.[60] 이것은 악의적으로 의도된 발언으로 윤미향 의원과 정의연이 공금 횡령을 했다고 매도할 뿐 아니라 '친북적'이라는 색깔론까지 덧붙인 것이기 때문이다.

한국 사회에서 박유하 교수가 대변해온 "강제로 끌려간 소녀는 없었고, 대부분 자발적으로 돈 벌러 간 성매매 여성이었다"는 주장과, "일본은 이미 사과와 보상을 했고 법적 책임을 묻기는 어렵다"는 논리, 그리고 "이제는 한일간 화해로 가자"는 목소리들은 억압당해왔다고 보기 어렵다. 한국 사회의 지배 세력에게 이런 주장은 그들의 내심을 반영하는, 환영할 만한 것이었다.

정말 침묵을 강요당한 것은 국가의 제도적 강간이자 전쟁 무기로 위안소를 운용한 일본의 전시 성범죄를 고발하고 사죄와 배상을 요구하는 목소리였다. 그 목소리는 피해자들의 용기와 윤미향 같은 연대자들의 투쟁 끝에 반세기 넘게 강요당했던 침묵을 뚫고 나올 수 있었다.

하지만 그 목소리는 마녀사냥 속에서 다시 침묵할 것을 강요받았다. 그리고 박유하 교수 같은 지식인들은 그것을 못 본 척하거나 오히려 마녀사냥에 동조했다.

11장
마녀사냥꾼 5: 전문 고발꾼

     누군가가 '아니면 말고' 식의 의혹을 제기하고, '사냥꾼 언론'은 사실 확인이나 검증도 없이 증폭시켜 보도하여 분위기를 조성한다. 그 다음엔 '전문 고발꾼'이 나서서 언론의 보도를 근거로 검찰에 의혹 당사자를 고소 고발한다. 그러면 검찰은 고발을 이유로 전격적인 수사에 착수하고, 언론은 다시 그 일을 대대적으로 보도한다. 정치인과 지식인들은 자신들이 지닌 발언권을 이용해 마녀사냥의 표적이 된 사람을 매도하고 조롱한다. 이것이 오늘날 한국 사회에서 벌어지는 마녀사냥의 전형적 순환구조다.

     족벌·상업 언론들은 취재와 보도를 통해 마녀사냥의 불씨를 키우지만, 직접 고발에 나설 수는 없다. 보수 정당과 정치인이 직접 고발을 하는 것도 쉽지 않다. 정략적 의도가 너무 드러나기 때문이다. 그렇다고 고소나 고발이 들어오지도 않았는데 검찰이 알아서 수사를 시작하는 것도 어렵다.

여기서 언론의 보도를 근거로 삼아 고소나 고발을 전문으로 하는, 정체를 알 수 없는 '시민단체'와 '프로 고발러'의 존재와 역할이 중요해진다. 가장 유명하고 대표적인 프로 고발러로, 법치주의 바로세우기 행동연대(법세련)이라는 단체와 그 대표인 이종배를 꼽을 수 있다.

고발을 기다리는 정치검찰

경북 성주가 고향인 이종배는 서른세 살이던 2010년에 사법시험 준비를 시작했다. 로스쿨 도입으로 인한 사법시험 폐지를 6년 남긴 시점이었다. 사법시험 합격에 실패한 후에 그는 재도전을 포기하고 '사법시험 존치를 위한 고시생 모임'을 만들어 사시 존치 운동을 벌였다.

그러다가 2019년 6월, 법세련을 만들고 전교조 교사들의 연가 투쟁을 막지 않은 것이 직무 유기라며 문재인 정부의 유은혜 교육부 장관을 고발한다.[61] 이것이 시작이었다. 이어서 그는 2019년 조국몰이에도 참전해서 고소 고발을 남발했다. 월간조선에 따르면, 이종배는 유은혜 장관을 시작으로 2022년 6월 30일까지 146건의 고발장을 접수했다고 한다.[62]

한국에서 시민운동은 민주화운동의 연장선상에 있었다. 대다수 시민에게는 권력과 자본을 감시하고 비판하는 시민단체의 정당성에 대한 인식이 있었고, 그 신뢰와 정당성을 기반으로 시민단체는 권력형 비리 등을 저지르는 대상을 고발함으로써 여론을 형성할 수 있었다. 여론의 압박으로 검찰이 수사에 나서지 않을 수 없도록 만드는 것이다. 참여연대와 경실련 등이 바로 이런 역할을 하면서 성장한 시민단체의 대표적인 사례였다.

그러나 2000년대부터 뉴라이트와 같은 우파적 시민단체들이 등장하면서 상황이 바뀌기 시작했다. 그들 역시 기자회견과 고소 고발 같은 형식을 활동 방식으로 삼았다. 겉으로 보기에는 진보적 시민단체들이 해온 것과 비슷해 보이기도 했다. 하지만 그들의 표적은 시민들 위에 군림하고 서로 유착하는 정치권력과 대기업, 기득권 카르텔이 아니었다. 기득권 카르텔의 눈에 거슬리는 야당 정치인과 진보 진영의 인사들이었다.

대표적으로 이종배의 행태는 시민단체가 그동안 쌓아온 정당성을 악용하여 '정치적 고발'을 '정당한 고발'로 위장하기 위해 '시민단체'라는 간판을 이용한 거라는 의심을 사기에 충분했다. 그는 '정치적 색안경 없이 공익성을 고려해 권력층을 고발한다'고 했지만, 이종배의 고발 대상은 거의 대부분 민주당 소속 정치인이거나 진보 진영에 속해 있는 사람들이었다. 이런 행태는 기득권 보수 진영의 정치적 이익을 고려하여 '정치적 반대파이거나 진보 진영의 인사들을 고발한다'라고 평가할 수밖에 없다.

월간조선 인터뷰에서 이종배는 '언론 보도를 근거로 고발을 하는 이유는, 언론이 보도한 내용은 진실에 가깝고, 언론은 진실을 보도할 의무가 있으며 팩트 체킹을 할 수 있기 때문'이라고 주장했다. 반면 일반인의 제보는 받지 않는데, '일반인은 사실 확인이 어렵고, 사실관계를 알 수 없는 내용으로 고발을 하면 위험하다'는 것이 그 이유였다.

그러나 족벌·상업 언론들이 마녀사냥을 하면서 보도하는 내용 중 많은 부분은 누군가의 '일방적인 주장'이고, 사실 여부를 확인하지 않은 '아님 말고' 식의 의혹 제기에 불과하다. 그럼에도 이종배와 법세련은 언론에서 보도하는 내용이 근거가 분명한 사실인 것처럼 가정하고 검찰에 수사와 처벌을 촉구하며 고발했다.

그러면 검찰은 마치 기다렸다는 듯이 수사에 착수했다. 검찰도 언론이 보도한 내용을 모르지 않았을 것이다. 그렇다면 범죄나 불법 혐의를 알고도 모른 척하고 있었다는 말인가? 아니면 이종배의 고발이 있고 나서야 비로소 인지했다는 것인가? 검찰은 이종배가 고발하면 수사해주는 용역 업체나 심부름센터인가? 아니다. 수사하고 싶은데 명분이 없어 나서지 못하고 있다가 이종배가 고발을 해주니 옳다구나 하고 나섰다는 뜻이다. 그러니 '수사가 아니라 정치를 하는 정치검찰'이라는 비판이 나올 수밖에 없었다.

배후가 의심되는 '청부성' 고발

2020년 5월 20일, 이종배는 법세련 대표 자격으로 윤미향 당선인을 중앙지검에 고발했다. 고발한 이유는 황당하게도 전기통신기본법 위반이었다. '윤 의원이 언론 인터뷰와 보도자료를 통해 적금을 깨고 친척들에게 빌려서 빌라를 구매했다고 해명한 일이 전기통신설비에 의한 허위의 통신을 한 것'이라는 것이다. 또 법세련은 22일 서울중앙지방법원 앞에서 기자회견을 열고 "정의연 및 윤미향 더불어민주당 당선인의 회계 부정, 횡령, 배임 등의 혐의에 대해 검찰 수사 및 사법 절차를 통해 실체적 진실이 밝혀질 때까지 기부금, 보조금, 성금 등 일체의 후원금 모금 행위를 중단할 것" 등을 요구하는 가처분신청서도 제출했다.[63]

이어서 5월 26일 이종배는 "윤미향 아파트 5채 샀다"는 곽상도의 의혹 제기를 근거로 윤 당선인을 '횡령과 배임' 혐의로 대검에 수사를 의뢰하고, 5월 31일에는 윤미향 의원이 기자회견에서 허위 해명을 했다며 대검찰청에 형사 고발했다. 그뿐만이 아니다. 2021년 4월에는 "길원옥 할머니가 갈비뼈를 다쳤는데도 해외 일정에 데리고 다닌 건 노인 학대"라며 노인복지법 위반으로 윤 의원을 고발했다. 이런 식으로 그는 윤 의원을 업무상 배임, 횡령, 노인 학대 등으로 다섯 차례나 검찰에 고발했는데, 대부분 곽상도나 조선일보 등이 제기한 일방적인 의혹이 고발의 근거였다. 심지어 이종배는 2023년 1심 재판에서 윤미향에게 사실상 무죄 선고가 내려진 후, 민주당 이재명 대표가 '미안했다'고 사과하자 '위안부 할머니들에 대한 2차 가해'라며 인권위에 진정을 내기도 했다.

왜 문재인 정부와 민주당 인사들만 고발하는 것이냐는 물음에 이종배는 '권력에 대한 감시와 견제를 사명으로 하는 시민단체로서, 여권 인사에 대한 고발이 많을 수밖에 없다'고 강변했다.[64] 하지만 문재인 정부에서 윤석열 정부로 정권 교체가 된 이후에도 여전히 그는 야당이 된 민주당과 진보 진영 인사들만 주로 고발했다. 반면 이제는 여권이 된 윤석열 정부와 국민의힘 쪽 인사를 고발한 경우는 찾기 어렵다. 예컨대 곽상도 아들의 50억 퇴직금이 문제가 됐을 때 이종배는 그것을 고발하지 않았다. 이처럼 보수 진영에 미운털이 박힌 대상을 향해서만 사냥하듯 '대리 고발'을 한다는 의심을 받았던 '고발 전문가' 이종배는 2022년 지방선거에서 국민의힘 서울시의회 비례대표 의원이 되었다.[65]

정치적 고발과 정치적 공천

시의원이 된 이종배는 월간조선과의 인터뷰에서 민주당 최강욱 의원이 청와대 공직기강비서관으로 임명되기 전 조국 전 민정수석의 딸 조민 씨에게 허위 인턴 증명서를 발급한 것은 공직 진출을 위한 뇌물이므로 최 의원을 고발했다고 주장했다. 이런 논리에 따르면, 그동안 보수 진영을 위하여 검찰을 정치적 수사에 끌어들이는 명분을 제공하는 '정치적 고발'을 남발해온 이종배의 행위 역시 모두 공천을 받기 위한 행위였다는 의심과 비판이 가능하다.

이종배는 서울시의원이 된 뒤에도 야권에 대한 고발과 진정을 계속 이어갔다. 2022년 7월에는 문재인 정부 때 '탈북어민 강제북송 사건'의 실체를 조사해달라는 건으로, 8월에는 "저학력·저소득층에 국민의힘 지지자가 많다"는 당시 이재명 민주당 후보의 발언이 인권 침해라며 인권위원회에 진정을 제출했다. 교육부에 이재명 의원의 석사 논문 표절에 대한 감사와 정보공개청구도 함께 요청했다. 또 2023년 4월에는 송영길 민주당 전 대표를 정당법 및 정치자금법 위반 등 혐의로 서울중앙지검에 고발했고, 송 대표는 결국 구속되었다.

이종배는 언론매체를 향해서도 고소와 고발을 남발했다. '바이든-날리면'을 방송했다는 이유로 MBC를 경찰에 고발하는가 하면, 이태원 참사의 희생자 명단을 공개했다는 이유로 시민언론 더탐사와 시민언론 민들레를 개인정보보호법 위반으로 고발했다. 경찰은 이를 근거로 언론사들에 대한 압수수색을 수차례 단행했다. 여기서 끝이 아니다. 2023년 6월에는 이명수 서울의소리 기자를 김건희 여사 관련 허위사실 유포 혐의로 경찰에 고발했다. 또 2024년 2월에는 아예 서울의소리를 등록 취소하라고 서울시에 촉구했다. 그는 2022년 가을에는 고소 고발뿐만 아니라 서울시의회 문화체육관광위원으로서 "허위 방송 유포를 일삼는 교통방송(TBS)을 더 이상 방치할 수 없다"며 'TBS 지원 폐지 조례안'을 발의했다. 결국 TBS는 실질적인 해체 수순에 들어갔다.

이종배 시의원은 특히 김건희 여사를 지키기 위해 고발을 남발했다. 2022년 9월 진혜원 검사가 김 여사를 조롱했다며 '품위 위반'으로 대검에 징계를 청구했다. 캄보디아 방문 시 촬영했던 '김건희 여사 사진 조명 의혹'을 비판한 이재명 민주당 대표에 대해서도 허위사실 유포 혐의로 2023년 4월 서울경찰청에 고발했다. 또 야권이 김건희 여사의 도이치모터스 주가 조작 연루 의혹 등에 대한 특검법을 추진하자, 이 의원은 맞불을 놓듯 김정숙 여사를 검찰에 고발했다. 그는 김정숙 여사의 인도 방문을 위한 예산 배정이 국고 손실 및 횡령·배임에 해당하고, 대통령 전용기에 지인을 동승시킨 의혹은 직권남용 혐의라고 주장했다. 이어 그는 김정숙 여사가 청와대 경호관에게 1년 이상 개인 수영 강습을 받았다는 의혹이 있다며 직권남용으로 서울중앙지검에 고발했다. 김건희 여사 방어를 위한 이른바 '물타기' 수법이었다.

이 가운데 압권은 2023년 12월 29일에 '김건희 특검법'에 찬성한 민주당과 정의당 등 야당 의원 180명 전원을 직권남용 및 공무집행방해 혐의로 서울중앙지검에 고발한 건이다. 권력과 검찰, 그리고 보수 정치권과 족벌언론의 입맛에 맞춰 고발을 남발하다 보수정당의 정치인으로 변신해 서울시의원이 된 이종배에게 '고발'은 출세의 동아줄이었을지 모른다. 하지만 그에게 끝없이 고발을 당한 윤미향 같은 피해자들에게는 기울어진 여론 지형과 사법 시스템으로 만들어진 마녀사냥의 지옥문이 열리는 일이었다.

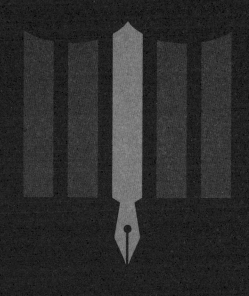

3부

마녀사냥에 맞서는
우리의 자세

2부에서 살핀 것처럼 윤미향과 정의연에 대한 마녀사냥은 족벌·상업 언론과 정치검찰, 보수 정치인과 지식인 전문가, 극우·보수 단체의 합작품이다. 그들은 의혹 제기부터 시위와 고발, 검찰 수사, 엄청난 양의 기사 방출까지 각자의 역할에 충실하면서, 또 서로를 보완하며 여론을 만들었다. 그 결과 마녀사냥의 대상자들은 '불쌍한 할머니들의 돈을 가로챈 위선적인 파렴치범'이 되었다. 마녀사냥꾼들의 이 거대한 카르텔이 지금까지 우리 사회를 지배해왔다. 그들에게 마녀사냥은 그것을 통해 얻어지는 정치적·경제적 이득으로 자신들의 지위를 공고히 할 수 있는 강력한 수단이다.

　　마녀사냥 카르텔은 표적 대상에 관한 의혹을 유포해 대중들이 혐오감과 적개심을 품도록 끊임없이 유도한다. 더 심각한 문제는 마녀사냥꾼들이 퍼붓는 무분별한 의혹 제기와 여론의 비난이 표적 대상자만이 아니라 가족과 주변 사람들에게까지

향하는 것이다. 특히 진보적 성향의 정치인이나 유명 인사, 시민운동 단체나 노동조합의 활동가들은 이러한 '마녀사냥'에 노출되기 쉽다. 이 거대 카르텔이 작정하고 달려드는 마녀사냥에 개인이나 개별 단체가 적절히 대응하기란 불가능에 가깝다. 이럴 때일수록 주변의 지지와 연대가 절실하고, 무엇보다 주기적인 마녀사냥을 가능하게 하는 사회구조적 원인들을 제거하거나 바꾸어야 한다.

기득권 카르텔의 마녀사냥을 방지하기 위해서는 언론 개혁과 검찰 개혁 등 사회의 구조적인 변화와 개혁이 필요하다. 하지만 당장 이런 '사냥'이 벌어질 때 그 피해와 부작용을 최소화할 수 있는 방안과 대응 자세 또한 필요하다. 여기서는 윤미향과 정의연의 사례를 검토하면서, 위기관리 차원에서 효과적인 '마녀사냥에 대처하는 방법'을 찾아보고자 한다.

다시 강조하지만, 이 주제를 다루는 것은 누군가를 비난하거나 책임을 떠넘기려는 것이 아니다. 마녀사냥에 침묵하거나 동조하는 진보 언론, 희생자와 손절하거나 거리를 두는 주변 사람들, 마녀사냥에 휩쓸려 작은 돌을 던지는 사람들도 결국은 끝없는 마녀사냥으로 이득을 얻는 기득권 세력의 압력과 사회구조에서 자유로울 수 없기 때문이다.

마녀사냥의 희생자들은 기득권 카르텔의 무지막지한 공세에 속으로 피를 흘리고 생살이 벗겨지는 고통에서 가까스로 버티고 살아남은 자들이다. 그들이 '더 잘 대처했다'고 해서 마녀사냥에서 벗어날 수 있었을까? 그럴 가능성은 별로 없다. 다만 우리는 그동안의 경험에서 교훈을 찾고 끝없는 마녀사냥을 가능케 하는 사회 구조와 권력 카르텔을 해체하는 방향으로 나아가면서, 마녀사냥에 고통받는 희생자들이 겪을 피해를 조금이라도 줄이는 방안을 함께 찾을 필요가 있다.

12장
누구든 표적이 될 수 있다

2023년 9월 20일 오전, 윤미향 의원의 2심 재판이 열렸던 서울고등법원 앞에는 "범죄인 윤미향을 추방하라"는 플래카드가 걸려 있었다. 그리고 재판정에 들어가는 윤 의원에게 상당수의 극우 유튜버들이 몰려들어 "조총련 윤미향", "빨간 마녀" 등을 큰소리로 외쳐댔다. 족벌·상업 언론들은 9월 초 윤 의원이 간토대지진 100주기 행사에 참석한 일을 빌미로 대대적인 '종북몰이' 공세를 벌였다. 한동훈 당시 법무부 장관과 이원석 검찰총장도 이미 1심 판결에 대한 불만족을 드러낸 바 있다. 결국 2심 재판관들은 1심과 비교해 특별한 추가 증거가 나오지 않았는데도 죄목을 추가하고 형량을 더하여 윤 의원에게 당선 무효에 해당하는 유죄를 선고했고, 대법원은 그것을 확정했다.

1894년 12월 프랑스 파리 사관학교 법정에서 간첩죄로 기소된 유대인 출신 알프레드 드레퓌스 대위의 재판이 열렸다. 법정 밖에선 군중들이 "드레퓌스에게 죽음을", "유대인에게 죽음을"이라는 구호를 외쳤다. 증거가 없어 기소를 주저하고 있던 군 당국을 향해 반유대주의 신문과 보수신문은 군이 '매국노'를 감싸고 있다며 압박했다. 군법정은 드레퓌스 대위에게 무기징역을 선고했고 그는 프랑스령 기아나에 있는 '악마의 섬'에 투옥되었다.[66]

마녀사냥의 뿌리

사회생물학자 에드워드 윌슨은 인간이 가진 공격성의 기원을 동물이 보이는 텃세에서 찾는다. "일반적으로 원시인들은 세계를 두 가지 가시적인 영역으로, 즉 가까운 환경과 그보다 멀리 있는 세계로 나눈다. (중략) 이런 대비는 적을 끔찍한 존재로, 나아가 인간 이하의 존재로 격하시킴으로써 더 선명해진다."[67] 다시 말해 인간은 집단을 내(內)집단과 외(外)집단으로 나누고 외집단에 대해서는 잔인한 공격성을 보인다는 것이다. 이러한 부족주의(tribalism)는 외부인과 전쟁을 치르는 형태로 나타나기도 하지만, 사회 내부 구성원을 향할 때는 마녀사냥의 모습으로 드러난다.

마녀사냥은 위기의 시기, 즉 사회 구조의 근본적 소멸과 문화적 질서의 몰락이 발생할 때 횡행한다.[68] 다시 말해 "어떤 집단이 외부에서 위협이 가해진다고 느낄 경우, 아니면 집단 내부의 응집력이 허물어지거나 상실될 위험에 처했다고 느낄 경우, 그것에 대한 반응으로 마녀사냥이 일어난다."[69] 마녀사냥은 사회의 위기 원인을 희생자에게 돌리고, 이를 통해 내집단은 응집력을 회복한다. 따라서 이 사냥의 "희생물은 자신을 변론할 수도 없으며 재판은 이미 결말이 나 있는 것이나 다름없었다."[70] 예를 들어 16세기 중반 프랑스에서 "유대인들이 강이고 샘이고 곳곳에 독을 풀어 사람들이 죽어갔다"고 덮어씌웠던 것과, 20세기 초반 일본에서 간토대지진이 일어나자 "조선인이 우물에 독을 집어넣었다"는 죄목으로 재판 없이 수천 명을 학살한 사례는 매우 유사하다.

집단과 공동체는 자신들 내부의 결속력을 다지는 동시에 공통된 도덕의식을 향상시켜야 할 필요를 끊임없이 느끼며,[71] 이것이 마녀사냥의 형태를 띠기도 한다. 마녀사냥의 가해자들은 타자(희생자)를 혐오하는 행위가 공동체를 지키기 위한 "공동체의 선과 맞닿아 있는 것으로" 인식한다.[72] 심지어 "남을 처벌하고 보복할 때 도파민이 방출되며, 이는 몸에 묘한 쾌감을 준다"고 알려졌다.[73] 이러한 공격성의 이면에는 어려움에 처한 타인을 돕지 못했다는 죄의식에서 벗어나기 위해 그 타인을 마녀로 만들려는 요소도 있다.* 최근에는 세계적으로 정체성 정

---

* "분노와 의무감 사이의 갈등은 남자들이 구걸하는 여자들을 매정하게 문 앞에서 쫓아버리도록 하고 그렇게 한 후에 양심의 가책으로 괴로워하게 하는 양가감정을 일으켰다. 그 끈덕진 죄의식은 마녀 고발의 풍요로운 기반이 되었다." 에드워드 윌슨, 이한음 옮김,《인간 본성에 대하여》, 사이언스북스, 2017, 222쪽.

치*라는 모습으로 "태곳적 부족주의를 증폭시키고, 집단 내에서 공유되고 있는 적의로 사람들을 뭉치게"[74] 하는 경향이 확산하고 있다. 그 영향으로 외국인과 이주민, 성적/이념적/종교적 소수자 등에 대한 혐오가 커지고 있는데, 이러한 혐오는 새로운 미디어 환경으로 기존의 공론장이 무너지고 정치가 극단화되면서 '필터 버블'과 '확증 편향' 효과로 더욱 증폭되고 있다.

사회심리학자 조너선 하이트 등은 현대 마녀사냥의 특징을 네 가지로 정리했다.[75] 첫째, 마녀사냥은 한순간에 극적으로 발생한다. 공동체는 온갖 체제 전복적 요소들을 갑자기 알아차리게 되고 집단 전체가 통째로 위협에 처한 것처럼 느낀다. 둘째, 마녀사냥의 희생자들은 주로 국가라는 공동체 전체에 해를 끼쳤다는 혐의를 뒤집어쓰게 된다. 셋째, 이러한 혐의 내용은 사소하거나 조작된 것일 때가 많다. 넷째, 혐의자가 결백한 것을 아는 사람조차 입을 다물거나 극단적일 경우 아예 군중과 영합한다. 왜냐하면 혐의자 편에 서는 것은 집단을 공격하는 것과 같으며, 따라서 그도 비슷한 죄인 취급을 받을 수 있기 때문이다.

---

* 정체성 정치란 "당적이나 이데올로기 혹은 금전적 이해를 따지지 않고 인종, 젠더, 성별 같은 집단적 특성에 따라 사람들을 결집해 정치적으로 동원하는 것"을 말한다. 조너선 하이트 외, 왕수민 옮김, 《나쁜 교육》, 프시케의숲, 2019, 110쪽.

횡행하는 마녀사냥

이러한 마녀사냥의 특징은 한국 현대사에서 일어난 여러 사례에서도 확인할 수 있다. 군사정권 시절 이른바 '용공 조작'을 통한 간첩단 사건들로 숱한 희생자가 나왔고, 이를 통해 권력은 정권 안정을 도모했다. 대표적으로 박정희 정권의 인혁당 사건, 전두환 신군부의 김대중 내란음모 조작사건, 그리고 노태우 정권의 유서대필 조작사건 등이 있다.

최근에는 비리나 부패, 선거 부정 등 주로 도덕적 명분을 내세워 마녀사냥이 이루어지고 있다. 손혜원, 조국, 송영길, 이재명, 김남국 등 민주당 계열 정치인은 족벌·상업 언론들과 정치검찰, 그리고 우파 정치 세력으로 이루어진 카르텔의 먹잇감이 되었다. 윤석열 대선 후보의 부산저축은행 수사 개입 의혹을 보도했던 뉴스타파 기자들은 "헌정질서에 대한 도전이자 국기문란 행위"를 한 자들로 치부되어 대대적인 검찰 수사를 받았다.

이 사례들은 한국 사회처럼 주기적인 마녀사냥이 일상화된 사회에서는 누구든 마녀사냥의 표적과 희생양이 될 수 있음을 보여준다. 특히 기득권 우파 세력과 경쟁적이거나 대척 관계에 있는 민주당이나 진보정당 소속의 정치인들이 표적이 되기 쉽다. 보수 정부의 정책 방향을 반대하거나 비판하는 시민단체와 사회운동의 잘 알려진 활동가들도 늘 조심해야 할 처지다. 검찰과 족벌·상업 언론들이 만만하게 여기는 연예인들도 흔히 희생양이 된다.

일단 마녀사냥의 표적이 되면 빠져나오기 쉽지 않다. 언론은 입시나 부동산 문제처럼 대중들의 감정을 자극하는 의혹을 무차별적으로 제기한다. 검찰은 가족, 친척, 친지 등 주변 인물의 범법 행위를 전방위적으로 조사하여 먼지떨이식 별건 수사로 혐의자를 압박한다. 그 과정에서 뭐 하나라도 범법 행위가 밝혀지면 혐의자에 대한 각종 낙인은 뭉뚱그려 '유죄'라는 이름으로 확정된다. 이 사냥에서 온전히 벗어날 수 있는 사람이 몇이나 될까?

중요한 점은 마녀사냥의 표적이 된 사람의 인간적 결함이나 실수가 마녀사냥의 진정한 원인이 아니라는 사실이다. 그것은 마녀사냥을 시작할 수 있는 빌미와 핑계를 제공할 뿐이다. 또 희생자가 아무리 잘 대응하고 대처하더라도 마녀사냥을 멈출 수 있는 가능성은 거의 없다. 개인이나 조직에 '위기'는 언제나 찾아올 수 있다. 특히 기존 지배 권력에 대항하여 시민의 권리를 늘려가려는 민주·진보 진영이나 노동조합, 시민운동가들에게는 늘 닥칠 수 있는 문제다.

한번 거대한 마녀사냥의 소용돌이에 휩쓸리면 누구라도 거기서 쉽게 빠져나올 수 없다. 표적이 된 희생자들은 그 소용돌이의 와중에서 효과적인 대처 방법을 찾아야만 한다. 이는 옳음과 그름이라는 규범적 차원의 문제가 아니다. 적대적 환경에서 벌어지는 마녀사냥에서 살아남기 위한 생존 방법이다.

위기가 닥치면 먼저 기억해야 할 세 가지가 있다. 프레임, 이미지, 타이밍이 그것이다.

13장
프레임을 재구성하라

프레임의 덫

2020년 5월 7일, 이용수 할머니의 기자회견 후 엄청난 양의 언론 기사가 보도되기 시작하자 윤미향과 정의연은 일일이 그에 대해 해명했다. 정의연은 5월 8일부터 2주간 20건이 넘는 입장문과 성명서를 발표했다. 윤미향 당선인은 페이스북과 언론 인터뷰로 대응했는데, 5월 12일 하루에도 다섯 곳이 넘는 미디어와 인터뷰를 했다. 정의연은 5월 11일 기자회견을 했고, 윤미향은 5월 29일에 기자회견을 했다. 그러나 각종 의혹에 대한 초기의 반박과 해명을 충실히 다룬 언론사는 적었고, 오히려 족벌·상업 언론들은 부정적 기사를 계속 쏟아냈다. 그 이유는 무엇일까?

첫째, 반박은 프레임을 더 강화하기 때문이다. 당사자들이 회계 부정 의혹을 반박하고 이 내용을 언론이 노출할수록 사람들은 오히려 윤미향과 정의연을 '회계 부정'과 관련지어 생각하게 된다. 조지 레이코프는 저서《코끼리는 생각하지 마》에서 프레임의 중요성을 강조한다. 프레임이란 우리가 세상을 바라보는 방식을 형성하는 정신적 구조물이다.[76] 사람들에게 "코끼리를 생각하지 말라"고 하면, 그 말이 코끼리와 상응하는 프레임을 불러일으켜서 사람들은 어쩔 수 없이 코끼리를 떠올린다는 것이다. 그래서 레이코프는 "상대방의 주장을 부인하는 흔한 실수를 저지르지 말라"며 대신 "프레임을 재구성하라"고 조언한다. "사실을 진술하고 그 사실이 상대편의 주장과 모순됨을 보여주는 것만으로는 이길 수 없다. 프레임이 사실을 이긴다."[77]

둘째, 반박을 하면 당연히 해당 사건을 다루는 매체와 보도량이 늘어난다. 사람들은 부정적 이슈에 더 끌린다.《팩트풀니스》의 저자 한스 로슬링에 따르면 기업화된 언론이란 인간이 가진 부정(혐오) 본능이나 비난 본능을 이용해 자신의 영향력이나 수익을 늘리려는 산업일 뿐이다. 특히 한국처럼 포털 위주로 뉴스가 소비되는 환경에서 언론 기업들은 독자의 관심을 끌고 클릭을 유도하기 위해 자극적인 '제목 장사'에 몰두한다.

기사 본문에 윤미향과 정의연을 공격하는 내용과 함께 그에 대한 반론을 실어준다고 하더라도, 독자들은 제목 수준에서 사건을 이해하곤 한다. 왜냐하면 '정보 최소량의 법칙'에 따라 인간의 뇌 활동은 최소한의 에너지로 꼭 필요한 정보를 얻으려는 성향이 있기 때문이다.[78] 더구나 이 사례의 경우에는 의혹 제기가 전방위적으로 이루어져 반박할 내용이 많고, 또 장기간에 걸쳐 일어난 일들이라 당시 상황을 자세히 설명해야 하며, 문제가 된 회계 문제도 전문적인 영역에 속한다. 즉, 간명한 해명이 쉽지 않다. 따라서 반박과 해명을 할수록 기사에는 자세한 내용보다는 혐의를 적시하고 당사자들이 혐의를 부정했다는 입장만 간단히 반영되기 쉽다. 특히 적대적인 언론 환경이라면 당사자의 해명을 충분히 반영하는 언론사를 찾는 것 자체가 힘들다.

셋째, 반박이 꼬투리가 되어 자칫 거짓말 프레임에 몰릴 수 있다. 사건 초기, 윤미향은 해명 과정에서 오히려 공격의 빌미를 주었다.

[김경율 "윤미향, 2018년에 배상금 확정받아 2016년에 딸 유학비?"] (머니투데이, 2020.5.12.)
[말 바꾸는 윤미향·꼬이는 정의연… 딸 美유학·쉼터·아파트 경매 늘어나는 의혹들] (조선, 2020.5.19.)

특히 기억의 불완전성을 감안한다면,[79] 상당한 시간이 지난 일에 대해 자료 없이 발언을 할 경우 실수할 가능성이 크다. 윤의원도 첫 기자회견에서 "(사건 초반에 한 해명) 인터뷰가 기억에 의존하다 보니 계속 오류를 낳았다"고 인정했다. 공격하는 상대는 자료를 가지고 있다는 점을 잊지 말아야 한다.

기자회견의 역효과

적대적 언론 환경에서 기자회견은 안 하느니만 못할 수 있다. 사건 초기인 5월 11일 정의연의 기자회견에서 조선일보 기자의 계속된 자극적인 질문 공세에 주최측 사회자가 반발하는 장면이 연출됐다. 이에 대해 조선일보는 [정의연 "이용수 할머니께 사과… 기부금 사용 내역은 공개 못해"] (5.11.)라는 기사에서 "세상 어느 NGO가 기부금 내역을 샅샅이 공개하느냐"는 발언을 인용하며 정의연이 기부금 사용 내역 공개를 거부했다는 점을 부각시켰다. 정의연이 기자회견을 자처해 기금 사용 내역에 대해 자세히 설명한 내용은 싣지 않고, 오히려 사회자의 마무리 발언을 '자료 공개 거부'로 키운 것이다. 정의연은 즉각 이에 항의하는 성명을 발표했다.

왜곡 보도를 중단하라는 정의연의 성명에 오히려 조선일보는 [사설 | 맥줏집에서 3339만원 썼다는 위안부 단체, 기부금 내역 공개 거부] (5.12.)에서 재차 '공개 거부'를 강조했다. 해당 기자도 [기자의 시각 | 정의도 기억도 연대도 없었다] (5.13.)에서 기부금의 "구체적인 사용 내역을 증빙 자료와 함께 공개"하라며 정의연의 기자회견을 거듭 비판했다. 다른 언론사 기사에서도 정의연 기자회견에 대한 우호적인 내용은 거의 볼 수 없었다.

윤미향의 기자회견도 마찬가지다. 국회의원 당선 초기, 적극적으로 언론 대응을 했지만 여론의 뭇매는 더욱 거세졌다. 그 과정에서 몸과 마음이 탈진되어 약 열흘 간 언론 대응을 일절하지 못했다. 하지만 지속적인 당 내외의 요구에 따라 5월 29일 기자회견을 열었다. 그 결과 기자회견 당일 하루에만 5월 25일에 있었던 이용수 할머니 기자회견 때의 575건을 훨씬 넘는 637건의 기사가 쏟아졌다. 일일 기사량 최고치를 기록한 수치였다.*

윤미향은 기자회견에서 후원금의 사용 내역, 안성 힐링센터(안성 쉼터) 구입과 매각, 2015년 한일합의 내용 인지, 남편의 신문사가 정의연 소식지를 제작한 일, 류경식당 해외 여종업원 월북 권유, 개인 계좌 모금 목적, 주택 구매, 가족(딸 유학자금) 관련 의혹 등에 대해 해명했다. 그러나 이에 대한 언론 기사는 결코 호의적이지 않았다. 기자회견을 다룬 언론사들의 기사를 보자.

[시민단체들 "윤미향 기자회견, 소명 부족하다"] (경향, 5.29.)

[사설|의혹 해소 못한 윤미향 회견… 검찰이 밝히는 수밖에] (세계, 5.29.)

[사설|아무 자료 제시 없이 자기주장만 늘어놓은 윤미향] (동아, 5.29.)

[사설|윤미향 의혹 전면 부인… 검찰 수사 속도내야] (서울, 5.30.),

[사설|여전히 남은 의혹, 결국 검찰에 맡겨진 '윤미향 논란'] (한겨

* 출처: 빅카인즈(54개 언론사 대상)

레, 5.30.),

[사설ㅣ"잘못 없다"로 일관한 윤씨, 국회 아니라 검찰 조사실로 가야] (조선, 5.30.)

[사설ㅣ의혹 해소하기엔 너무 늦은 윤미향 해명] (한국, 5.30.)

[사설ㅣ검찰 수사로 규명돼야 할 윤미향 의혹, 국회 특권 뒤에 숨지 마라] (매일경제, 5.30.)

[사설ㅣ변명 일관한 윤미향, 국회의원 자격이 없다] (서울경제, 5.30.)

결국 반박과 해명을 위한 기자회견은 기존 프레임을 부각해 사람들에게 '회계 부정'이라는 인식을 더욱 각인시켰다. 또한 기사량의 폭증으로 반복의 효과를 일으키고 '자료 제시 부족', '해명 미흡' 등 무언가를 감춘다는 인식을 심어줬다. 부작위의 증명이 어렵듯이 어떤 행동을 했다는 증거가 아니라 어떤 불법 행동을 하지 않았다는 자료를 제시하기는 쉽지 않다.

따라서 상당히 잘 준비된 기자회견이 아니라면 부정적 프레임의 강화, 언론 기사 증대, 발언의 허점 노출 등 부작용이 더 많이 나타날 가능성이 커질 수 있다.

프레임에서 벗어나기

'일도 이부 삼백(一逃 二否 三Back).' 법조계 은어다. '일단 도망가고, 잡히면 부인하고, 마지막엔 백(Background)을 쓰면' 검찰 처벌을 피할 수 있다는 뜻이다. 주로 피의자들이 사용하던 은어가 현실에서 검찰에 적용된 대표적 사례가 있다.

2019년 10월 당시 수감 중이었던 김봉현 전 스타모빌리티 회장이 서울 청담동 룸살롱에서 현직 검사 세 명에게 술접대와 향응을 제공했다는 이른바 '라임 술접대 의혹'을 폭로했다. 이와 연루된 특수부 출신 변호사와 직계 후배 검사 세 명은 처음에는 모두 휴대폰을 잃어버렸거나 바꿨다는 등 수사 비협조로 '일도'했다. 또 김봉현과의 술자리 자체를 부인하며 '이부'했다. 당시 윤석열 검찰총장도 수사 결과가 나오면 입장을 밝히겠다고 발을 뺐다. 또한 친검 언론과 정치인들은 '검사 말은 못 믿고 도둑놈은 믿냐?'며 검찰 감싸기에 여념이 없었다. 곧 변호사와 검사 3명이 접대 자리에 동석한 사실이 수사 결과 확인됐다. 그러나 검찰은 부정청탁금지법 위반 처벌 기준을 빗겨간 '96만 원' 신공을 발휘해 검사 한 명만 불구속 기소했다. '삼백'의 완성이다.[80] 2021년 시작된 이른바 '고발 사주 의혹' 사건에서도 수사를 받던 검사들은 이와 거의 같은 패턴의 행동을 했다.[81]

그만큼 '일도 이부 삼백'은 우리나라 사법제도의 허점과 타락한 '법 기술자'들의 행태를 잘 드러내고 있다고 볼 수 있다. 그러나 정작 언론과 검찰이 벌이는 마녀사냥에 진보 진영 인사나 시민단체 활동가가 이런 대응을 할 수는 없는 일이다.

그래서 마케팅 기법을 활용해 현실에 적용할 수 있고, 좀더 정당하게 대응할 수 있는 방법으로 '일도 이부 삼백'을 다음과 같이 변형해보고자 한다. '일도'는 언론에 대한 노출을 줄이는 것이고, '이부'는 프레임을 바꾸는 것, 그리고 '삼백'은 대중의 시각에서 접근하는 것을 말한다.

일도: 먼저 마녀사냥이 시작되면 언론 노출을 가급적 줄이는 것이 좋다. 준비되지 않은 상황에서 잦은 반박과 해명을 하는 일은 오히려 기존 프레임을 강화하는 효과를 내기 때문이다. 그리고 의혹 제기와 이에 대한 반박이 오가는 모습은 대중에게 마치 '싸움 구경'처럼 흥미거리로 비춰질 수 있다. 시민단체 같은 조직이라면 언론 접촉을 일원화해서 일관되고 절제된 답변이 나가도록 해야 한다.

해명은 자료에 기초해서, 대중이 궁금해하는 점 위주로 간명하게 발표해야 한다. 그리고 발표 방식은 기자회견처럼 언론이 카메라를 동원할 수 있는 방식보다 서면을 통하는 것이 더 낫다. 기자들은 대부분 데스크의 기획에 따라 또는 스스로 미리 틀을 짜놓고 취재 대상의 한마디 말이나 특정한 표정, 몸짓과 같은 '그림'을 따러 온다는 사실을 잊지 말라. 그리고 잦은 사과보다는 언론의 오보에 대한 강력한 법적 대응을 강조하는 것이 더 효과적이다.

이부: 기존 프레임에 갇히지 않으려면, 사실의 나열에 집착하지 말고 스토리텔링을 통해 프레임을 바꿔야 한다. 사실은

196

이야기를 이기지 못한다. 왜냐하면 "스토리는 정보를 처리하고 기억하는 가장 핵심적인 방법이며 당신이 가진 가장 강력한 도구 중 하나"이기 때문이다.[82] 그러니 어떤 의혹이 제기된다면 직접적인 반박을 하기보다는 "이야기를 하나 들려주어라."[83] 그 이야기를 통해 프레임을 바꿀 수 있다.

진보 진영에서 프레임을 바꿔 적절히 대응한 사례를 들어보자. 2012년, tvN 〈백지영의 끝장토론〉에서 당시 이동관 전 대통령 언론특보와 유시민 통합진보당 공동대표가 이명박 정부의 경제부문을 평가했다. 이동관 전 특보가 노무현 정부와 이명박 정부의 부채증가율을 비교하면서 전 정부에 비해 국가채무가 줄어들었음을 강조했다. 그러자 유시민 대표는 여기에 직접적인 반론을 하지 않았다. 대신 한나라당이 IMF 구제금융을 초래했다는 사실을 환기시키며, 우리가 얼마나 힘들게 경제위기를 극복해왔는지를 이야기했다. IMF 이후 10년간의 고난과 극복의 역사를 상기시킨 것이다. 이 이야기는 청중의 기억과 감정을 건드렸고 공감을 끌어냈다. 그 후 국가채무의 성격을 설명하자 시청자들에게는 그 논지가 더 설득력 있게 다가왔다. 즉, 국가채무의 '비율'이라는 양적 프레임에서 스토리텔링의 과정을 통해 채무의 '성격'으로 프레임을 전환한 것이다.

2024년 봄에 벌어진 하이브와 민희진 어도어 전 대표의 충돌도 프레임 전환의 중요성과 효과를 잘 보여준 사례다. 4월 마지막 주 초부터 주요 언론에는 민희진 전 대표에 대한 하이브의 감사가 진행 중이라는 소식이 이례적으로 공개됐다. 공격 포인트는 '민희진 전 대표가 경영권을 탈취하려 했다'는 것으로, 민희진이 거짓말과 부정행위를 하며 빼돌리기와 권력 탈취를 시도했다는 프레임이었다. 민 전 대표가 아이돌 가수들을 키우며 '무속인에 의존하는 주술 경영을 했다'는 기사도 있었다. '내부 문건'이나 '업계 관계자의 증언'이라는, 확실한 출처와 근거도 없는 내용으로 작성된 기사가 단독과 속보로 쏟아지듯 '전해졌다.'

하이브의 '리스크'가 된 민희진 전 대표의 해임은 불가피하고 정당한 것처럼 보였다. 이때까지만 해도 대형 연예기획사인 하이브의 언론 플레이가 승리한 것처럼 보였다. 그러나 4월 25일에 열린 민희진의 기자회견과 유튜브 생중계가 모든 것을 뒤집었다. 처음에는 민희진도 공포심을 드러냈다. 카메라 수백 대가 불빛을 터트리는 기자회견장에서 민희진 대표는 "다 내가 죽기를 바라나" 하고 물었다. 하지만 이어서 '기사가 모는 차를 타고 다니며 술 마시고 골프 치는 개저씨들'과 자신을 대비하며 "나는 X같이 일했다", "실적 낸 나를 찍어내려 한다"며 울분을 토해냈다. 그리고 "들어올 거면 그냥 나에게 맞다이로 들어와라"라고 직격탄을 날렸다. 민희진의 발언으로 프레임이 바뀌었고 여론도 뒤집어졌다.*

2부 6장에서 살펴보았듯, 마녀사냥의 부정적 서사를 공고히 하기 위해 마녀사냥꾼들은 서사의 구조를 튼튼히 만드는 에피소드, 즉 '이야기 기둥'들을 설정한다. 이렇게 만든 부정적 서사를 극복하려면 표적이 된 당사자도 개인이나 조직을 대표하는 긍정적인 거대 서사가 필요하고, 그 서사는 대중이 공감할 수 있는 세 가지 이상의 기둥(에피소드)으로 구성해야 쉽게 흔들리지 않는다. 마녀사냥의 거대 서사는 개개 사실의 반박만으로는 무너지지 않는다. 이를 대체하는 거대 서사, 즉 호소력과 전염성이 강한 스토리를 일관되게 제시해야 한다.

삼백: 대중의 시각에서 사안을 바라보고 행동해야 한다. 미디어와 정치권의 공격, 행정 당국과 검찰의 조사가 잇따르면 당사자들은 자극을 받아 '두려운' 상태가 된다. 이 두려움으로 반응하는 본능적인 대응, 다시 말해 '투쟁, 도피, 경직'적인 대응을 하면, 다시 미디어에 부정적으로 악용될 수 있다.

외부의 시선으로 냉정하게 상황을 파악하고 사안의 핵심이 무엇인지 간파해야 한다. '내가 잘못한 건 맞아. 하지만 내가 해낸 다른 멋진 일들을 좀 봐'라고 해서도 안 된다. 대중들이 관심을 갖는 요점을 벗어났기 때문이다.[84] 대중의 핵심적인 관심을 파악하고 이에 대해 정확한 대응을 해야 한다. 만약 당장

---

* 이 사례는 뉴미디어인 유튜브를 통해 시민들과 직접 소통하며 지지 여론을 만드는 것이 대기업이 레거시 미디어를 통해 언론 플레이를 하는 것보다 효과적일 수 있다는 것을 보여준 사례이기도 하다.

의 마땅한 대응책이 없다면 "당신이 문제에 집중하고 있으며 문제가 무엇인지 이해하고 있다는 것을 보여주는 것만으로도 충분할 때가 더 많다."[85] 그리고 당사자들의 행동과 모습이 대중에게 어떻게 비칠지 예상해야 한다.

14장
이미지를 주목하라

이미지의 힘

윤미향의 기자회견에서 대중의 인상에 강하게 남은 건 그의 여러 가지 해명보다 '땀을 뻘뻘 흘리는 모습'이었다. 마녀사냥꾼들은 이 이미지를 이용해 윤미향이 해명한 내용의 타당성에 손상을 가했다.

[포착|턱밑에 비 오듯 흐른 땀, 윤미향도 못 숨긴 긴장감] (국민, 5.29.)

[포토|땀 흠뻑 젖은 채 해명하는 윤미향 당선인] (서울, 5.29.)

[땀 뻘뻘 흘리며 기자회견 임한 윤미향… "사퇴는 없다"] (한국경제, 5.29.)

커뮤니케이션 전략가 리 하틀리 카터는 "뇌는 말이 아닌 이미지에 끌린다"고 말했다.[86] 즉, 수많은 말보다 강력한 하나의 이미지가 더 중요할 수 있다. 시각 이미지는 매우 직관적이고 감정을 자극하기 때문에 기억에 오래 남는다. 텍스트 위주인 언론 기사를 보완하는 데 매우 효과적인 보조재인 것이다. 따라서 언론사는 이러한 시각 이미지를 매우 선호한다.

당시 윤미향 당선인은 국회 소통관에서 열린 기자회견에 검은 재킷을 입고 등장했다. 촬영을 위한 조명이 설치된 공간에 기자들과 카메라들이 빼곡하게 들어서 있었다. 실내 온도가 낮게 설정되어 있지 않아서인지, 기자들도 땀을 흘리는 상황이었다.

윤 당선인은 입장문 발표를 시작한 지 6분이 지나서부터 땀을 흘리기 시작했고, 15분이 지나자 땀이 턱 밑으로 뚝뚝 떨어질 정도였다. 약 20분 정도의 입장문 발표가 끝나고, 윤 당선인은 소통관 옆 백브리핑실로 자리를 옮겨 기자들과 질의응답 시간을 가졌다. 그 사이에 충분히 땀을 닦지 않아, 윤 당선인이 땀을 흘리는 모습은 인터뷰 내내 계속 노출되었다. 몹시 긴장할 수밖에 없는 자리에서 사람이 땀을 흘리는 건 너무나 자연스러운 현상이다. 게다가 윤 당선인은 갑상선암 수술 이후 제어되지 않을 정도로 땀이 나는 후유증을 앓고 있었다.

그러나 대다수 언론은 윤 당선인이 땀을 흘리는 모습을 뭔가를 잘못했거나 상당히 불편한 상황에 처해 있기 때문이라고 받아들였고, 이를 악의적으로 확대해석했다. 이 이미지는 이후 윤미향에 대한 부정적인 기사와 함께 지속적으로 사용됐다.

202

[김근식 "윤미향, 기자회견서 거짓 부인과 변명의 진땀 흘려"] (한국경제, 5.31.)

[주호영 "윤미향, 거짓말 탐지기도 필요 없어… 흥건한 땀에서 거짓 드러나"] (조선, 6.1.)

또 하나의 사례가 있다. 그해 12월 13일, 윤미향은 레스토랑에서 지인들과 함께 와인 잔을 들고 찍은 사진을 본인의 페이스북에 올렸다. 치매를 앓고 있는 길원옥 할머니의 생신을 기념하기 위한 모임이라는 설명도 덧붙였다. 마녀사냥꾼들은 '불쌍한 할머니의 돈을 빼돌린 파렴치범'이라는 서사를 다시 불러일으키는 데 이 사진 이미지를 이용했다. 허은아 의원과 조선일보가 가장 악질적이었다(1부 4장 참조). 이후 다른 언론사들도 앞다투어 이 사진과 함께 윤 의원을 비판하는 기사를 실었다.

사진이 올라가고 민주당의 반응이 나오기까지 4일간 약 250건의 관련 기사가 보도되었다. 물론 코로나19 방역 시기에 마스크 착용 없이 찍은 사진이었기에 비난받을 소지가 있긴 했지만, 이렇게까지 많은 기사가 나온 건 이미지가 가진 강력한 힘을 방증한다고 할 수 있다.

따라서 사회적 영향력이 있는 사람이라면 자신이 어떤 시각적 이미지로 비칠지 고려하고, 사진이나 영상을 사용할 때 이를 염두에 두어야 한다. 예를 들어 곽상도 전 의원은 '조국의 딸은 포르쉐를 탄다'는 거짓 정보로 조국을 공격했다. 그런데 정작 '50억 수수 혐의'로 검찰에 출석하는 자신의 아들이 포르쉐를 타고 나타나 역풍을 맞았다. 이 장면이 곽 전 의원에 대한 분노와 부정적 인식을 더 강하게 불러일으킨 것이다.

태도의 중요성

화자의 태도 또한 비언어적 표현으로 상대방에게 강한 호소력을 가진다. 정의연 기자회견에서 주최 측은 기자들을 상대로 시민운동 과정에서 겪었던 어려움과 활동가들의 헌신을 떠올리며 억울함과 분노를 표출했다. 당시 정의연 활동가는 "언론이 우리 말을 어떻게 편취하고 이용할지 몰라 무서웠고, 우리가 잘 대응하지 못해 지난 운동 성과가 무화되고 정당성이 훼손될까 두려웠다"고 말했다.[87] 악의적으로 공격을 하는 언론에 대한 원망과 쏟아지는 부정적 여론에 대한 공포 등은 당사자들을 매우 예민하게 만들 수밖에 없다.

리 하틀리 카터는 위기를 맞았을 때 "첫 번째 본능에 따르지 마라"고 충고한다. "어떤 상황에 성공적으로 반응하려면 차분해질 필요가 있다. 외부의 시각이 필요하고 정리하는 과정이 필요하다. 즉, 자극을 받은 두려운 상태에 있어서는 안 된다. 이런 상태를 투쟁, 도피, 경직이라고 부른다. 아드레날린이 이세 가지 반응 중 하나를 원하게 만들기 때문이다. 그러나 셋 중 어느 것도 적절한 반응은 아니다."[88]

언론과 접촉할 때 평정심을 잃은 태도를 보이면 도리어 '무엇인가 잘못했다는' 이미지로 비치고 악용될 가능성이 커진다. 그러니 언론이 아니라 대중들이 이 상황을 어떻게 볼지를 기준으로 판단해야 한다. 자신도 모르게 제 발이 저린 듯한 이미지를 연출해서는 안 된다. 이것이야 말로 바로 그들이 노리는 것이다. 일관되게 차분하고 확신에 찬 태도를 유지해야 한다.

거듭된 사과도 자제해야 한다. 정의연과 윤미향 당선인은 기자회견에서 자신들의 실수에 대해 거듭 사과했다. 적은 인력에 회계 및 법률 지식이 부족한 상태에서 발생한 오류이지, 횡령이나 부정한 일은 하지 않았다는 의미였다. 그러나 적대적 언론은 이러한 사과는 거두절미한 채 '잘못을 시인했다'는 식으로 이용하기 쉽다. 대중들에게도 '이들이 무엇인가 잘못하고 있다'는 이미지로 다가갈 수 있다.

당사자에게 필요한 것은 그 실수가 횡령이나 사기 같은 범죄가 아님을 강조하는 태도다. 여기서 당사자의 태도에 대한 레이코프의 조언은 충분히 들어볼 만하다.

"흔들리지 마라. 항상 공세적인 태도를 유지하고 절대로 수세적인 태도를 취하지 마라. 침착한 목소리를 유지하라. 징징대거나 불평하지 마라. 언행에서 낙관적인 태도를 유지하라. 간청하지 마라. 절제력을 잃지 말고 열정적 확신을 전달하라. 말의 억양이나 어조를 높이는 식으로 약점을 드러내지 마라."[89]

205　　　　　　　　　14장 이미지를 주목하라

15장
타이밍을 잡으라

초기 대응의 중요성

2020년 4월 15일에 치러진 20대 국회의원 총선전, 이미 조선일보는 윤미향 더불어시민당 비례대표 후보에 대한 공격을 시작했다. 그리고 선거 후 이용수 할머니는 기자회견을 예고했다. 하지만 정의연 관계자는 당시에는 "일이 이렇게 커질지 전혀 몰랐다"고 했다. 언론 매체의 수가 급증하고 소셜미디어가 보편화된 디지털 미디어 환경에서는 소문이나 오보가 걸러지지 않은 채 급속하게 전파되며, 당사자나 그 조직의 위기도 그만큼 빨리 닥친다.[90]

따라서 초기의 위기 대응이 매우 중요해진다. 일단 위기 대응에 역량을 최대한 집중하고, 상대방의 공격 포인트를 파악해야 한다. 그리고 이를 외부의 시각, 대중의 시각으로 냉철하게 바라봐야 한다. 사람들이 어떤 문제를 핵심적으로 여기고 있는

지를 파악하고 그에 따른 적절한 메시지를 내야 한다. 대중을 적극 지지자, 무의견층, 부정적인 의견층, 안티 세력으로 구분해 대응책을 세우는 것도 효과적일 수 있다.[91]

이런 시각에서 윤미향 의원의 사례를 돌아본다면, 이용수 할머니의 기자회견이 있은 지 나흘 뒤에 나온 조선일보의 [딸 미국 유학 보낸 윤미향 부부, 소득세는 5년간 640만 원] (5.11.) 과 한국경제의 [단독│하룻밤 3300만원 사용… 정의연의 수상한 '술값'] (5.11.) 기사에 대해서는 초기에 더 강력한 대응이 필요했다. 특히 조선일보가 국회의원 선거 전부터 비방성 기사를 낸 것에 대해서는 경각심을 가지고 더 치밀하게 대책을 준비했어야 했다.

그리고 중앙일보의 ["2015년 일본서 약속한 10억 엔, 윤미향은 사전에 알았다"] (5.8.)에 대해서는 애초에 대중의 관점에서 정확한 답변을 내놓을 필요가 있었다. 사안의 핵심은 '2015 한일 위안부 합의' 전에 윤미향 정대협 대표가 '10억 엔'의 내용을 알았느냐는 여부였다. 그런데 윤 당선인의 초반 해명은 당국이 사전에 알려주지 않은 '소녀상 철거'나 '불가역적 해결'이란 부분에 집중되어 있었다. 결국 '10억 엔'에 대한 족벌·상업 언론의 공격은 계속됐다.

한편 윤미향 의원은 사건 초반에 기자회견을 열어 기억에 의존한 해명과 답변을 했는데, 그 말들이 오히려 논란을 키우자 탈진해 열흘이 넘게 아무런 메시지를 내지 않은 채 잠행했다. 해명과 반박을 다시 꼬투리 잡아서 공격하는 행태에 말려들고 싶지 않은 것이기도 했지만, 마녀사냥꾼들은 그의 침묵을 다시 공격에 이용했다.

따라서 활발하게 해명과 반박을 하다가 갑자기 사라지기보다는, 자신을 지지하거나 중립적인 사람들을 위해서라도 지속적이고 간결한 입장 표명이 필요했다. 예를 들어 "지금 언론이 제기하고 있는 무분별한 의혹 제기는 사실이 아니다. 검찰 조사 등에 대비하여 차근차근 자료를 준비하고 있다"정도의 메시지가 있었더라면 좋았을 수 있다.

거듭 확인하지만, 족벌·상업 언론과 정치검찰, 보수 정치인 그리고 극우·보수 단체와 논객들이 합세해서 벌이는 무자비한 마녀사냥에 직면해 당황하지 않고 침착하고 적절하게 대응하기란 쉽지 않은 게 사실이다.* 하지만 이러한 환경을 인식하고, 위기관리에 대한 노하우를 익히고 사전에 대비 역량을 갖춘다면 속수무책으로 피해를 키우는 일은 조금이나마 줄일 수 있을 것이다.

---

* 예를 들어 [김남국 징계 내몬 검·언·국힘… 권영세 나오자 일제히 딴청] (시민언론 민들레, 2023.7.26.)에 따르면 2023년 더불어민주당 김남국 의원의 코인 거래에 대한 초기 5일간 언론 보도량은 752건으로, 국민의힘 권영세 의원의 코인 거래에 대한 언론 보도 126건에 비해 6배가 많았다. 또한 검찰도 김 의원에 대해서는 적극적인 수사와 언론 플레이를 한 반면, 권 의원에 대해서는 아무런 조치도 취하지 않았다.

이해관계자에 대한 관리

"코로나19에도 불구하고 자주 찾아뵀으면 이런 일까지 생기지 않았을 텐데…."

정의연 관계자의 말이다. 2020년 2월 코로나19가 대구 지역을 중심으로 크게 확산됐다. 대면 만남이 어려워진 까닭에 서울에 있는 정의연 활동가들과 대구에 사는 이용수 할머니의 소통이 뜸해졌다고 한다. 그 와중에 국회의원 총선거를 위한 '위성 비례정당'이 급하게 만들어졌고, 정대협 활동 30년을 맞아 새로운 길을 모색하고 있던 윤미향은 비례의원 추천을 받아들였다.

위안부 운동에서 가장 상징적인 인물이었던 김복동 할머니는 이미 돌아가신 상황이었고, 길원옥 할머니는 건강이 악화된 상태였다. 이용수 할머니만이 자유롭게 활동할 수 있는 '정의연 고문'이었다. 따라서 정의연은 이용수 할머니와 좀더 긴밀한 의견 소통을 할 필요가 있었다. 하지만 너무 긴박한 결정 과정은 그것을 어렵게 만들었다. "과정이 워낙 긴박하게 진행되었기 때문에 이용수 할머니를 비롯하여 함께 활동해온 피해자들과 의논하거나 양해를 구하는 등의 활동을 미리 할 수 없었다."[92]

윤미향 이사장은 후보로 등록하고 난 뒤 이용수 할머니에게 전화로 이 사실을 알렸다. 윤 이사장은 '허락'을 받았다고 생각했지만, 이용수 할머니의 생각은 달랐던 것으로 보인다. 3월 23일 윤미향 후보의 공천이 확정되고, 탈락한 최용상 가자평화인권당 대표는 윤 후보의 공천에 강하게 반발했다. 3월 30일 이용수 할머니는 윤미향 이사장에게 전화를 걸어 "후보 사퇴를 하지 않으면 기자회견을 하겠다"며 강경한 입장을 내비쳤다. 분위기가 심상치 않자 4월 3일 정의연 사무총장이 대구에 내려가 할머니를 만났다. 약속을 잡지 못해 찾아간 것이지만 그래도 분위기는 나쁘지 않았다고 한다. 4월 15일 국회의원 선거가 끝나고 윤미향은 당선인 신분이 되었다.

4월 22일, 가자평화인권당 최용상 대표가 언론에 보도자료를 뿌리고 윤미향 당선인을 비난하는 이용수 할머니의 녹취를 공개했다. 이때까지 언론의 관심은 크지 않았다. 5월 초순 어버이날을 맞아 정의연에서 이용수 할머니를 만나려고 연락을 취했지만, 할머니는 전화를 받지 않았다. 그리고 5월 7일, 이용수 할머니가 직접 기자회견에 등장했다. 할머니의 옆에는 최용상 대표가 있었다. 이때부터 족벌·상업 언론들은 본격적으로 이 사건에 개입해 무차별한 의혹 제기를 쏟아내기 시작했다. 그리고 극우·보수 단체의 시위와 고발, 검찰의 수사가 이어졌다. 이 과정에서 의혹은 대중에게 사실로 여겨졌다.

외부의 시각에서 보면 윤미향과 정의연이 "지근거리의 이해관계자(stakeholder)들로부터 신뢰를 얻지 못한" 것으로 비쳤다.[93] 이해관계자란 기업·행정·비영리단체 등과 관련하여 직접적·간접적으로 이해관계를 가지는 사람을 가리킨다.* 위안부 할머니들 사이의 이견, 평화·인권 운동 중심의 정의연과 보상

210

을 중요시하는 다른 단체의 복잡 미묘한 관계를 모르는 사람들에게 이용수 할머니와 윤미향 의원의 갈등은 쉽게 납득되지 않았다.

족벌·상업 언론들은 할머니와 윤미향의 틈을 비집고 이용수 할머니의 발언을 과장하고 왜곡해 자신들의 프레임으로 서사를 만들었다. 심지어 이를 '윤미향 대 이용수'라는 갈등 구도로 확대했다.

[사설 | '피해자가 가장 중요하다'더니 부담되자 '토착 왜구'라 조롱] (조선, 5.27.)

[이용수 할머니 총선 출마 만류한 윤미향… 8년 뒤 버젓이 국회로] (조선, 5.27.)

[사설 | 이용수 할머니 절규를 음모론으로 왜곡하지 말라] (중앙, 5.27.)

[이용수 할머니 "윤미향은 사람 아냐… 괴로워 죽을 생각도 했다"] (조선, 5.28.)

---

* 2021년 다보스 포럼 창립자 클라우스 슈바프는 현대 자본주의를 주주 자본주의(shareholder capitalism)에서 이해관계자 자본주의(stakeholder capitalism)로 전환해야 한다고 강조했다. 이는 기후위기나 팬데믹을 맞아 기업이 ESG(환경, 사회적 책임, 지배구조) 경영으로 지속가능한 발전을 추구해야 한다는 흐름과 맞닿아 있다.

이렇게 만들어진 프레임은 문재인 정부와 민주당, 그리고 시민단체를 공격하고 갈라치는 무기로 사용되었고, 민주·진보 진영에 큰 타격을 주었다. 이 사례는 이해관계자 갈등 관리와 초기 위기관리가 얼마나 중요한지를 잘 보여주고 있다.

언론중재와 소송의 활용

윤미향과 정의연의 해명에도 악의적인 보도는 계속 기승을 부렸다. 극우·보수 단체의 고발에 이어 검찰이 압수수색에 나섰고, 연일 관련자를 소환했다. 극우 정치인과 논객은 막말 수준의 혐오 발언을 일삼았다.

정의연은 언론중재를 통한 정정 반론 보도 요구와 법원을 통한 소송에 나섰다.

> "언론사는 사실관계를 확인할 의무, 보도 대상자의 명예를 훼손하지 말아야 할 의무가 있음에도 너무나 무책임하게 보도했다. 더이상은 가만히 있을 수 없어 가짜뉴스와 왜곡보도에 맞서 언론중재위원회, 방송통신심의위원회, 소 제기 등 대응을 준비했다."[94]

정의연은 조선일보 기사 등 명백하게 사실이 아닌 보도를 추려서 6월 언론중재위원회에 두 차례에 걸쳐 조정을 신청했다. 조선일보, 중앙일보, 한국경제, 서울경제, 국민일보, 신동아, 뉴데일리 등 9개 언론사의 기사 13건이 대상이었다. 신청자와 언

표 5. 언론중재위원회 조정 결과 발표: 조정 성립 건(2020.8.3.)

날짜	언론명	타이틀	결과
2020.5.21.	서울경제	[단독]정의연이 반환했다는 국고 보조금, 장부보다 적은 3,000만 원 어디로?	조정 성립 (기사 삭제, 정정 보도)
2020.6.1.	서울경제	[단독]인쇄 업체에서 유튜브 제작했다? … 정의연 '제2 옥토버훼스트' 의혹	조정 성립 (정정 보도, 대표지급처 반론 보도)
2020.6.9.	국민일보	"후진국도 아니고, 정의연 장부도 없다니" 회계사회 회장 한탄	조정 성립 (기사 삭제)
2020.6.16.	조선일보	[단독] 윤미향이 심사하고 윤미향이 받은 지원금 16억	조정 성립 (정정 보도)
2020.6.16.	조선비즈	그렇게 피해 다니더니… 정부지원금 16억 원, 윤미향이 심의해서 정의연에 줬다	조정 성립 (정정 보도)
2020.6.19.	중앙일보	정의연 감사 편지 쓴 날… 후원자25명, 기부금 반환 소송	조정 성립 (제목 수정, 정정 보도)

출처: 정의기억연대

론사 간 당사자 합의가 될 경우, 조정이 성립되고 기사 삭제와 정정 및 반론 보도 등의 조치가 이루어진다. 그 결과 6건의 기사가 당사자 간 조정이 성립됐다(〈표 5〉 참조).

그리고 5건의 기사에 대해서는 당사자 간 합의가 이루어지지 않았다. 언론중재위에서는 정의연의 주장에 이유가 있다고 판단해 강제 조정을 했다(〈표 6〉 참조). 나머지 기사 2건은 당사자 간 합의도 이루어지지 않았고, 중재위원회도 조정을 포기했다(〈표 7〉 참조). 이에 정의연은 9월 8일에 TV조선과 채널A 보도와 함께 서울중앙지법에 총 1억 원의 손해배상 청구소송을

15장 타이밍을 잡으라

표 6. 언론중재위원회 조정 결과 발표: 강제 조정 건(2020.8.3.)

날짜	언론명	타이틀	결과
2020.5.11.	한국경제	[단독] 하룻밤 3300만 원 사용… 정의연의 수상한 '술값'	강제 조정 (정정 보도, 대표지급처 반론 보도)
2020.5.19.	중앙일보	[단독] "'아미'가 기부한 패딩… 이용수·곽예남 할머니 못 받았다"	강제 조정 (정정 보도)
2020.5.19.	한국일보	'아미'가 할머니 숫자 맞춰 기부한 패딩… 이용수 할머니 못 받아	강제 조정 (제목 수정)
2020.6.16.	뉴데일리	여가부 지원사업 심의위원에 윤미향… 정의연 '셀프 심사' 거쳐 10억 받았다	강제 조정 (피신청인 불출석. 유선통화 기사 삭제 정정 보도)
2020.6.10.	중앙일보	"정의연은 운동권 물주"… 재벌 뺨치는 그들만의 일감 몰아주기	강제 조정 (반론 보도)

출처: 정의기억연대

표 7. 언론중재위원회 조정 결과 발표: 조정 불성립 건(2020.8.3.)

날짜	언론명	타이틀	결과
2020.5.11.	조선일보	정의연 "이용수 할머니께 사과… 기부금 사용 내역은 공개 못 해"	조정 불성립
2020.5.27.	신동아	위안부 비극을 돈과 권력으로 맞바꾼 정의연 파탄記	조정 불성립

출처: 정의기억연대

제기했다.

한편 종편TV의 왜곡 보도에 대해서는 방송통신심의위원회에 심의를 신청했다. 2020년 8월과 9월 두 차례에 걸쳐 모두 13

표 8. 방송통신심의위원회 결정(2020.12.28.)

TV조선	〔정의연의 '이상한 회계' 처리 의혹… '성금 세부내역 공개 어렵다'〕(2020.5.12.)
	국세청의 의무 공시 제도, 관련 자료 작성 기준 및 실제 운영 현실 등에 대한 정확한 정보 제공 없이 의혹이 제기된 특정 사례만 전달해 기부금 지출 내역 등 특정단체의 회계 처리 과정에 의도적인 부정이 있었던 것처럼 오인케 하는 내용을 방송한 것은 관련 심의규정에 위반되는 것으로 판단됨.
TV조선	〔정의연, 초등생·기업·위안부 할머니 기부금도 '공시 누락' 논란〕(2020.5.23.)
	기부금 영수증의 의무 발급 필요성 등 관련 제도의 실제 운영 현실은 고려하지 않고 기부 당시 영수증 미발급 사실만을 전달해, 해당 단체가 고의적으로 회계 부정을 저지른 것처럼 오인케 할 소지가 있어 관련 심의규정에 위반되는 것으로 판단됨.
채널A	〔정의연, 수상한 3천만 원…인쇄소에서 인터넷 사업?〕(2020.6.2.)
	정의연이 기부금 지출 내역 등 회계 처리에 의도적으로 부정을 저지른 것처럼 오인케 한 것은 관련 심의규정에 위반되는 것으로 판단됨.

출처: 정의기억연대

개 방송 클립을 제소했고, 12월 3건에 대해 방송통신심의위원회는 TV조선과 채널A에 '권고'를 결정했다(〈표 8〉 참조).

정의연 활동가들은 하루를 마다하고 터지는 이슈에 대응하느라 벅찰 지경이었지만, 가능한 짬을 내 문제가 심각한 기사들을 PDF 파일로 저장해두었다고 한다. 그래서 이를 언론중재위와 방통위에 제소하여 나름 의미 있는 성과를 거두었다. 하지만 쏟아지는 족벌·상업 언론의 여론몰이를 막아내기는 역부족이었고, 두 기관을 통한 구제책 또한 효과적이지 못했다.

첫째, 언론중재위에서는 곽상도 같은 정치인이나 김경율 같은 논객의 인터뷰를 싣는 이른바 '따옴표 기사'에 대해서는 처벌하기가 어렵다. 둘째, 악의적 논평이나 사설, 칼럼 등에서 의견을 피력하는 경우도 마찬가지였다. 글의 성격 자체가 보도가 아니라 의견 내지 주장이기 때문이다. 셋째, 원 기사가 오보로 판명 나서 정정 보도가 나도, 그 보도를 받아쓰기한 수많은 기사는 삭제되거나 정정되지 않는다. 이 경우, 피해자가 일일이 그 받아쓰기한 기사들을 찾아서 하나하나 다시 언론중재위원회에 제소해야 한다. 넷째, 최초의 보도가 1면 머리기사에 실렸어도 정정 보도는 1면이 아닌, 그것도 작은 사이즈로 잘 보이지 않는 곳에 실렸다. 또 정정이나 반론 보도의 제목은 '알립니다' 같은 형식으로 표시된다. '사과합니다'나 '오보를 정정합니다' 정도가 되어야 독자들이 그나마 오보 사실을 인지할 수 있을 것이다. 다섯째, 방송통신심의위원회에 심의 민원을 신청해도, 처리 시간이 오래 걸려(해당 사례의 경우 4~5개월 소요) 시청자에게 거의 영향을 주지 못한다. 또 보도 방식이 일방적인 주장에 약간의 반론을 첨가하는 수준일 경우 방송사에 제재를 가하는 정도의 '징계' 결과가 받아내기가 쉽지 않다.

언론중재에 참여한 정의연 관계자에 따르면, 언론중재위원회에 출석한 언론사 담당자들은 대부분 위축되어 있거나 유화적인 태도를 보인다고 한다. 언론사 담당자 입장에서는 조정이 불성립해 소송이 제기되거나 손해배상이라는 조정 결과가 나오면 금전상·인사상의 불이익을 받을 수 있기 때문이다. 하지만 조선일보 담당자의 경우에는 아주 당당하고 위축되지 않는 모습을 보였다고 한다. 사측에서 이런 종류의 금전적 손해는 충분히 감당할 수 있고, 해당 기자에게 책임을 묻지 않기 때문으로 보인다.

실제로 2022년 한 해 동안 중앙일간지 중 언론중재위원회 조정 신청을 가장 많이 받은 신문사는 조선일보였는데, 모두 28건의 조정 신청 중 무려 22건이 조정 불성립되었다. 그만큼 조정 신청 당사자와 합의를 하지 않고 소송을 불사하겠다는 태도인 것이다. 더구나 언론중재위원회의 손해배상 조정 사건에서 금전 배상이 인용된 경우는 1.8%밖에 되지 않았으며, 평균 조정액은 250만 원에 불과했다.[95]

소송의 효능감

윤미향 의원 측의 첫 법적 대응은 2020년 5월 주간동아에 자녀의 사진이 공개되었을 때였다. 윤 의원 측은 주간동아를 언론중재위원회에 제소했다. 그리고 2020년 7월 언중위는 주간동아에 대해 "언론은 사인의 초상, 성명 등을 공개하여 개인의 인격권을 침해하여서는 아니 된다"며 시정 권고를 했다. 그러나 이 결정이 제대로 이행되지 않자 손해배상을 청구했고, 2021년 12월 서울서부지법은 주간동아 발행인과 편집장, 담당 기자에게 2,500만 원을 지급하라는 결정을 내렸다. 주간동아는 이에 불복해 정식 민사 재판으로 갔고, 재판부는 1심(2022.7.20.)과 2심(2023.2.3.) 모두 언론사의 손을 들어주었다.

윤미향 의원 측이 언론사나 유튜버를 상대로 소송을 본격적으로 제기하기 시작한 때는 사건이 발생한 지 4개월이 지나서였다. 윤 의원은 재판 대응에 집중했고, 소송은 남편이 주도적으로 진행했다. 2020년 9월에 윤 의원의 남편은 전여옥TV와 조갑제닷컴 등 유튜버와 언론사 법인, 기자, 악플러 등을 대상으로 명예훼손에 따른 손해배상 청구 소송을 제기하고, 형사 고소했다. 2021년 8월에는 '정의연이 위안부 할머니 조의금을 횡령했을' 거라는 서민 교수에 대해, 10월에는 윤 의원을 "돈미향"으로 표현하며 자녀를 언급한 전여옥 전 의원에 대해서도 손해배상 소송을 걸었다. 그리고 2022년에도 윤 의원은 이양수 국민의힘 수석대변인과 김은혜 경기도지사 후보에 대해 명예훼손 등의 혐의로 경찰에 고소장을 내는 등 적극적으로 대응했다.

결과는 형사소송의 경우에는 상당수가 경찰에서 아예 검찰에 불송치했고, 민사소송에서도 승소율이 낮았다. 그나마 약 1~2년이 걸린 재판 뒤에 전여옥 전 의원에게 1천만 원 배상 판결을, 서민 교수에게 500만 원 손해배상 판결을 얻어낸 정도가 성과였다.

윤미향 의원은 국회 개원 후 악의적인 언론 기사에 대해 적극적으로 언론중재위에 제소했다. 제소된 기사의 대부분은 이미 25차례의 공판 과정에서 대부분의 혐의에 근거가 없다는 사실이 드러나고 있는데도 '윤미향과 정의연은 유죄'라는 단정하에 작성한 것들이었다. 하지만 마녀사냥의 거대 서사가 만들어지고 전파되는 과정에서 '사실에 관한 정정이나 반론 보도'가 결정되고 보도된다고 해도, 사람들의 인식을 뒤바꾸는 데는 큰 영향을 주지 못했다.

소송 제기 등의 행위는 그 자체로 기사를 작성하는 기자나 언론사에 일정한 영향을 미치는 게 사실이다. 담당자는 소송 과정에 법원에 불려 나가고, 변호사 선임 등의 소송비용을 감당해야 하며, 혹 패소할 경우에는 민·형사상 책임을 지는 위험을 감수해야 한다. 또 언론사는 이 일로 금전적 차원이나 공신력 차원에 손해를 입을 수도 있다. 그래서인지 2020년 9월에 검찰이 윤미향 의원을 기소할 때는 언론의 상당수가 그마나 윤미향과 정의연의 해명과 반론을 반영하거나 게재해줬다. 이런 태도의 변화는 윤 의원 측과 정의연의 소송 제기와 간명하고 강력한 입장 발표가 영향을 미쳤다고 볼 수 있다.

이런 관점에서 본다면, 사건 초기부터 언론 중재나 소송 등을 적극 활용해서 족벌·상업 언론의 악의적 프레임 만들기와 상업 언론의 '제목 장사'를 제어하는 게 필요했다. 가령 2023년 4월에 국민의힘 소속 김현아 전 의원은 공천헌금 의혹에 대한 뉴스타파의 보도에 곧바로 언론중재위 제소와 강력한 민·형사상 조치를 경고했다. 이후 뉴스타파의 보도를 이어가는 언론은 거의 없었다. 이 사례는 또한 족벌·상업 언론의 공격을 받는 무고한 희생양들은 쉽게 먹잇감이 되는 반면, 보수 정치인들은 정당하고 필요한 문제 제기와 비판 앞에서 어떻게 위기에서 쉽게 벗어나는지를 잘 보여준다.

16장
민주 시민들이 할 일

마녀사냥은 '저기 마녀가 있다'고 지목하는 것
으로만 완성되지 않는다. 그 사람이 왜 '마녀'인지를 사람들에
게 설명하고 설득해야 한다. 그리고 어떤 공동체나 사회의 구
성원 대다수가 그 판정을 받아들여야 한다. 그래야 마녀를 십
자가에 매달 때, 돌팔매질이 쏟아질 때, 화형대에 불을 붙일 때
사람들이 침묵과 방조로 동조하거나 심지어 힘을 보탤 수 있
다. 다시 말해, 마녀사냥은 대중의 동의와 지지, 그리고 동참이
이루어질 때 성공할 수 있다.

과거에 대중은 '마녀'를 향해 돌팔매질을 함으로써 마녀사냥
에 동참했다. 오늘날의 돌팔매질은 부당하게 공격당하는 희생
자를 혐오하고, 희생자를 매도하는 기사에 동조 댓글을 달고,
코멘트를 달아서 SNS에 공유하고, 희생자를 비방하는 사이버
렉카의 유튜브 방송을 구독하고 후원금을 보내는 행동들이라
고 할 수 있다. 하지만 이런 행동을 하는 사람들을 '권력기관과

족벌·상업 언론과 똑같은 마녀사냥의 공범'이라고 보는 것은 문제의 본질을 흐리는 것이다.

이런 관점은 SPC 계열사 공장에서 연이어 발생했던 노동자 산재 사망 사건에 대한 책임이 파리바게뜨 경영진과 파리바게 뜨 빵을 계속 사먹는 사람에게 똑같이 있다는 말처럼 과도하다. 특히 누군가를 표적으로 찍고 마녀사냥을 하며 클릭 장사를 하는 족벌·상업 언론들과 거기에 단골로 등장해 독설로 마녀사냥에 힘을 보태는 지식인들이 '이런 문제는 우리 모두의 책임이다'라고 물타기를 하거나 심지어 책임을 떠넘길 때는 그 변명을 그냥 듣고 넘기기 어렵다.

문제의 핵심은 마녀사냥을 가능하게 만드는 사회구조와 권력관계에 있다. 분위기에 휩쓸리는 사람들이 많은 것은 사실이지만, 언론 권력과 검찰 권력이야말로 그 분위기를 만들어낸 사람들이다. 이들의 행위와 그것에 휩쓸린 보통 사람들을 같은 무게로 탓할 수는 없다. 게다가 마녀사냥을 대하는 사람들의 반응이 다 똑같은 것도 아니다. 휘몰아치는 듯한 그 분위기에 거리를 두거나 반대하는 목소리를 낸 사람들도 적지 않았다. 그러니 '우리 모두의 책임'이라는 건 있을 수 없다.

일단 기다리며 지켜보자

물론 마녀사냥으로 사회적 편견과 짙은 낙인이 만들어지는 동안 침묵하거나 방조하고, 언론 보도 내용에 휘둘려 한두 마디 말과 글을 보태면서 그 사냥을 거들었던 우리 모두의 책임을 돌아보는 자세는 필요하다. 이에 대해 성찰하지 않는다면 우리는 누군가의 삶을 희생양 삼아 만들어진 사회적 편견과 낙인의 토대 위에서 계속 구경꾼이나 들러리로 살아갈 것이기 때문이다.

먼저 중요한 것은 누군가가 사회적 비난과 공격을 당할 때 일단 지켜보는 일이다. 특히 주요 언론과 유명 지식인, 그리고 주변 사람들이 모두 비슷한 논리와 태도로 누군가를 비난할 때는 더욱 그래야 한다. 마녀사냥과 여론 재판의 효과가 나타나고 있다고 의심할 만한 상황이기 때문이다.

사회의 대다수 여론이 어느 한쪽으로 쏠리면서 누군가를 비난하게 되는 이유에 대해 몇 가지 개념을 통해 이야기해보자. 오늘날의 미디어 환경은 '필터 버블(Filter Bubble)' 현상으로 사람들은 다양한 의견과 주제를 접할 기회를 점점 잃어버리고, 편향된 정보만을 주로 습득하기 쉽다. 그 결과 자신이 믿고 싶은 것에 부합하는 정보만 믿고, 그렇지 않은 정보는 거부하는 확증 편향이 점점 강화된다.

더구나 인간은 타인의 생각과 행동에 의존하려는 경향이 있기 때문에 앞선 사람의 말과 행동을 따라가려고 하는데, 이것을 '연쇄 하강 효과'라고 한다. 가짜뉴스라고 하더라도 널리 퍼져 있는 정보라면 사람들은 '이렇게 많은 사람들이 틀린 내용을 믿을 리가 없다'고 생각하며 그 뉴스나 소문, 주장을 수용해

버린다. 그 과정에서 가짜뉴스가 사실로 둔갑하게 된다.

이렇게 편향된 정보와 생각이 계속 공유될수록 견해의 동질성은 강화되고 다양성은 약화되면서 사람들은 극단적으로 생각하고 행동하게 된다. 이것을 '집단 극화 현상'이라고 한다. 더구나 누군가를 증오하고 비난하는 것이 사회적으로 우세하고 지배적인 여론이 되면, 그것과 다른 의견을 가진 사람들은 고립될 것이 두려워 침묵하게 된다. 이런 '침묵의 나선' 효과로 지배적인 다수의 여론은 더욱 커지고 강해진다.* 따라서 일단 기다리며 지켜보는 일은 생각만큼 쉽지 않다. 기득권 카르텔이 대대적인 여론몰이와 여론 재판을 통해서 마녀사냥의 피해자를 비난과 공격을 당해도 싼, 공감할 가치도 없는 인간 이하의 존재로 만들어 버리기(비인간화) 때문이다. 기득권 카르텔은 이런 수법을 활용해 자신들의 공격을 정당하게 보이도록 하고, 대중이 피해자를 옹호하기를 주저하게 만든다.

이런 환경에서 많은 사람은 자신도 모르게 마녀사냥의 희생자들을 방어하기 어려운 위선자, 인격적으로 결함이 있는 자, '결백하거나 순수하지 않은 사람'으로 보게 된다. 같이 욕하지 않으면 내가 뭔가 이상해 보이고 주변의 의심과 눈총을 받으

---

* '필터 버블', '연쇄 하강', '집단 극화', '침묵의 나선' 현상에 관해 더 자세히 알고 싶다면 최인철 외 지음, 《헤이트: 왜 혐오의 역사는 반복될까》, 마로니에북스, 2021, 78-83쪽을 참고하길 권한다.

며 집단에서 소외될 것 같아 주저하게 된다. 하지만 그럴수록 더더욱 여론 재판에 휩쓸리지 말고 상반된 견해들을 꼼꼼하게 살펴보면서 하나하나 사실을 따져보는 태도가 중요하다. 이런 '소수'가 많아질수록 마녀사냥의 힘은 약해질 수 있다.

함부로 돌을 던지지 말자

22대 총선에서 서울 강북을 지역구에 더불어민주당 후보로 공천받았다가 사퇴했던 조수진 변호사의 사례는 우리가 언론 보도를 비판적으로 받아들이는 게 얼마나 중요한지 잘 보여준다.

조수진 후보가 공천을 받자 2024년 3월 말에 주요 언론들은 '조수진은 성폭력 피해를 입은 미성년 여성이 가해자가 아니라 자신의 친아버지에게서 성폭행을 당했을지 모른다는 주장을 하며 끔찍한 2차 가해를 저질렀고, 나아가 성폭력 가해자들에게 강간 통념을 적극 활용하라는 조언까지 했다'는 보도를 쏟아냈다. 인권 변호사라더니 파렴치한 위선자였다는 비난이 쇄도하면서 여론이 급격하게 나빠졌고, 결국 조수진은 바로 후보를 사퇴할 수밖에 없었다. 하지만 총선이 끝난 뒤 이 보도들은 기본적인 사실 확인도 거치지 않은 오보였다는 사실이 밝혀졌고, 거의 모든 언론이 정정 보도를 해야 했다.

이 사례는 미디어에 대한 비판적 이해야말로 마녀사냥을 막아낼 수 있는 민주 시민의 중요한 덕목임을 증명한다. 그러나 이를 실천하기란 생각만큼 쉽지 않고 심지어 용기가 필요하다. 여론 재판에 동조하지 않고 다른 목소리를 내는 소수의 사람은 주변 사람들에게서 직접적으로 공격까지 받으며 굴복을 요구받는 상황에 처하기 때문이다. 실제로 윤미향 마녀사냥 초기에 지배적인 여론에 반대하는 입장을 냈던 김두관 전 민주당 의원은 당시 상황을 이렇게 돌아봤다.

"페북에 두 차례에 걸쳐 지지 입장을 밝힌 이후 평생 먹은 욕보다 더 많은 욕을 먹었고 심지어 '김두관의 정치 생명은 끝났다'는 소리까지 들어야 했다. 만나는 분들마다 '왜 쓸데없는 짓'을 하느냐는 힐난을 들으며 저도 흔들렸다. … 저에게 쏟아지는 비난 앞에 끝까지 지켜주지 못했다. 미안하다."[96]

하지만 여론의 지배적 흐름에 따라가기를 거부하는 소수의 목소리까지 침묵시키는 데 성공하면 마녀사냥의 힘은 더욱 강력해진다. 특히 유명 연예인이나 사회적으로 인정받던 정치인들이 이런 공격의 표적이 되는 경우가 많다. 여기에는 대중 스타나 성공한 공인의 이중성과 위선을 들춰내 이익을 얻는 대중매체의 속성이 작용한다. 사회학자 엄기호는 이 과정에서 작동하는 메커니즘과 결과를 이렇게 지적했다.

"명망가들의 몰락이 큰 쾌감을 주는 것은 이들의 몰락 속도와 추락의 깊이가 평범한 사람들의 그것보다 훨씬 더하기 때문이다. … 언론에서 가장 많이 다루는 것은 '스캔들'이다. 다른 사람의 치부, 특히 연예인을 중심으로 한 명망가들의 치부를 들춰내고 그들의 위선을 폭로하며 짐짓 도덕적인 척하는 것이 최근 언론이 보이는 행태다. … 신상이 털리고 인육을 사냥당하는 사람은 인격이 파괴되면서 죽음에 이르는 극심한 고통에 빠진다."[97]

평생의 헌신을 부정당하고 '위안부 피해자들을 이용해 앵벌이를 했다'는 주홍글씨가 새겨진 윤미향 의원은 이것을 보여주는 명백한 사례다.

이런 '인육 사냥'을 막기 위해서 중요한 것은 마녀사냥이 시작되면 일단 기다리고 지켜보는 태도, 매스미디어가 주도하는 여론 재판을 쉽게 믿지 말고 사실을 확인하려는 자세, 그리고 남들을 따라 함부로 돌을 던지지 않는 것이다. 2023년 말에 경찰과 언론이 주도한 마녀사냥에서 희생자가 된 이선균 배우가 벼랑 끝으로 내몰리는 과정에도 여기저기서 무수하게 날아든 작은 돌들이 있었다.

경찰은 끝없이 이선균 배우의 혐의와 수사 진행 상황에 관한 정보를 흘리며 그를 포토라인에 세웠고, 언론은 그의 내밀한 사생활에 대한 보도를 이어갔다. 기사들의 댓글란과 SNS에는 '선하고 반듯한 이미지더니 그게 아니었네', '유흥주점에서 지저분하게 놀았네', '출연료가 드라마 회당 2억이었다네' 등의 비난성 악플이 이어졌다. 이런 작은 돌들과 '이제 인생 끝났네' 하며 수군대는 사람들의 반응 속에 그는 더는 숨을 쉬기 어려웠을 것이다.

윤미향 의원의 경우도 마찬가지였다. 댓글과 SNS에 올라온 온갖 잔인한 표현의 악플뿐만 아니라 '알고 보니 위선자였네', '전부터 뭔가 이상해 보였다'는 식의 개인에 대한 부정적인 인식을 갖게 하는 표현들, 그리고 툭하면 통장에 찍히는 '18원', '44원'의 후원금은 거대한 비수가 되어 윤미향 의원을 찔렀다. 싸늘해진 태도와 의심의 눈초리들도 모두 상처가 됐다. 무심히 던지는 작은 돌들이 모여서 거대한 바위처럼 굴러왔다.

마녀사냥에 동조해 작은 돌을 던지거나 침묵하고 방조했던 사람들 가운데 일부는 나중에 후회하고 반성한다. 예컨대, 2012~2013년의 종북몰이와 통합진보당 강제해산 과정에서 경향신문은 편견을 부추기는 왜곡된 보도에서 별로 자유롭지 못했다. 원희복 경향신문 선임기자는 이에 대해 뒤늦게 사과했다. "사태가 여기까지 이른 데 우리 언론의 책임이 큽니다. 분위기에 매몰돼 하이에나처럼 물어뜯기 바빴지, 진실을 보지 못했습니다. 죄송합니다. 사과드립니다."[98]

윤미향 마녀사냥에서도 일부 사람들은 침묵과 방조했던 자신의 태도를 사과하는 용기를 보여줬다. 특히 2023년 초, 1심 판결 결과로 윤미향 의원에게 언론-검찰 카르텔이 찍어놓은 낙인들이 대부분 사실이 아닌 걸로 드러났을 때 이런 목소리를 들을 수 있었다. 당시 이재명 민주당 대표는 자신의 페이스북에 "인생을 통째로 부정당하고 악마가 된 그는 얼마나 억울했을까. 검찰과 가짜뉴스에 똑같이 당하는 저조차 의심했으니… 미안합니다. 잘못했습니다"라는 글을 페이스북에 올렸다.(2023.2.11.) 윤미향 의원은 "이재명 대표의 짧은 글은 3년 동안 내 가슴에 자리 잡고 있던 짙은 멍을 옅게 빼주었다. … 슬프고 깊은 감동이었다"고 했다.[99]

여러 민주당 의원들도 반성하고 사과하는 대열에 함께했다. 수많은 시민도 SNS 등을 통해서 '언론 보도만 믿고 함부로 윤미향을 욕하고 못 믿었던 것'에 대해 미안해하며 후회하고 사과하는 글을 올렸다. 이것은 물론 매우 반갑고 고마운 일이지만, 더 절실하게 필요한 것은 마녀사냥이 벌어질 때 그것에 침묵하거나 동조하지 않고 표적이 된 희생자들의 편에 서는 것, 그리고 그들의 고통에 귀를 기울이고 손을 잡는 것이다.

여기에 필요한 것은 공감의 확장과 상상력이다. 마녀사냥에 직면한 사람의 마음을 상상해 보자. 인터넷, 신문, 방송, 댓글 그 어느 것도 볼 수 없고, 모두가 나를 욕하는 것 같고, 아무도 나를 믿지 않는다고 느끼며, 동시에 아무도 믿을 수 없는 기분…. 그런 처지가 되면 눈이 있어도 볼 수가 없고, 입이 있어도 말할 수 없다. 이럴 수도 저럴 수도 없고, 가만히 있으면 안되는데 뭔가를 할 수도 없다. 모든 것이 비난과 공격의 꼬투리가 될 수 있기 때문이다.

또 우리는 상상해봐야 한다. 나에게 비슷한 상황이 닥친다면? 믿었던 사람들이 얼굴빛을 바꾸면서 나와 거리를 두고 선을 그으면서, 나의 해명은 믿어주지 않고 의심하고, 온 세상이 나를 물어뜯고 십자가에 매달려고 한다면? 더 많은 사람이 이런 상상을 바탕으로 공감을 확장해 나간다면, 무시할 수 없는 사회적 힘이 될 것이고 마녀사냥은 더 이상 힘을 발휘할 수 없을 것이다.

목숨을 살리는 응원과 연대

나아가 더 용기를 내서 마녀사냥에 반대하고 희생자에 연대하며 응원하는 목소리를 내야 한다. 그것은 마녀사냥의 절망적 상황 속에서도 한 가닥 희망을 던지며 벼랑 끝에 있는 누군가의 목숨을 살릴 수 있다. 세상 사람이 모두 돌을 던지는 듯한 상황에서도 누군가 나를 믿고 함께해준다면 살아낼 수 있다고 정혜신 작가는 지적한다.

"내 고통에 진심으로 눈을 포개고 듣고 또 듣는 사람, 내 존재에 집중해서 묻고 또 물어주는 사람, 대답을 채근하지 않고 먹먹하게 기다려주는 사람이라면 누구라도 상관없다. 그 사람이 누구인가는 중요하지 않다. 그렇게 해주는 사람이 중요한 사람이다. 그 '한 사람'이 있으면 사람은 산다."[100]

온 사회가 보는 앞에서 비참하게 무릎 꿇고 발가벗겨진 그 끔찍한 순간에 이선균 배우에게 '인생 망했다'고 수군대는 사람들보다 '당신 괜찮은 사람이다'라고 응원하는 사람들이 더 많았다면 어땠을지 생각해본다. 많은 사람이 '인생작'으로 꼽지만, 이제는 아픈 추억과 감정이 떠올라서 다시 보기 힘들어진 드라마 〈나의 아저씨〉에 나오는 대사처럼 말이다. 여기서 박동훈(이선균)은 이지안(아이유)에게 이렇게 말한다. "죽고 싶은 와중에 '죽지 마라. 당신 괜찮은 사람이다, 파이팅해라' 그렇게 응원해주는 사람이 있다는 것만으로 숨이 쉬어져. 고맙다, 옆에 있어 줘서."

조국 전 대표도 2019년 조국몰이를 돌아보면서 비슷한 이야기를 했다.

"저를 알아보고 택시비를 받지 않으려 했던 택시 기사님, 조용히 대리운전을 마친 후 떠나시면서 '잘 버티십시오'라고 말씀해주신 대리기사님… 빵을 더 넣어주신 빵집 주인 할머니… 차 열쇠를 받으면서 '힘내십시오'라고 말씀해주신 주차 요원분들… 배달을 오셨다가 저와 마주치자 손을 꼭 감아주신 택배 기사님… 페이스북, 트위터, 온라인 게시판 등에서 힘을 보내준 수많은 시민들에 각별한 감사 인사를 올립니다…. 이렇게 위로와 격려를 해주신 분들 덕택에 여기까지 올 수 있었습니다. 평생 잊지 않을 것입니다."[101]

"나는 죽지 않았다. 죽을 수 없었다. 진심으로 나를 사랑하는 사람, 나의 흠결을 알면서도 응원하고 지지하는 사람들이 있었기에 버틸 수 있었다."[102]

윤미향 의원도 자신을 믿어주고 응원해준 사람들이 있었기에 그 지옥에서 버티고 살아남을 수 있었다며 "(그런 사람들) 덕분에 바위처럼 굳건하게 견뎌낼 수 있었고, 내 얼굴에 자주 피던 미소를 되찾을 수 있게 되었다. 결국 사람이 희망이었다"[103]라고 말한다.

거대 언론과 국가기관이 마녀사냥의 선봉대로 나서고, 지식인과 전문가들이 나팔수가 되는 상황에서 그 흐름에 휩쓸리지 않고 다른 목소리를 내는 보통 사람들의 존재는 그래서 더욱 중요하다. 조국 전 대표는 "고통과 시련 속에서 내 한계와 불찰을 알면서도 곁에 있어주고 우산을 씌워준 이들은 기득권층이 아니라 일면식도 없었던 보통 사람들이었기에 더 감동이었다"고 돌아봤다.

마녀사냥의 거대한 물결 속에 가려져 있지만, 희생자의 고통에 공감하고 연대하려는 사람들은 결코 적은 수가 아닐지도 모른다. 2024년 4월 치뤄진 22대 총선 결과를 통해 우리는 그 가능성을 추측해볼 수 있다. 족벌·상업 언론과 정치검찰에 기반한 윤석열 정부와 여당 국민의힘은 총선에서 참패한 반면, 전 사회적으로 자행된 마녀사냥 속에 거의 모든 언론과 지식

16장 민주 시민들이 할 일

인들에게 '정치할 자격도 없는 파렴치한 범죄자'로 낙인찍혔던 조국 대표와 조국혁신당은 엄청난 태풍을 일으키며 창당 한 달 만에 제3당이 됐다. 이것은 '조국의 강을 건너야 한다'던 수많은 언론과 지식인들의 주장과 달리, 2019년의 대대적인 조국몰이에 동감하지 않았던 수많은 사람이 존재했을 가능성을 짐작하게 한다.

따라서 22대 총선 결과는 족벌·상업 언론과 권력기관들이 주도하는 마녀사냥과 여론 재판이 통하지 않고 얼마든지 꺾일 수 있다는 가능성을 보게 한다. 그 가능성을 현실로 만들기 위해 우리는 마녀사냥의 흐름에 맞서 '아니오'라고 말하는 용기를 내야 한다. 침묵을 통해서 마녀사냥꾼들이 활개치고 승리하도록 방치하지 말아야 한다. 마틴 루터 킹 목사의 말이 당신이 침묵을 깨는 데 힘을 줄 것이다.

"우리는 적들의 말보다 친구들의 침묵을 더 오래 기억한다. 역사는 기록할 것이다. 비극은 악한 사람들의 거친 아우성이 아니라 선한 사람들의 소름 끼치는 침묵이었다고."

17장
진보 언론과 민주 진영

그동안 살펴봤듯이 윤미향 의원은 기득권 우파와 족벌·상업 언론들의 목표가 되어 온갖 공격을 당했다. 기자들의 펜과 카메라, 명망가들의 혀는 칼날과 총알처럼 윤미향 의원의 온몸 구석구석을 찔러댔고 수많은 생채기를 남겼다. 극우 유튜버들은 2020년 5월부터 반년 동안 주말마다 윤 의원의 집에까지 방송 차량을 끌고 와 동네방네 떠들기도 했다. 온 가족이 고통받았고 눈물이 마를 날이 없었다고 한다.

언론 기사와 댓글, 싸늘한 눈초리와 냉소적 비웃음은 수천 수만 개의 바늘이 돼서 윤미향 의원과 정의연 활동가들을 고통스럽게 찔러왔다. 문제는 이런 상황에서 진보 언론과 민주 진영이 이런 마녀사냥과 공격을 막아서는 데 별다른 도움을 주지 못하고, 오히려 침묵과 방조, 심지어 동조함으로써 또 다른 고통과 상처를 줬다는 것이다. 차라리 족벌·상업 언론의 행태는 어느 정도 견딜 만했을지 모른다. 어차피 그 집단에 대한 기대는 높지 않으니 말이다. 윤미향 의원과 정의연 활동가들에게 더 아프게 다가온 것은 '내 편'이라고 믿었던 사람들의 반응이었다.

윤미향 의원은 민중의소리와의 인터뷰에서 "그때 진보 언론만이 아니라 진보 인사, 진보 단체도 다 의심했어요. 제가 좋아하는 사람들도 그렇고… 다 그랬어요. 그들이 SNS에 내뱉는 말들이 다 보였어요"(2023.2.22.)라고 돌아본다. 정의연 활동가도 "'윤미향'이 묻을까 봐 가까이 오지 않던 사람들, '만약 언론이 제기한 내용이 사실이라면' 하며 정의연을 의심하던 사람들, 우리가 언론 대응을 잘하지 못해 시민사회 전체에 대한 신뢰를 떨어뜨리고 있다고 원망하는 사람들도 있었다"[104]며 그때의 트라우마를 기억한다.

출발은 돌아보고 반성하는 것

실제로 당시에 한겨레와 경향신문은 초기에는 나름 객관적 태도를 유지하며 사실을 확인하고 윤미향과 정의연을 방어하는 태도를 취했다. 하지만 대대적인 마녀사냥이 본격화되고 나서는 그 압력을 받아들이며 슬금슬금 분위기를 따라가는 아쉬운 태도를 보였다. 당시에 한겨레와 경향에 실렸던 기사들의 제목만 봐도 그것을 알 수 있다.

한겨레

[윤미향 아파트 낙찰금 2억 출처 논란] (2020.5.18.)

[남편엔 일감 맡기고 아버지엔 힐링 센터… 윤미향은 왜?]
(2020.5.18.)

[윤미향 개인계좌 4개로 10건 모금… 쓴 내역 공개 왜 못하나]
(2020.5.19.)

[사설ㅣ이용수 할머니의 분노, 윤미향 당선자가 답해야] (2020.5.25.)

경향신문

[의혹만 키운 윤미향의 해명] (2020.5.18.)

["윤미향, 위안부 할머니를 이용했다"] (2020.5.25.)

[사설ㅣ윤미향의 긴 침묵, 시민들은 이해하지 못한다] (2020.5.28.)

[시민단체들 "윤미향 기자회견, 소명 부족하다"] (2020.5.29.)

이 외에도 한겨레와 경향신문은 '윤미향과 정의연의 그동안 운동 방식에는 이런저런 문제가 있었다'는 내부적 고발과 비판의 글들을 [위안부 운동 다시 쓰기] 같은 기획 기사로 싣기 시작했다. "윤미향 1인 체제가 문제였다", "헌신이 독배가 됐다", "의혹이 가라앉지 않고 있다"는 주장을 담은 기사들이었다.

또 한겨레와 경향신문에는 특히 윤미향 의원을 비판(비난)하는 김경율 회계사, 서민 교수, 진중권 교수, 강준만 교수 등의 칼럼이나 그들의 주장을 인용하는 기사가 곧잘 실렸다. 설사 그 비판들이 타당했다고 해도, 당시 상황과 맥락에서 그것이 어떤 효과를 낼 것인지는 분명했다. 무엇보다 이런 '진보 언론'들의 태도는 마녀사냥을 더 강화하는 효과를 냈다. 족벌·상업 언론들만이 아니라 진보 언론들마저 비슷한 목소리를 내면서 긴가민가하던 사람들까지도 모두 '분명히 윤미향과 정의연이 뭔가를 잘못했다'는 판단을 내리는 데 일조했기 때문이다. 이것은 이미 2019년의 전 사회적인 '조국몰이' 과정에서도 나타났던 현상이었다.

나중에 재판이 진행되면서 정치검찰과 언론들이 제기했던 의혹이 얼마나 근거 없고 부실한 것이었는지 드러나기 시작하자, 족벌·상업 언론들은 이제는 거의 그런 소식을 전하지도 않으면서 관심을 끊어버리는 태도를 취했다. 그리고 한겨레와 경향신문도 별로 다른 모습을 보여주지 못했다. 윤미향 의원에 대한 검찰의 기소가 얼마나 허점이 많은 엉터리인지, 재판 과정에서 윤미향 의원이 무엇을 반박하고 항변하는지 제대로 전해주지 않은 것이다.

진보 언론의 이러한 태도에 대해 오태규 전 한겨레 논설실장은 "자신들이 진보 진영도 공정하게 비판한다는 것을 과시하고 싶어 하는 일종의 착한 아이 콤플렉스"라고 지적한다. 그것이 특정한 상황에서 족벌·상업 언론들과 진보 언론들이 비슷한 목소리를 내는 결과를 낳는다는 것이다.

"자기편이라도 잘못이 있으면 비판하는 것은 제대로 된 미디어라면 당연히 해야 하는 일입니다. 하지만 진보 성향 미디어가 보도 과정에서 꼼꼼하게 거쳐야 할 사실 확인이나 검증을 소홀히 한 채 '착한 아이' 노릇에만 힘을 쏟다 보니 보수 미디어가 짜놓은 프레임을 강화하는 들러리로 전락하게 되고, 이런 대표적인 사례가 윤미향 보도 사태라고 할 수 있습니다."[105]

더불어 여기에는 특수부 검찰과 주요 언론사 법조팀이 형성한 네트워크 속에서 검찰이 흘리고 언론이 받아쓰며 누군가를 낙인찍고 몰아가는 관행에 대해 한겨레나 경향신문도 크게 자유롭지 못하다는 오랜 문제도 한몫했다. 이 문제는 '대장동 브로커 김만배와 법조기자들의 돈거래' 사건에 한겨레 기자도 끼어 있었다는 것이 밝혀지면서 공공연하게 드러난 바 있다.

굴복과 '손절'을 멈춰야

윤미향 의원을 더욱 힘들게 한 것은 자신이 속해 있던 더불어민주당의 지도부와 의원들의 침묵과 외면이었다. 민주당 지도부는 2020년 총선에서 국민의힘의 위성정당에 대응한다면서 급작스럽게 비례정당을 만들었고, 그 과정에서 사회운동 활동가들을 영입했다. 윤미향 의원은 그 대표적인 인물이었다. 이런 활동가들을 비례후보로 내세운 이유는 민주당이 더 강력한 개혁을 추진하기를 기대하는 사람들에게 표를 얻기 위해서였을 것이다.

이해찬 대표가 있던 시기의 민주당 지도부는 검찰과 언론의 마녀사냥에 나름 버티려고 한 것이 사실이다. "신상털기식 의혹 제기에 굴복해선 안 되는 일"(미디어오늘, 2020.5.27.)이라 했던 이해찬 대표의 발언은 족벌·상업 언론들의 비난을 받았다. 민주당이 검찰·언론 카르텔의 압력에 굴복하기 시작한 것은 이낙연 대표 체제가 들어서고 나서였다. 마녀사냥이 장기화되면서 당시 이낙연 민주당 지도부는 윤미향 의원을 책임지고 지켜주는 게 아니라 '손절'하는 방향으로 움직이기 시작했다.

윤미향 의원과 함께 비를 맞아주는 민주당 의원은 찾기 힘들었다. 대부분은 등을 돌리거나 거리를 두었고 김해영, 조응천, 박용진 의원 같은 이들은 오히려 윤미향 의원을 공격하는 편에 섰다. 이들은 마녀사냥에서 피해자를 지켜주는 것을 '온정주의'라고 비난했다. 이에 따라서 2020년 9월에 검찰이 윤미향 의원을 불구속 기소하자마자 민주당 지도부는 먼저 당원권을 정지시키는 중징계를 내리며 거리두기를 시작했다. 그것이 끝이 아니었다. 윤미향 의원에게는 더 가혹하고 큰 시련이 다가오고 있었다.

시작은 2021년 3월에 한국토지주택공사(LH) 직원들이 내부 정보를 이용해 부동산 투기를 한 의혹이 폭로된 'LH 사태'였다. 당시 민주당은 국민권익위원회에 소속 의원 전원의 부동산 전수조사를 의뢰했다. 그 결과 12명이 의혹 대상자로 나타났는데 거기에 윤미향 의원이 포함돼 있었다.

구체적으로 살펴보면 터무니없는 사안이었다. 시어머니가 살고 있는 경남 함양의 빌라가 윤 의원 남편 명의로 돼 있었지만, 외딴 시골에 있는 낡고 값싼 10평짜리 빌라가 부동산 투기와 상관있을 리 없었다. 하지만 민주당은 의혹 대상자들과 함께 윤미향 의원도 출당 제명했다. 결국 이미 수많은 낙인이 찍힌 윤미향 의원의 이마에는 '부동산 투기'라는 또 다른 주홍글씨가 새겨졌다. 그 후 의혹이 풀린 다른 의원들이 전부 복당했지만 민주당 지도부는 경찰 수사 결과 무혐의가 확인되었음에도 윤미향 의원만은 끝까지 복당시키지 않았다.

무엇보다 가장 가혹한 순간은 지난 대선 선거운동 시기인 2022년 초였다. 민주당의 선거운동을 지휘하던 송영길 대표가 '민주당 쇄신과 정치개혁 방안'이라는 명분으로 민주당 이상직 의원, 국민의힘 박덕흠 의원과 함께 윤미향 의원의 의원직 제명을 신속히 처리하겠다며 국민의힘의 동참을 요구하고 나선 것이다. 이미 전 사회가 나서서 '윤미향은 위안부 할머니들을 이용한 파렴치한 위선자'라고 낙인찍어 놓은 상태였기에 가능한 일이었다. 국회를 발판으로 일본군 '위안부' 문제 해결에 더 다가갈 수 있다는 윤미향 의원의 기대는 무너져버렸고, 자신이 속해 있던 민주당에서는 진작에 손절당했다가 헌신짝처럼 버려지게 된 셈이었다.

안타까운 것은 민주당보다 더 왼쪽의 진보좌파 진영과 노동운동 진영에서도 다른 목소리가 나오지 않았다는 점이다. 당시 정의당의 류호정 의원은 "윤미향과 정의기억연대를 옹호"한 것이 민주당의 "소름 돋는 내로남불"이라고 비판했다.(중앙,

2022.2.14.) 여성인권변호사로 알려진 김재련 변호사는 "인권을 내세우면서 피해자를 도구화한 사람들"이라고 윤미향 의원과 정의연을 비난했다.(중앙, 2022.6.6.)* 미디어오늘은 "쏟아지는 비판에 우왕좌왕했다"며 "윤미향과 정의연의 '언론 플레이'는 실패했다"고 못박았다.[106]

심지어 급진적 좌파 단체들 안에서도 윤미향 의원을 비난하고 공격하는 목소리가 있었다. 예컨대 '혁명적 사회주의'를 자처하는 단체인 노동자연대는 당시에 "회계를 부실하게 운영하고 해명도 제대로 안 하는 것 자체가 이 운동의 지지자들과 할머니들에 대한 모독"(노동자연대, 2020.5.27.)이라며 윤미향에 대한 공격은 "마녀사냥으로 볼 수 없다"고 했다.(노동자연대, 2020.6.17.) 민주당 송영길 지도부가 윤 의원의 의원직 제명을 추진하던 상황에서 "윤 의원과 정의연이 걸어온 30년 운동의 역사가 민주당의 한낱 정치공학적 계산으로 희생되어서는 안 된다"며 비판한 진보당 김재연 대선 후보 선대위 정도가 드물게 나온 반대 목소리였다.

거대한 마녀사냥이 벌어지면 사회의 구성원들은 위축되고, 같이 돌을 맞을까 봐 희생자와 거리를 두거나 등을 돌리는 '손절'을 시도하게 된다. 그러면서 자신들의 행동을 정당화하기 위

---

* 김재련 변호사 태도의 배경에는 박근혜 정부 시절 여성부 국장으로서 잘못된 '위안부' 합의를 도운 전력이 작용한다는 지적이 있다.

해 마녀사냥의 표적이 된 희생자에게서 결함과 잘못을 찾는다. 이번에도 '윤 의원은 왜 진보정당이 아니라 민주당으로 가서 이런 공격을 자초했는가', '그동안 정의연과 윤 의원의 운동 방식에 이런저런 문제가 있었다', '언론과 검찰의 공격에 대응하면서 이런 잘못과 실수가 있었다'는 지적과 비판들이 쏟아졌다.

물론 그런 비판과 지적 중에는 타당한 내용도 있다. 하지만 그것은 물에 빠져서 허우적대는 사람에게는 쏟아지는 돌덩이 중 하나로 여겨질 뿐이다. 그래서 고마운 충고가 아니라 더 아픈 상처가 됐다.

중요한 것은 결함과 잘못이 없는 사람은 존재하지 않을 뿐 아니라, 마녀사냥은 희생자의 결함과 잘못 때문에 벌어지는 게 아니라는 점이다. 검찰과 언론이 윤미향 의원과 정의연에게 했던 방식으로 꼬투리를 잡고 악의적으로 부풀리며 문제 삼기 시작하면, 여기서 벗어날 수 있는 이들은 사실상 아무도 없다.

"검찰의 윤미향 기소 이후 대선을 통해 검찰 정권이 들어서자 많은 시민운동가들이 걱정했다. '윤미향 기준이면 우리도 당한다.' 그 기준이 별 게 아니다. 10년 전이든, 천 원짜리든 상관없이 모으고 합치면 천만 원 되고 1억 원 된다. 우려대로 영수증 내놓으라는 서슬 퍼런 권력의 통보가 전국의 노조에 당도했고, 시민단체 보조금 내역은 현미경으로 훑어지고 있다. 조금이라도 어긋나면 횡령범이 될 판이다."[107]

이런 마녀사냥은 많은 이들이 외면하고 침묵할수록 끝없이 새로운 희생자들을 만들어내면서 계속될 것이다. 중세 시대의 마녀사냥도 거짓 자백과 마녀 지목을 통한 동참에 거부하는 사람들이 하나둘씩 늘어나면서부터 가까스로 중단될 수 있었다. 따라서 굴복과 '손절'을 멈추고 검찰-언론-보수 세력의 윤미향 마녀사냥을 함께 막아서는 것이 중요했다.

문제는 질문에 있다

"당신의 진짜 실수는 대답을 못 찾은 게 아니야. 자꾸 틀린 질문을 하니까, 맞는 답이 나올 리가 없잖아." 박찬욱 감독의 영화 〈올드보이〉에 나오는 대사다. 그리고 아인슈타인은 "1시간 중 55분을 올바른 질문을 찾는 데 사용하겠다. 그러면 정답을 찾는 데는 5분도 걸리지 않는다"고 말했다.[108] 민주·진보 진영과 진보 언론은 정치검찰과 족벌·상업 언론이 만들어놓은 프레임에서 벗어나 제대로 된 질문을 던져야 한다.

2013년에 일어난 김학의 전 법무부 차관의 '별장 성접대 뇌물사건'의 경우 논란이 된 후로부터 6년 후인 2019년에 본격적인 재수사가 시작되었다. 당시 김학의는 대검 진상조사단의 출석을 거부하고 3월 22일 몰래 출국을 시도하다 법무부의 긴급출국 금지 조치로 무산되었다. 법무부는 출국 금지 사실이 사전에 유출됐다는 의혹이 제기되자 2019년 4월 검찰에 수사를 의뢰했다. 하지만 이를 배당받은 수원지검 안양지청 수사팀은 사건을 검토하다 오히려 출국 금지 조치가 위법했다며 수사 방향을 전환했다. 검찰의 칼끝은 이른바 '친문-반윤' 검사들과 청와대 인사까지 겨누었다. 검찰의 프레임 전환을 조선일보가 앞장서서 대대적으로 보도했고,* 다른 족벌·상업 언론도 이에 합세했다.

그런데 진보 언론은 검찰의 이러한 '비상식적인' 프레임 전환에 제대로 문제제기를 하지 못했다. 오히려 검찰의 프레임과 족벌·상업 언론의 보도 방향에 맞춰 기사를 쓰기도 했다.

["김학의 긴급 출국 금지는 적법했나?"] (한겨레, 2019.4.15.)

[법무부 해명에도… '박상기 장관 직권 왜 안 썼나' 의문 여전] (한

---

* 사건 초반 ["'피의자'도 아닌데 불법 출금"](조선일보, 2019.3.25.)이란 기사로 프레임을 잡은 조선일보는 약 2년 후 대대적인 프레임 전환에 성공한다. 미디어오늘 2024년 11월 30일자 [김학의 '불법 출금' 프레임 수사, 시작은 조선일보였다] 기사에 이 과정이 잘 정리되어 있다. "조선일보는 [김학의 출국 막은 날, 검사가 내민 건 조작된 출금서류였다](2021.1.19.)는 기사로 '불법 출금' 프레임을 내놨다. 해당 기사는 … '당국이 2019년 3월 태국으로 출국하려던 김 씨를 긴급 출국 금지하는 과정이 불법으로 얼룩졌다는 것'이라며 106쪽짜리 공익 신고서를 입수했다고 밝혔다. 이후 이 신문은 11일자 1면에 [김학의 出禁 공문은 조작… 이성윤, 동부지검 압박해 은폐 개입] 기사를 싣고 [대통령의 한마디 압박이 연쇄 불법 낳았다]란 사설까지 내며 '공세'에 나섰다."(미디어오늘, 2024.11.30.)

17장 진보 언론과 민주 진영

겨레, 2021.1.18.)

["대검, 김학의 불법출금 보고하자 '안 받은 걸로 하겠다'"] (경향, 2021.4.15.)

결국 검찰은 이 사건의 요점을 '검사의 뇌물 수수'나 '검사에 대한 봐주기 수사'가 아니라, 그에 대해 진상조사를 한 검사와 청와대 관계자의 불법 행위로 몰아갔다. 그리고 관련자들을 전격적으로 압수수색하고 기소했다.

진보 언론은 이런 프레임에 끌려가며 긴급 출국 금지의 불법성 여부에 매달릴 게 아니라, 이 사건을 '불법 출국 금지' 문제로 전환한 검찰과 족벌·상업 언론의 의도에 더 집중했어야 했다. 결국 2024년 11월 긴급 출국 금지로 김학의를 막았던 검사, 법무부 간부, 청와대 비서관에 대해 2심 재판부가 전원 무죄를 선고했다. 1심에서 일부 유죄 판단한 대목도 무죄로 바뀌었다. 출국 금지 절차상에 문제가 없었다는 것이다.

이 경우에서 알 수 있듯 진보 언론의 차별성은 답이 아니라 질문에 있다. 질문을 다르게 해야 족벌·상업 언론과 검찰이 만들어놓은 프레임에서 벗어날 수 있기 때문이다. 노무현 전 대통령의 유무죄에 대한 답만 찾을 게 아니라 집권 세력이 왜 전직 대통령을 이토록 집요하게 공격하는지, 검찰과 국정원은 어떻게 여론몰이를 하는지를 물어야 했다. 조국 본인과 그 가족의 유무죄에만 집중할 게 아니라, 왜 검찰이 이례적으로 그의 가족과 친척을 탈탈 터는지 그 의도를 캐야 했다. 윤미향과 정의연에 대해서도 '회계 부정' 여부에만 초점을 맞출 게 아니라, 이것을 통해 족벌·상업 언론이 무엇을 노리는지를 질문해야 했다.

이런 취지에서 맥락 저널리즘*과 뉴스 스토리텔링 기법 등을 하나의 해법으로 제시할 수 있다. 이 기법들은 어떤 사태에 대한 앞뒤 맥락을 전체적으로 파악할 수 있게 유도해서 더 깊은 뿌리와 배경 등 전체적인 그림을 독자에게 제공할 수 있다. 이는 또한 단편적 사실만 앞세워 '제목 장사'를 하는 상업 매체와 차별화하는 방향이자, 시민이 원하는 콘텐츠를 제공하는 길이다.** 이야기가 힘이 있듯이, 스토리텔링 기법은 범람하는 뉴스 콘텐츠 속에서 빛나는 생명력을 부여할 것이고, 이러한 '차별성 있는' 보도는 더욱 힘을 받을 수 있다.

한국 사회 공론장의 왜곡은 민주·진보 진영에게 구조적으로 불리하게 작용한다. 부정 본능과 비난 본능에 기반한 언론의 속성은 기득권 세력의 한 축을 형성하는 족벌·상업 언론의

---

* "맥락 저널리즘(contextual journalism)이란 사건의 전후 과정이나 원인, 배경, 결과, 그 이후에 미치는 영향까지 관련된 사안의 전부를 보여주는 뉴스 텍스트 서술 방식을 말한다. … 사실 전달을 목적으로 단편적으로 생산되는 현상을 뉴스 파편화라고 한다면 이에 반대되는 개념을 말한다." 이미호, 〈한국 언론의 맥락 저널리즘〉, 고려대 언론대학원 석사 논문, 2019, 3쪽.
** 특히 AI 시대에는 '좋은 질문을 하는 능력'이 더욱 요구된다. [챗지피티 이후의 인간 역할을 묻다] (시사인, 2023.8.22.)

강한 정파성에 의해, 그리고 신자유주의적 미디어 시장의 상업성에 의해 편향적으로 증폭 발현된다. 여기에다 수사권과 기소권을 두 손에 쥔, 세계에서 가장 강력하다는 한국 검찰의 '언론플레이'도 '검찰 정권'의 탄생 이후 더욱 기승을 부렸다.

이러한 언론·검찰 카르텔은 친미-친일-반공 이데올로기로 무장하고 무제한의 시장자유주의를 지향하는 보수 정치 세력과 결탁해 있다. 그리고 한반도 분단과 신자유주의 질서에 기반한 강력한 서사도 지니고 있다. 이 서사는 두려움, 탐욕, 불안과 같은 기본적 감정에 호소하고, 이에 대한 마법 같은 해결책으로 '적'을 지목하고 혐오하게 만든다.*

이런 배경에서 민주·진보 진영의 정치인이나 노동조합, 사회운동 인사들은 언제든 무차별 여론몰이라는 마녀사냥의 먹잇감이 될 수 있다. 따라서 평소에도 이러한 마녀사냥의 덫에 걸리지 않도록 주의하고, 올바른 위기 대응 방안에 대한 의식적 준비가 필요하다.

민주·진보 진영의 서사

우선 민주·진보 진영의 인사들은 족벌·상업 언론의 프레임에 걸려들지 않게 조심해야 한다. 흔히 기자들은

---

* 이런 스토리텔링 방법을 결함 접근법(inadequacy approach)이라고 부른다. 조나 삭스, 김효정 옮김,《스토리 전쟁》, 을유문화사, 2013, 48쪽.

화제가 되고 있는 어떤 의혹에 대한 의견을 정치인에게 묻고 이를 기사화한다. 이 과정에서 정치인은 그 의혹이 사실이라는 걸 전제로 대답하고, 언론은 이 발언을 다시 크게 보도하면서 이슈를 키워간다.

따라서 의혹 제기 수준에서 누군가가 공격받고 있는 사안이라면 차라리 답변을 회피하는 편이 낫다. 특히 "상대의 프레임을 활성화하는 언어는 아예 입에 올려서도 안 된다."[109] 일단 사실관계가 분명해지고 나서 발언하겠다고 해야 한다. 민주·진보 진영 인사들이 무엇보다 염두에 두어야 할 것은 '프레임 구성'이다. "인지과학이 발견한 근본적인 사실 중 하나는 사람들이 프레임과 은유를 통해서 생각한다는 것이다."[110] 따라서 상대방의 프레임으로 구성된 질문에 답을 하지 않는 것도 중요하지만, 자신의 "가치와 프레임에 맞도록 질문의 프레임을 재구성하는 것"도 중요하다.[111]

조지 레이코프는 미국에서 동성 결혼이 보수-진보 진영의 어젠다로 떠올랐을 때, 기자들에게 질문의 프레임을 바꾸라고 조언했다. 즉, 보수 측의 표현인 "게이들의 결혼에 찬성하십니까?"라고 묻기보다는 "주 정부가 주민들을 상대로 누구와 결혼해라, 하지 말아라 해야 한다고 생각하십니까?"라고 질문해야한다는 것이다. 왜냐하면 '자유'라는 가치에 호소하는 질문이 사람들에게 공감을 끌어낼 수 있고, 또한 '사랑과 헌신'의 문제를 단지 동성애자만의 문제가 아닌 모든 사람의 문제로 일반화시키기 때문이다. 실제 그가 이 조언을 한 후 10년 동안 미국 19개 주에서 동성 결혼을 합법화했다.[112]

이렇듯 효과적인 프레임은 대중이 중시하는 도덕이나 가치에 기반하고 있어야 한다. 정치철학자 마이클 샌델은 도덕과 가치가 부각돼야 표현의 자유와 혐오 발언을 구분할 수 있고, 종교의 자유와 사이비 종교를 분리할 수 있다고 말한다.* 그는 "정치 담론에서 도덕적 공명이 부족한 경우, 더 큰 의미의 공공 생활에 대한 갈망은 바람직하지 못한 표현법을 찾아낸다"고 지적한다. 즉 편협하고 잘못된 도덕주의에 길을 열어주게 된다는 것이다.

"공공 문제의 도덕적 차원을 다루는 정치적 어젠다가 부재한 상황에서 대중의 관심은 공직자들의 개인적인 비리에 집중된다. 공공 담론은 점점 더 타블로이드와 토크쇼, 결국엔 주류 언론까지 합세하여 공급해주는 스캔들과 물의, 고백에 사로잡히게 된다."[113]

따라서 민주·진보 진영은 개인적 비리 여부에 머물러 있는

---

* 물론 샌델은 언론자유와 혐오 발언, 그리고 종교의 자유와 사이비 종교의 구별은 고정된 것이 아니라 사회적 숙의를 통해서 지속적인 논의를 해야 한다고 말한다. 마이클 샌델, 안진환 옮김,《정치와 도덕을 말하다》, 와이즈베리, 2016, 364-366쪽.

도덕성 이슈를 공공 문제 차원으로 승격시킬 필요가 있고, 이를 통해 대중의 열망을 가능한 한 올바른 방향으로 이끌어야 한다. 여러 선거를 거치며 유권자들은 정책이나 이익 말고도 도덕과 가치에 투표한다는 사실이 밝혀졌다.[114] 따라서 민주·진보 진영은 도덕과 가치에 기반한 프레임과 스토리, 즉 서사를 대중에 제시해야 한다.

2013년 유진 파마, 라스 피터 핸슨과 함께 공동으로 노벨경제학상을 수상한 행동경제학자 로버트 쉴러는 현실을 움직이는 건 사실이 아니라 전염성 강한 스토리, 바로 서사라고 강조한다.

> "지도자라면 사실을 호도하는 잘못된 서사를 밀어내고 그에 반하는 도덕적 권위를 확립해야 한다. … 입안자들은 더욱 합리적이고 대중적인 경제 행동을 유도하는 반대 서사를 만들거나 퍼트려야 한다. 설령 그 반대 서사가 전염성이 약하고 파괴적인 서사보다 효과가 더디다 해도 종국에는 상황을 바로잡을 것이다."[115]

다시 말해 평소에 도덕과 가치에 기반한 민주·진보 진영의 대안적 서사를 만들어 일관되고 꾸준하게 전파해야 한다는 것이다.*

---

* "올바로 말하고 반복해서 말하자. '사(私)는 공(公)에 의존한다'는 개념을 보수 세력이 이해할 무언가 중요한 개념, 즉 자유와 연결하자. 공적 자

"사실 아주 오래전부터 모든 전쟁은 스토리 전쟁이었다. … 강력한 스토리들이 수백만 명의 남녀에게 비극적이고도 영웅적인 행위를 할 용기를 주었기 때문에 그들은 목숨을 바쳐 우리의 세계를 근본적으로 바꿀 수 있었다."[116]

자본주의의 극한 경쟁으로 불평등과 기후 위기가 심화되고 신냉전이라는 국제질서 재편으로 한반도 전쟁 위험이 더욱 커지는 현실에서, 민주·진보 진영은 공동체와 공동선, 공공재와 공공성, 평화와 생명의 가치를 환기시키고 이를 프레임과 스토리, 서사로 제시해야 한다.* 이 서사는 부정 본능과 비난 본능에 기반한 족벌·상업 언론-기득권 카르텔의 마녀사냥을 무력화시키고, 우리 사회를 더 살맛나는 방향으로 나아가게 할 것이다.

원은 우리에게 수없이 많은 자유를 허락하며 온갖 종류의 삶의 기회를 열어준다." 조지 레이코프, 유나영 옮김, 《코끼리는 생각하지 마》, 와이즈베리, 2015, 115-116쪽.
* 이러한 스토리텔링 방법을 임파워먼트 마케팅(empowerment marketing)이라 부르는데, "사람들이 자아를 성취할 수 있게 돕고, 더 나아가 세상을 개선하도록 요구한다." 조나 삭스, 《스토리 전쟁》, 154쪽.

4부

마녀사냥 카르텔
해체하기

3부에서 우리는 당장 눈앞에 닥친 마녀사냥에서 살아남기 위한 생존 방법들을 살펴보았다. 하지만 이런 기술적 대응책만으로는 한계가 있다. 마녀사냥을 근본적으로 방지하기 위해서는 제도 개혁과 같은 큰 그림이 필요하다.

윤미향과 정의연에 대한 마녀사냥은 '언론과 정치인의 문제 제기 → 전문가와 논객의 유죄 단정 → 극우·보수 단체의 시위와 고발 → 검찰의 수사 → 언론 보도의 확대'라는 순환 구조 안에서 증폭되었다. 이 구조 속에서 대중은 혐오와 비난의 감정에 쉬이 사로잡히고, 대상자들을 향해 기꺼이 돌팔매질한다.

마녀사냥의 대상이 되면 나중에 사실이 아니라고 밝혀지더라도 일단 여론의 '낙인'을 벗어나기 힘들 뿐더러, 오랜 수사와 재판을 거쳐야 하기 때문에 삶이 극도로 피폐해진다. 열악한 환경에도 오랜 시간 위안부 할머니들을 모셨던 손영미 소장이 극단적인 선택을 했고, 윤미향 의원 역시 '죽음을 고민하기도 했다.'

마녀사냥 카르텔이 대상자를 계속 바꿔가며 이 사회를 전체주의적 광기로 몰아가고 있다는 진단도 나온다.

"사법 권력을 통한 공론장의 장악, 보수-우파 언론과 사법 권력과의 연합을 통한 공론장의 통제는 전형적인 전체주의 정치의 전조들입니다. 지금 현재, '87년 이후 한국 민주정치에서 가장 위험한 적신호'가 보수·우파 언론이 기존 정치와 사회 권력과의 연합과 연대하는 지점들에서 발생하고 있습니다."[117]

채영길 교수는 2022년 발표된 한국사회 통합 실태조사 보고서를 인용하며 "가장 낮은 신뢰도를 가진 국회-검찰-법원-신문사가 오히려 그들보다 높은 신뢰도를 보이고 있는 노동조합과 시민단체를 혐오 집단으로 매도하는" 아이러니를 지적한다.

우리는 1991년 5월 '유서 대필 조작사건'을 통해 민주주의에 대한 열망을 호도했던 정치검찰과 조선일보의 흑역사를 기억한다. 그리고 2020년 5월 '윤미향과 정의연 사태'에서 여성 평화운동의 역사를 '파렴치 범죄'로 낙인 찍은 마녀사냥 카르텔의 만행을 보았다. 2023년 5월에도 노동조합을 악마화하고 건설노동자 양회동의 죽음을 '기획 분신'으로 왜곡하려는 그들의 패륜을 또다시 목도했다.[118] 우리 사회 민주주의를 후퇴시키고 시민의 자유를 억압하며 혐오 정서로 사회 갈등을 부추기는 흐름을 차단하기 위해서는 이러한 마녀사냥 카르텔을 해체해야만 한다.

18장
언론은 이렇게 바꾸자

윤미향과 정의연을 겨냥해 조선일보가 시작한 마녀사냥은 곧 사회 전방위적으로 확산되었고, 검찰의 수사와 기소, 그리고 재판 1, 2심을 거치기까지 3년 6개월이 걸렸다. 사건 초기 중앙일보는 [안혜리 논설위원이 간다 | "개인 계좌로 공익법인 기부금을? 당장 문 닫아야 할 사안"] (2020.5.14.) 기사에서 국세청 출신의 한 회계 전문가의 말을 인용해 "수사 당국이 금융거래 내용을 2시간만 들여다보면 횡령 여부를 다 확인할 수 있는 사안"이라고 단정하기도 했다. 그러나 실제 기소나 재판 과정에서 밝혀진 사실은 나라를 떠들썩하게 했던 여론몰이 내용과 사뭇 달랐다. 조선일보가 주로 제기했던 윤미향의 '딸 유학자금'이나 '현금 3억 원 출처' 등 12개 의혹은 불기소 처분되거나 아예 처벌할 수 있는 사안이 아니었다. [뉴있저 | 윤미향 불구속 기소… "상당수 의혹은 무혐의"] (YTN, 2020.9.15.)

그리고 공판이 시작되자 8개의 기소 혐의도 그 근거가 흔들리는 사안이 대부분이었다. 하지만 정작 공판의 진행 과정 보도는 '의혹 제기' 기사에 견주면 너무나 빈약했다. 검찰과 변호인이 기본 입장을 확인한 1차 공판을 제외하고, 2차 공판에서 25차 공판까지 공판 과정을 취재한 보도량은 극히 적었다. 특히 의혹 제기를 주도했던 조선일보와 중앙일보의 기사는 단 한 건도 찾아볼 수 없었다. 조국 사태 이후 일부 언론사가 "최종적으로 공판에서 가장 많은 진실들이 나오는데 공판에서 나오는 진실들은 사실 거의 보도하지 않는다"며 '공판 중심 보도'를 선언했지만 지켜지지 않았다.[119] 이렇게 언론이 공판에 대해 거의 다루지 않고, 검찰의 시각에서 사건을 바라보는 행태는 2심에서도 마찬가지였다.*

공판에 관한 보도가 아니더라도 족벌·상업 언론에서 나온 기사에서 사건 당사자와 변호인의 목소리는 찾아보기 힘들었다. 심지어 조선일보는 [윤미향 해명에 '판' 깔아준 親與 방송들… 지상파도 합세] (조선, 2020.5.20.) 기사를 통해 당사자에게 반론 기회를 준 방송사를 '친여 매체'로 공격하기까지 했다.

이렇게 일방적인 의혹 제기 위주의 보도에 대해 미디어 수

---

* 빅카인즈 기준으로 검찰의 구형과 최종 변론이 이루어진 결심 공판 기사는 17건으로, 그 전의 7차례 공판 기사는 모두 합해 19건에 불과했다. 하지만 '유죄' 판결이 난 선고 공판 기사는 무려 72건이나 되었다.

용자들도 공정하지 못했다고 평가한다. '여론조사꽃'*이 1심 판결 후 실시한 조사를 다룬 ["윤미향 의원에 언론이 불공정"… 대구-경북에서도 '언론 불공정' 더 많아] (CNB저널, 2023.2.24.) 기사에서는 '윤미향 의원 사건을 다룬 당시 언론보도의 공정성에 대해서 어떻게 생각하십니까?'는 설문에 '공정하게 보도했다'는 응답이 25.7%에 불과한 반면, '불공정하게 보도했다'는 응답은 거의 2배인 50.4%로 나타났다.

단기 처방: 징벌적 손해배상, 명예훼손법, 미디어 바우처

원로 언론인들의 단체인 언론비상시국회는 윤미향과 정의연에 대한 무분별한 의혹 제기 보도와 오보로 판명된 이후에 보인 무책임한 태도를 우리나라 언론의 '부끄러운 모습'의 대표 사례로 거론했다.[120]

"윤미향 의원 관련 보도는 우리 언론의 민낯을 제대로 보여줍니

---

* '여론조사꽃'에 대해 족벌·상업 언론들은 '정파적이고 편향적이어서 신뢰하기 어렵다'고 공격하지만, 지난 2년간 주요 선거 결과를 가장 정확하게 예측하고, 선거에서 드러난 최종 결과와 가장 가까운 여론조사 결과를 발표해온 곳이다. 반면 족벌·상업 언론들이 주로 인용하고 신뢰하는 여론조사 기관들은 그 정반대로 선거 결과와 동떨어진 예측과 수치를 제시할 때가 많았다.

다. 바로 검찰발 받아쓰기와 반성하지 않는 오만입니다. 진보와 보수 가릴 것 없이, 거의 모든 신문은 검찰 등 수사기관이 흘려주는 정보를 최소한의 검증도 없이 받아썼습니다. 인격 살해나 다름없는 보도로 평생 일본군 '성노예 할머니'를 위해 헌신해온 윤 의원을 악마로 만들었습니다. 그러나 1심 재판에서, 윤 의원은 사실상 검찰이 기소한 모든 혐의에 대해 무죄를 선고받았습니다. 법원의 이번 판결은 어쩌면 받아쓰기 악습으로 '마녀사냥' 식 보도를 되풀이해온 한국 언론에 대한 유죄 선고라고도 할 수 있습니다. 그러나 판결과 다른 이런 보도에 대해 인권을 중시한다는 진보 언론을 포함해 단 하나의 신문도 사과도, 반성도 하지 않았습니다."[121]

"With great power comes great responsibility(큰 권력에는 큰 책임이 따른다)." 영화 〈스파이더맨〉에서 인용되면서 널리 알려진 구절이다. 현대 사회에서 언론은 "정치 권력, 자본 권력과 함께 지배 블록을 형성할 정도로 강력한 힘을 가졌다고 말할 수 있다."[122] 그러나 현재 권력화돼 있는 족벌·상업 언론사에게 책임을 물을 수 있는 장치는 거의 없거나, 있다 해도 형해화되어 있다. 언론의 잔혹한 마녀사냥으로 무고한 사람이 죽음에 이르고, 인격이 짓밟히고, 가족의 삶이 발가벗겨지며, 수많은 사람이 인생을 바쳐 헌신한 노력이 한순간에 '파렴치'로 매도당해도 언론사는 별 책임을 지지 않는다. 언론의 자유가 오히려 시민의 기본권인 표현의 자유를 억압하는 형국이다.

이러한 피해를 줄이기 위해 국회에서는 2020년부터 2021년까지 '언론 중재 및 피해 구제 등에 관한 법률' 개정안이 모두 16건이나 발의됐다. 이른바 언론에 대한 징벌적 손해배상제도다. 언론현업단체들은 이 법률안이 '언론자유'를 위축시킬 우려가 있다며 반론을 제기했고, 족벌·상업 언론과 보수 정치 세력도 여기에 가세했다. 전국언론노동조합과 한국신문협회 등 언론 7개 단체는 징벌적 손해배상제에 대한 대안으로 '통합형 언론 자율 규제기구' 설립을 제시하기도 했다.* 결국 여론의 지지에도 불구하고 언론중재법 개정안은 국회의 문턱을 넘지 못했다.**

하지만 여론뿐만 아니라 학계에서도 "언론자유라는 특권은 언론이 권력을 감시하는 책무를 수행하기 위해 필요한 수단으로 부여된 것"이지, "언론이 상업적 이익을 추구하기 위해 뉴스 가치가 크지 않은 일을 자극적으로 보도하는 일에 있어서까지 언론의 자유가 필요한 것"은 아니라는 의견이다.[123] 서울시

---

* 그러나 '통합형 언론 자율 규제기구'마저도 윤석열 당시 대선 후보가 반대하는 등 이후 이렇다 할 진전을 보지 못했다. 김동원, 〈언론 규율의 세 공간과 자율규제의 패러다임 전환〉,《한국 언론 직면하기》, 자유언론실천재단, 2022, 331쪽.
** TBS가 의뢰하고 한국사회여론조사가 발표한 '징벌적 손해배상제도 도입' 찬성 의견은 54.1%, 반대는 37.5%였다. 2021.8.23.

공무원 간첩 조작사건의 피해자인 유우성 씨도 "언론으로부터 피해를 많이 입었던 사람으로서 징벌적 손배 금액이 5배로는 부족하다. 10배라도 해야 한다. 사실이 아닌데도 기자들이 검찰과 국정원 이야기만 일방적으로 담아서 기사를 냈다. (언론은) 간첩 조작에 가담한 수준"이라며 징벌적 손해배상제를 지지했다.[124] 윤미향과 정의연 사건에서도 지금의 언론 피해구제 제도로는 악의적 오보와 자극적인 제목 장사를 막을 수 없다는 사실을 확인할 수 있다. 현실적으로도 징벌적 손해배상 말고는 실효성 있는 대안이 없다.[125]

징벌적 손해배상제가 언론의 자유를 위축시킬 것이라는 우려는 일견 타당성이 있다. 하지만 이 제도가 아니라도 권력이나 기득권을 가진 조직이나 대기업은 이미 자본의 힘과 법조 카르텔을 뒷배 삼아 민·형사 소송이나 협박 등의 수단을 통해 언론의 자유를 공격하고 있다.*

---

* 2022년 12월 한동훈 법무부 장관은 '청담동 술자리 의혹'과 관련해 '시민언론 더탐사'와 김의겸 의원을 상대로 10억 원의 민사소송을 제기했다. 또 2023년 7월에는 국민의힘 박성중 의원이 김건희 씨 양평고속도로 특혜 의혹을 보도한 16개 매체의 보도 사례를 표로 만들어 보여주면서 '윤석열 정부를 악마화하기 위해 양평 고속도로 음모론과 가짜뉴스만을 생산하는 좌편향 언론매체는 끝까지 책임을 묻겠다, 각오하라'고 압박했다.(시민언론 민들레, 2023.7.13.) 또 박성중 등 국민의힘 의원들은 방송통신위원회에 사실상 KBS 2TV의 재허가 취소 압박을 넣어 논란을 일으키기도 했다.(미디어오늘,

18장 언론은 이렇게 바꾸자

따라서 '권력화된 족벌언론'과 '자본에 포섭된 상업 언론'이 시민의 기본권인 표현의 자유를 위축시키는 상황에서 징벌적 손해배상제는 이들에 대한 효과적인 견제 수단이 될 수 있다. 미국에서도 언론사의 '실질적 악의'를 입증하면 천문학적인 금액의 징벌적 손해배상을 적용하고 있다.[126]

이 제도가 자유롭고 양심적인 언론을 탄압하는 수단으로 악용될 수 있다는 일부 언론운동 진영의 우려는 주로 기득권 세력이 악용해온 형법 조항인 명예훼손 관련법을 개정함으로써 해소할 수 있다. 실제로 윤석열 정부에 들어와서 MBC, 경향신문, 시민언론 더탐사, 리포액트, 뉴스타파, 뉴스버스 등 많은 언론사와 언론사 기자 및 대표 개인에 대한 압수수색이 있었는데 모두 '명예훼손죄'를 빌미로 자행되었다.

언론인뿐 아니라 대통령을 풍자한 일반 시민도 명예훼손 혐의로 고초를 겪었다. 2024년 2월 국민의힘은 틱톡 등 SNS에 올라온 '가상으로 꾸며본 윤대통령 양심고백 연설' 영상을 정보통신망법상 명예훼손 혐의로 경찰에 고발했다. 이 영상을 만든 개인뿐만 아니라 영상을 소셜 네트워크에 유포한 사람마저

2023.7.3.) 실제 편파 방송을 이유로 서울시의회는 TBS 예산 지원 조례를 삭제했으며, 윤석열 정부는 KBS와 EBS의 수신료 통합 징수를 금지했다. 더불어 MBC에 대한 감사원 감사와 YTN에 대한 민영화 추진 등 '언론의 자유'를 침해하는 움직임은 전방위적으로 진행되고 있다.

압수수색과 출국 금지를 당했다.[127] 2023년 3월 공개된 미 국무부의 인권보고서에는 "한국 정부는 공공의 토론을 제한하고 개인과 언론의 표현을 검열하는 데 명예훼손법을 사용했다"는 내용이 실렸다.[128] 2024년 5월 국경없는기자회(RSF)가 발표한 세계 언론자유 지수에서 한국은 윤석열 정부 들어 크게 하락한 세계 62위를 기록했다. RSF도 한국 언론의 법률적 환경에 관해 "여전히 명예훼손은 최대 7년의 징역형에 처해질 수 있으며, 이로 인해 언론사들이 특정 기사의 주요 세부 사항을 생략할 수 있다"고 지적했다.[129]

우리나라 대법원은 "2003년부터 공직자의 도덕성·청렴성과 공적 업무 처리의 정당성 등과 관련한 비판적인 내용은 '악의적이거나 심히 경솔한 공격으로 현저히 상당성을 잃은 것'이 아니면 명예훼손에 해당하지 않는다고 일관되게 판단하고 있다."[130] 이 내용은 1963년 명예훼손 사건과 관련해 표현의 자유를 인정한 1963년 미국 연방대법원 판결 이래, 2010년 명예훼손죄를 폐지하고 명예훼손법(Defamation Act 2013)을 개정해 언론의 자유를 보장한 영국의 사례와도 일맥상통한다.[131] 한국형사정책연구원 윤해성 박사는 2018년 발간한 '사실적시 명예훼손죄의 비범죄화 논의와 대안에 관한 연구' 보고서에서 "사실적시 명예훼손죄를 처벌하고 있는 나라는 현재 전 세계에서 손가락에 꼽을 정도"라고 했다. 이러한 이유로 UN에서도 우리나라에 지난 2011년과 2015년, 두 차례에 걸쳐 사실적시 명예훼손죄의 폐지를 권고하기도 했다.

따라서 권력자와 기득권 세력에 의해 언론자유를 억압하는 도구로 악용될 소지가 큰 '사실적시에 의한 명예훼손' 조항을 삭제하고, 허위사실 명예훼손은 친고죄로 바꾸어야 한다. 또한 공직자의 경우 명예훼손의 면책 범위를 넓혀야 한다. 명예훼손 적 보도라 하더라도 특별한 사유가 있으면 위법성을 인정하지 않는 '위법성 조각사유'를 더 넓게 적용해야 한다는 것이다. 특히 명예훼손과 관련한 압수수색은 수사기관의 영장 청구에서 법원의 영장 발급 단계에 이르기까지 매우 엄격한 제한 속에서 이루어져야 한다.*

그럼에도 2021년 2월 25일 헌법재판소가 '사실적시 명예훼손'에 대해 합헌 판결을 내린 것은 징벌적 손해배상이라는 보완책 없이 이를 폐지하면 개인의 인격권을 보장할 마땅한 수단이 없다는 점에 근거한 것이다.[132] 이렇게 본다면 사실적시 명예훼손죄의 폐지로 인한 부작용은 징벌적 손해배상제도 신설로 보완할 수 있다. 표현의 자유와 개인의 인격권 보호 사이의 균형을 맞출 수 있게 되는 것이다.

한편 '나쁜' 언론 보도에 대한 징벌적 수단과 함께 '좋은' 언

* 영국의 경우 2013년 명예훼손법 개정 전에 이미 검찰 차원에서 내규를 바꿔 언론의 자유를 보호하기도 했다. [언론 징벌법과 영국의 명예훼손법] (주간조선, 2021.8.24.)

론에 대한 유인책(즉 인센티브)도 필요하다. 2021년 6월에 '국민참여를 통한 언론 영향력 평가제도 운영에 관한 법률안', 일명 '미디어 바우처'법이 국회에 발의됐다. 미디어 바우처는 수천억 원에 이르는 정부와 지방자치단체 그리고 공기업의 광고비 일부를 시민에게 돌려주고, 시민들은 자신이 신뢰하는 언론사를 선택해 정기적으로 후원할 수 있게 하는 방식이다. 지원할 언론사와 금액을 시민들이 정하기 때문에 언론의 독립성을 해치지 않으면서, 노력하는 언론에 보상하는 제도라고 할 수 있다. 언론진흥재단 김선호 선임연구위원은 보고서에서 "바우처를 기부받기 위해서는 경영상의 투명성과 윤리강령 실천이 언론사에 요구된다"며 "더 많은 바우처를 기부받기 위해 언론사는 자발적으로 시민의 신뢰를 얻기 위해 노력하게" 될 것이라 기대했다.[133]

물론 징벌적 손해배상제나 명예훼손법 개정, 그리고 미디어 바우처 제도 도입이 한국의 언론 상황을 즉각적이고 근본적으로 바꾸는 방법으로 충분하지 않을 수 있다. 그러나 이러한 제도의 도입은 상업화된 기득권 세력인 언론 권력으로부터 억울한 피해자를 구제하고, 시민의 '표현의 자유'를 확대해 여론의 다양성을 기하기 위한 시발점이 될 것이다.

구조 개혁: 공공·시민 공론장, 미디어 리터러시

"신자유주의 아래에서 언론 권력이 다른 권력과 결탁한 형태를 띠기 때문에 언론자유는 권력의 소유물이 되거나 통제 아래 놓이기 쉽다."[134] 미디어오늘은 2022년 창간기획에서, 8년 전과 비교해 대주주가 바뀐 언론사의 사례를 들어 특정 업종의 자본이 언론사를 사들이고 있다는 점에 주목한다.

"서울신문과 헤럴드, UBC(울산방송), 전자신문은 건설사가 대주주로 올라섰다. 아시아경제는 KMH에서 사모펀드로, KBC(광주방송)는 건설사에서 금융투자회사로 대주주가 바뀌었다. 매일신문은 천주교재단에서 지역 연고 기반의 운송회사가 대주주로 올랐다."[135]

그리고 "최대 주주가 바뀐 언론사들은 어김없이 보도에 변화가 나타났다." 대주주 또는 사주의 이익을 옹호하는 방향으로 보도하거나 그들에게 불리한 기사는 아예 쓰지 않는 것이다. 대표적인 예시가 호반건설이 서울신문을 인수한 뒤, 3년 전 서울신문에서 연속 보도한 호반그룹 검증 기획기사 57건을 모두 삭제한 일이다. 이는 '편집권의 독립'을 기반으로 하는 언론자유가 사주라는 내적 압력에 의해 무력화된 결과다. 1999년 홍석현 당시 중앙일보 사장이 탈세 혐의로 검찰에 출두할 때 중앙일보 기자들이 도열해 "사장님 힘내세요"를 외쳤던 일이나, 2012년 조선일보가 장자연 사건을 보도했던 언론사들을 대상으로, 방상훈 사장을 대신해 수십억 원 규모의 소송을 남발한 것도 같은 이유라 볼 수 있다.[136]

이러한 언론의 상업화 경향과 함께 '주목 경제'의 특징을 갖고 있는 디지털 미디어 환경의 형성은 언론자유를 더욱 위축시킨다.[137] 수많은 매체가 쏟아내는 엄청난 양의 콘텐츠 속에서 언론기업이 대중의 관심(주목)을 끌고 클릭을 유도해 이윤을 창출하려면 더 자극적인 '제목 장사'에 매달릴 수밖에 없다. 또한 상당 부분의 뉴스가 포털에서 소비되면서* 여러 언론이 다룬 최신 기사나 선정적인 내용을 담은 기사가 포털 '대문(메인 페이지)'에 더 잘 노출되는 알고리즘의 작동은 이런 경향을 더욱 강화한다.** 따라서 규제받지 않는 자본 활동을 최대한 보장하는 "신자유주의적인 언론은 시민에 봉사하기보다는 이윤 창출을 위해 권력과 기득권에 봉사하는 경향이 강해진다."[138]

---

* 여론집중도조사위원회가 조사한 뉴스 이용 점유율 결과 2018년 기준 포털이 89.3%, 일간 신문 홈페이지가 4.6%를 차지했다. 이정환, 〈저널리즘 생태계 변화: 키워드 7〉,《한국 언론 직면하기》, 자유언론실천재단, 2022, 50쪽.
** 2022년 2차 알고리즘 검토위는 검토 결과 발표를 통해 "당시의 주류 논조를 벗어나는 담론을 담고 있는 기사, 심도 있는 기사는 자동화된 검색 결과로서는 탐색되기 어려운 것을 확인했다"며 "이는 전체 뉴스 생태계에서 생산되고 유통되는 지배적인 뉴스를 반영하는 결과로 나타났다"고 했다. [네이버 뉴스 알고리즘 공개 내용 살펴보니](미디어오늘, 2023.7.8.)

18장 언론은 이렇게 바꾸자

한국에서 그나마 '공영'의 형태를 띤 언론사에서는 87년 민주화 이후 편집권을 둘러싸고 내부 인사로 구성된 노동조합이나 편성위원회, 그리고 외부 인사로 구성된 이사회나 시청자위원회 등에 의해 상시적인 견제가 이루어져 왔다. 즉, 경영진이 누구라도 족벌·상업 언론사처럼 사주가 일방적으로 전횡할 여지가 줄었다고 할 수 있다. 이런 구조에서 '시민의 목소리'가 부분적으로나마 권력이나 자본의 압력을 뚫고 나올 수 있는 게 가능하다.

윤석열 정부에서 폭력적으로 추진했던 TBS와 KBS의 무력화, MBC에 대한 압박, YTN 민영화는 결국 시민의 표현의 자유가 억압되는 결과를 낳았다. 종편을 소유한 족벌·상업 언론은 이 상황을 즐기고 있다. 왜냐하면 그들의 시장지배력이 더욱 확대되고 공고해질 가능성이 커지기 때문이다. 족벌·상업 언론이 "기득권 정당과 공조할 경우에는 '지배'의 효과가 나타나(이른바 '기울어진 운동장'을 형성한다)" 우리 사회의 다원주의 내지 다양성이 더욱 축소될 수밖에 없다.[139]

이렇게 형성된 언론 산업 구조에서 민주·진보 진영이나 시민운동을 겨냥한 마녀사냥은 더욱 기승을 부릴 가능성이 높다. 따라서 국민의 다양한 의견을 반영하는 건강한 여론을 형성하기 위해서는 미디어 산업에서 상업적 부문이 차지하는 비율을 일정 정도 제어할 필요가 있다. 2020년 한국의 방송통신시장 매출액 규모는 모두 67조 1000억 원으로, 방송 분야 18조 6000

억 원, 통신 분야 48조 5000억 원으로 구성된다. 이 중 KBS, MBC, EBS가 차지하는 비율은 3조 원이 채 안 돼, 전체 방송통신시장 매출액의 4% 정도에 불과하다. 공공·시민 부문이 미디어 시장에 좀더 큰 비중(가령 10% 정도)을 점유하여 여론 형성의 공론장과 콘텐츠 이용 시장에서 균형 잡힌 다양성을 확보해야 한다.[140]

디지털 미디어가 지배적인 환경에서는 지상파 방송과 마찬가지로 "인터넷도 깨끗한 물이나 공기 같은 공공재로 취급할" 필요가 있다. 특히 유튜브나 페이스북, 넷플릭스와 같은 거대 디지털 기업이 핵심 의사소통 채널 역할을 할 때 "엄격한 규제와 책무성을 요구해야 하며 상업적 독점은 적극적으로 방지하거나 해체해야 한다. 가장 기초적인 단계로 대부분의 디지털 기업들이 현재 회피하고 있는 자기 몫의 세금을 내야 한다."[141] 그리고 이 세금으로 만든 재원을 공공·시민 미디어 부문에 투입해 다양한 양질의 콘텐츠를 생산할 뿐 아니라, 미디어 이용자의 리터러시(문해력)를 강화하는 데도 사용해야 한다.

'가짜뉴스' '확증 편향' '마녀사냥' 등의 표현에서 볼 수 있듯이, 지금은 미디어와 여론을 근간으로 하는 대의제 민주주의가 위기에 처해 있는 상황이다.[142] 우리가 매일 먹는 음식에 어떤 원재료와 첨가물이 들어 있고 그에 맞는 조리법이 무엇인지 알아야 하듯, 하루 종일 접하는 미디어 정보와 콘텐츠가 어떤 의도로 만들어지는지, 또 어떻게 이용해야 하는지 알아야 한다.*
따라서 사회 구성원 모두에게 미디어를 비판적으로 이해하고
창의적으로 사용할 수 있는 미디어 리터러시가 요구된다.

하나 염두에 두어야 할 점은 미디어 리터러시를 '가짜뉴스'
를 구별할 수 있는 능력이라는 차원으로 축소해서는 안 된다는
것이다. "가짜뉴스라는 용어의 가장 큰 문제점 중 하나는 진실
과 거짓의 구분이 마치 간단한 일인 양 생각하게 한다는 것이
다. … 진실과 거짓 사이에는 더 넓은 회색 지대가 있다. … 뉴
스를 포함한 모든 형태의 미디어가 어떻게 세상을 재현하고 있
는지에 관해 훨씬 더 정교하고 깊이 있는 이해가 필요하다."[143]
게다가 "미디어 읽기는 영상 언어, 디지털 언어의 문법뿐만 아
니라 이들에 영향을 미치는 정치적, 산업적 구조와 영향력을
이해하는 것을 포함한다."[144]

사회 구성원의 미디어 리터러시를 더 높이고 키우기 위해서
는 어린이·청소년의 학교 교육에서부터 노인을 포함한 평생
교육에 이르기까지 체계적인 국가 정책이 마련돼야 한다. 이를
위한 교육은 구체적으로 학교, 도서관, 미디어센터, 주민센터
등 공공기관뿐 아니라 민간 차원의 공동체 모임을 통해서도 이

---

* 2017년 기준 한국인의 하루 평균 미디어 이용 시간은 약 5시간 30분이
고, 그중 뉴스 이용 시간은 하루 평균 1시간 20분이었다. 〈2017 언론 수용
자 통계〉, 한국언론진흥재단.

루어질 수 있다. 이것이 디지털 시대 시민의식 교육이고, 여기에서 형성된 '디지털 시민성'은 현대 민주주의 사회를 건강하게 만들고 공동체를 복원하는 데 필수적이다.[145]

또한 시민의 미디어 리터러시는 기존 언론사의 관행과 구조를 바꾸는 데도 긍정적인 역할을 할 것이다. 이는 한 연구에서 이루어진 일선 기자의 인터뷰에서도 드러난다.

"시민들의 어떤 독해력, 언론에 대한 그런 것도 높아지면 그것도 언론을 압박하는 요인이 될 수 있을 것 같아요. … 시민들이 좀 많이 언론들의 수준에 대해서 지적을 하고 좋은 기사에 대해서 많이 봐주고 그렇게 하는 외적인 노력도 되게 중요할 것 같아요. 기자들한테 맡겨놔서는 안 되는 것 같고…."[146]

한국의 언론 신뢰도는 세계 최하위 수준이다. 조선일보 그룹은 한국 언론 가운데서도 불신율이 가장 높다.* 그만큼 불량

---

* 로이터저널리즘연구소가 발간한 〈디지털 뉴스 리포트 2023〉에 따르면 한국의 뉴스 전반에 대한 신뢰도는 2022년 조사 때보다 2% 낮아진 28%였으며, 조사 대상 46개 국가 중 41위, 아시아·태평양 국가 가운데 최하위를 기록했다. 한국에서 가장 신뢰하는 언론사는 MBC(58%), KBS와 YTN(55%) 등이고, 가장 불신하는 언론사는 조선일보(40%), TV조선(39%), 동아일보(34%) 순이다. 이 조사는 로이터저널리즘연구소가 영국의 조사 전문 회사인 유고브(YouGov)에 의뢰해 2023년 1월부터 2월까지 46개국 9

하고 불순한 기사가 많다고 볼 수 있다. 그런데 조선일보 같은 족벌·상업 언론이 가진 시장 지배력과 정치적 영향력은 더욱 더 커지고 있다.* 언론 시장에서 "악화가 양화를 구축"하고 있는 셈이다.

상황이 이러함에도 불량품을 생산하는 언론 기업에 대한 제재 수단은 무력하다. 명백한 시장의 실패다. 언론 신뢰도의 하락은 사회 신뢰 자산의 붕괴로 이어진다. 그만큼 사회적 갈등이 격화되고, 구성원의 행복도가 낮아지며, 정치·경제·사회 발전이 저해된다. 따라서 언론에 대한 단기적, 구조적 처방을 아우르는 종합 대책이 절실하다. 그것이 아니고서는 고질적인 공론장의 왜곡과 미디어 시장의 불균형을 바로잡을 수 없다.

만 3,885명(한국 2,003명)을 대상으로 했다.(뉴스톱, 2023.6.20.)
* 2019년부터 2022년까지 영향력에서 줄곧 3~4위를 차지했던 조선일보의 영향력은 2023년 2위로, 1위 KBS와 0.2% 차이에 불과했다. [전통의 '빅3' KBS·조선일보·MBC 위상 재정립](시사저널, 2023.8.11.)

19장
검찰은 이렇게 바꾸자

　　"4천3백 원, 1만6천 원, 7만 원, 8만 원…" 윤미향의 1심 2차 공판(2021.9.17.)에 나온 기소 내용이다. 검찰은 이런 식으로 정대협 회계장부에 약 10년간 기록된 액수 중 영수증이 없는 항목들 전체를 횡령으로 기소했다.

"정대협에 법인 카드가 하나밖에 없던 시절 담당자가 수요시위 현장이나 지방에 계시는 할머니 방문 시 자기 돈이나 카드로 먼저 결제한 후 영수증을 분실해서 첨부하지 못한 것 전체를 횡령이라고 한 겁니다. 심지어 지방 할머니 방문 시 사무실에 사정이 생겨 직접 가지 못할 경우 각 지방에 있는 일본군 위안부 할머니 지원단체에게 대신 좀 방문해서 할머니들을 챙겨달라고 하면서 지급한 8만 원이 횡령이랍니다."[147]

검찰은 총장까지 나서서 대단한 회계 부정이 있는 것처럼 수사 인력을 보강하고, 전격적인 압수수색과 대규모 소환조사까지 벌였다. 그러나 정작 기소 내용을 보면 위의 내용 말고도 "박물관 등록할 때 정식 학예사가 없었다", "기부금 모금할 때 사전 신고를 안 했다", "위안부 할머니가 치매 상태에서 기부를 했다", "쉼터를 너무 비싼 가격에 샀다" 등의 혐의가 적시됐다. 그중 가장 황당한 것은 공중위생관리법 위반이다. "안성 쉼터를 숙박업소처럼 운영했다"는 내용인데, 외부에 빌려준 횟수가 55개월 동안 53회이니 한 달에 한 번도 채 되지 않는 사안을 기소한 것이다.

기부금 횡령 혐의도 마찬가지다. 해당 기간에 윤미향 대표가 되려 강연료 등의 수입을 1억 원 넘게 기부했다는 사실을 감안하면 앞뒤가 맞지 않는다는 점을 쉽게 유추할 수 있다. 하지만 검찰은 수사기간 동안 이런 내용들을 분명히 확인했을 텐데도, 갖가지 혐의를 부풀려 기소하고 3~5년의 중형을 구형한 것은 어떻게든 '유죄'를 받아내려는 의도로밖에 보이지 않는다.

억지 표적 기소의 방지

"수사의 최종 목표는 유죄 판결입니다." 2023년 2월 25일, 검찰 출신 정순신 국가수사본부장 후보자가 공개적으로 한 발언이다. 검사는 공익의 대표자로서 실체적 진실을 가려야 할 '객관 의무'가 있다. 그렇기 때문에 검찰의 수사 목적이 '진실을 밝히는 것'이 아닌, '피의자가 유죄 판결을 받게 하는 것'이라는 정 후보자의 인식에 많은 사람이 당혹감을 느꼈다. 한국의 검찰은 수사권과 자체 수사조직, 영장 청구권과 기소권을 모두 가진 막강한 권력 집단이다. 세계적으로도 보기 드문 케이스다.[148] 이런 제도에서는 일단 검찰의 기소만으로도 당사자는 여론에 의해 '범죄자'라는 낙인이 찍히며, 기나긴 재판 과정 자체도 당사자의 인생을 피폐하게 만든다.*

서울시 공무원 간첩 조작사건에서 볼 수 있듯이, 검찰의 기소가 증거 조작에 의한 억지 기소였음이 대법원 판결에서 밝혀지자 검찰이 다른 죄목으로 보복 기소를 한 일도 있다.** 이러다

---

* 대선 기간 윤석열 후보는 2021년 10월 서울대 학생들과 만난 자리에서 다음과 같이 말했다 "여러분이 만약 기소를 당해 법정에서 상당히 법률적으로 숙련된 검사를 만나서 몇 년 동안 재판을 받고 결국 대법원에 가서 무죄를 받았다고 하더라도 여러분의 인생이 절단난다. 판사가 마지막에 무죄를 선고해서 여러분이 자유로워지는 게 아니다. 여러분은 법을 모르고 살아왔는데 형사법에 엄청나게 숙련된 검사와 법정에서 마주쳐야 된다는 것 자체가 하나의 재앙이다. 검찰의 기소라는 게 굉장히 무서운 것이다. 그래서 함부로 기소하지 않고, 기소해야 될 사안을 봐주지 않는 것이 정말 중요하다."

** 2013년 1월 검찰이 탈북민 출신 서울시 공무원이었던 유우성을 간첩 혐의로 기소했으나, 2015년 10월 대법원은 '증거 조작'으로 무죄를 선고했다. 이에 검찰은 다시 유 씨를 외국환관리법 위반으로 기소했고, 2021년 10월 대법원은 이를 검찰의 '공소권 남용'이라 인정하며 공소를 기각했다. 그러나 유우성 씨는 8년이 넘는 재판 과정을 거쳐야 했고, 몇 건의 '별건 수사'로 벌금형과 집행유예형 등을 받았다.

보니 특히 특수부나 중수부 수사처럼, 검찰이 인지해서 기소한 사건의 무죄율이 일반 사건보다 월등하게 높다.

["중수부 수사 무죄율, 일반의 27배"] (KBS, 2012. 10. 18.)

['검찰 인지 사건' 무죄율 일반 사건 5배] (경향, 2009. 6. 29.)

　검찰은 원래 수사하던 사안에서 유죄를 입증하기 어려우면 다른 사안으로 '별건 수사' 또는 '먼지떨이 수사'를 하기도 한다. 되도록 죄목을 많이 붙이기 위해서다. 여기서 한 가지라도 유죄 판결이 나오면 해당자에 대한 마녀사냥이 정당화된다. 비가 올 때까지 제사를 지낸다는 '인디언 기우제'처럼, '기우제'식 수사와 기소를 하고 있는 것이다.

　이렇게 막강한 권한을 가지고 마구잡이로 칼을 휘두르는 검찰이지만, 정작 자신들이 저지른 편법과 불법은 제대로 수사하거나 처벌하지 않는다. 2023년 뉴스타파와 3개 시민단체는 3년 5개월에 걸친 행정소송 끝에 검찰의 특수활동비 예산 자료를 받을 수 있었다. 그런데 검찰이 29개월 동안 사용한 292억 원 대부분에서 지급받은 사람과 사용 내역 등이 가려져 있었다. 심지어 '기밀 수사에 사용하기' 위한 특활비의 본래 목적과 달리 전체 지출분의 절반이 넘는 돈이 매달 월급처럼 정기적으로 집행된 것으로 확인됐다. 이는 2017년 특수활동비로 검사들에게 돈 봉투를 돌린 사실이 드러나 면직 처분을 받았던 이영

렬 전 서울중앙지검장의 면직 처분 취소 소송 1심 판결문에서
도 확인할 수 있다. 세금을 이렇게 부실하게 관리하며, 회식비
나 명절 떡값으로 사용한 정황이 있는 검찰이 시민단체의 회계
장부를 들춰 몇 천 원, 몇 만 원까지 기소하는 장면은 우리나라
사법 잣대가 얼마나 자의적인지 잘 보여준다.

자기 눈의 들보는 못 보면서 남의 눈의 티끌만 문제 삼는 정
치검찰의 억지 기소, 보복 기소, 기우제식 별건 수사를 통한 정
치적 기소를 막으려면 수사권과 기소권을 분리하는 방법이 효
과적이다. 경찰이나 '수사청'과 같이 수사를 전담하는 별도의
기관에서 영장 청구권을 갖고 문제가 되는 사안을 집중 수사하
고, 검찰은 기소와 공소 유지만 담당한다. 이에 따라 검찰수사
관 조직도 검찰 조직에서 아예 분리한다.[149] 또한 무리한 기소
를 강요하는 상명하복의 검찰 조직 문화를 바꾸기 위해 검찰
인사제도와 감찰 개혁, 특수활동비 삭감 및 집행의 투명성 확
보, 사건 배당 제도 개선, 직장협의회 설치 등 검찰 내부 개혁
도 병행한다.[150] 이렇게 되면 별건 수사나 억지 기소를 통한 검
찰의 정치화를 막을 수 있고, 억울한 피해자가 생길 여지도 상
당 부분 줄일 수 있을 것이다.

검찰발 여론 조작을 막는 방법

수사권과 기소권을 쥔 검찰 권력이 낳은 문제
가운데 하나가 '피의 사실 공표를 통한 여론 만들기'다. 특히

"특수수사는 여론의 지지를 받아야 소환 조사나 영장 발부가 용이해지기 때문에 검찰은 언론에 피의 사실을 흘려 피의자에 대한 국민적 공분을 유도함으로써 수사의 동력을 확보하는" 게 관행으로 자리 잡았다.[151]

> "특수수사란 결국 이미지 싸움, 프레임 싸움이다. 피의자들의 도덕성을 허물면 그들을 단숨에 무장 해제시킬 수 있다. 증거를 인멸하고 있다는 프레임이 한번 만들어지면 누구도 피의자들 옆에 다가서지 못한다. 고양이를 죽이는 것은 팩트(사실)가 아니라 뉘앙스다."[152]

이러한 검찰의 여론 조성은 법조 출입 기자를 통해 이루어진다. 다수의 검찰 출입 기자들을 심층 인터뷰했던 박영흠 교수는 이러한 검찰의 여론 만들기가 다른 출입처와는 다른 법조 기자들의 특수성에 기인한다고 분석했다. 법조 기자단은 "다른 출입처에 비해 정보의 비대칭성이 지나치게 크고 그로 인해 취재원과 기자 사이에 '갑을관계'가 형성"된다.[153] 그래서 "검찰 출입기자들은 검찰의 말에 대해서는 무의식중에 신뢰를 보내며 검찰에 일방적인 권위를 부여하고 검사와 피의자를 형사소송의 양쪽 당사자나 대등한 관계로 인식하지 않는 경향을 보이고 있다."[154] 따라서 기자는 피의자가 주장하는 논지를 파악하기보다는 검찰의 주장을 입증하는 인터뷰나 증거를 취재하는

데 집중하기 쉽다. 이 과정에서 피의자에 대한 마녀사냥이 이루어진다.

"검찰이 정보를 흘리는 사건들에서 기소한 사실이 모두 유죄로 인정되는 경우는 드물다. 하지만 검찰이 흘린 피의 사실이 언론에 보도되면 공판에서 다투어 확정되기 전에 이미 여론 재판에서 범죄 사실이 된다. … 재판이 시작되기도 전에 여론 재판에서 유죄로 인정되면 수사기관의 유죄 확증 편향이 강화되고 수사의 객관성과 공정성은 사라진다. 이로써 공정한 수사와 재판의 원칙, 무죄추정의 원칙이라는 헌법상 원칙까지 무너질 위험이 있다."[155]

이런 구조에서 검찰발 오보와 왜곡된 여론이 만들어진다. 그 와중에 검찰발 오보로 기자가 상을 받는 경우도 있다.

"검찰 출입하면서 되게 놀랐던 부분은 뭐냐면 오보가 너무 많아요. 그런데 … 오보가 이렇게 많이 인정받는 곳이 없어요. 심지어 오보로 그냥 기자상 받는 경우도 봤어요. … 뭔가 제목이 맞고, 방향이 맞으면 그냥 특종으로 인정해줘요."[156]

검찰과의 친밀도가 높을수록 기자는 더 많은 검찰발 특종이나 '단독' 정보를 얻을 수 있다. 그 결과 언론과 검찰의 유착 관계는 더 심해진다.

19장 검찰은 이렇게 바꾸자

"법조인들은 '차 마시는 사이, 밥 먹는 사이, 술 마시는 사이가 다 다르고' 단계를 뛰어넘을 때마다 제공되는 정보의 질이 달라질 만큼 사람을 잘 믿지 않는 특유의 폐쇄적 분위기가 있다. 그래서 유능한 법조 기자는 '신뢰가 쌓인 취재원을 많이 보유하고 있는 기자'다."[157]

검찰은 출입 기자에게 수사 정보를 흘려주면서 여론을 자신에서 유리하게 만들고, 언론사는 검찰에 협조해주는 대가로 국민의 관심을 끄는 뉴스를 안정적으로 확보하고 단독 보도를 통해 자신의 영향력을 키우는 거래 관계가 형성되는 것이다. 이렇게 '개인적 친분'을 쌓아 만들어진 검찰과 언론의 유착 관계는 피의자에게 불리한 기사를 양산하는 결과를 낳을 수밖에 없다.

따라서 우선 현행법에 명시된 '피의 사실 공표 금지'에 관한 실질적인 제한과 처벌이 필요하다. 검찰은 스스로를 처벌할 수 없으므로, 공수처 같은 다른 기관이 강력하게 처벌해야 한다. 또한 "법원과 검찰의 정보 공개가 지금보다 훨씬 투명하고 광범위한 수준으로 이뤄진다면, 기자들이 굳이 음성적으로 정보를 얻어야 할 유인도 사라질 것이다."[158] 지금은 "검찰의 수사 정보는 물론이고 선진국에서는 누구나 손쉽게 열람·복사할 수 있는 소송 기록과 판결문마저 한국에서는 공식적 방법을 통해 구하기 어렵다."[159] 검찰과 법원의 정보 공개가 투명한 방법으로 확대된다면 "피의 사실 공표와 보도 문제도 상당 부분 해결이 가능하다. 또 법조 기자단이 누리는 배타적 혜택도 크게 줄어들기 때문에 기자실의 폐쇄성이나 기자단 가입·운영과 관련된 논란도 상당 부분 불식될 수 있다."[160]

결국 수사권과 기소권의 분리, 피의 사실 공표 금지, 투명한 정보 공개가 이루어지면 검찰과 언론 카르텔이 주도하는 마녀사냥을 효과적으로 예방할 수 있다. 이 세 가지 과제를 실현하려면 사법 제도 개혁에 관한 국회의 입법 활동과 함께 행정부와 사법부의 실행력도 뒤따라야 한다. 덧붙여 단기적으로 실행 가능한 방안으로 공수처의 인력과 예산을 대폭 강화해 검찰의 억지 기소나 피의 사실 공표에 대한 견제가 이루어지게 하는 것도 반드시 추진돼야 할 과제라고 할 수 있다.

중요한 것은 마녀사냥의 되풀이를 막는 것

중세 마녀사냥에서 마녀로 지목된 사람은 물속에 던져졌다. 가라앉으면 무죄가 됐지만 떠오르면 마녀로 판명돼 화형에 처했다. 무죄도 죽음, 유죄도 죽음이었다. 오늘날의 마녀사냥은 수단과 행태만 달라졌을 뿐 권력을 공고히 유지하기 위해 희생양을 만든다는 본질에서는 별 차이가 없다.

윤미향과 정의연이 겪은 마녀사냥에서 한국사회의 구체적인 역사적 맥락과 정의연이 건설해온 운동의 의미에 대해서 살펴봐야 했다. 다시 확인하지만 이 사태에는 많은 사람을 흔들리게 한 중요한 혼동이 있었다. 사람들은 '모든 것을 떠나서 이용수 할머니가 고발한 사실은 남는다'고 생각했다. 일본군 '위안부' 피해당사자의 고발을 무시할 수는 없다는 말이다. 하지만 이용수 할머니 기자회견의 핵심은 '위안부 문제 해결해준다고 하더니 혼자 국회의원이 됐다'는 오해와 서운함이었다. 기자회견에서 윤미향과 정의연에 대한 구체적인 '고발'은 존재하지 않았다.

　문제는 그 기자회견 이후에 벌어진 사태의 전개와 발전이었다. 족벌·상업 언론은 기다렸다는 듯이 이를 빌미 삼아 수많은 '아니면 말고' 식의 의혹들을 제기하기 시작했다. 익숙한 '보수단체'들이 등장해 윤미향 의원과 정의연을 고소·고발했고, 검찰은 이를 근거 삼아 여러 번 압수수색을 벌였다. 그러자 이용수 할머니는 "난 뭐가 뭔지 잘 모르겠다. 그(기자회견) 뒤로 (의혹들이) 너무 많이 나왔더라"(한국, 2020.5.21.)라고 했다. 즉 이용수 할머니가 뭔가 비리를 알고서 고발을 한 것이 아니라, 언론이 수많은 기사를 쏟아내고 검찰이 수사를 하니까 '뭔가 있으니까 그런 게 아니냐' 하고 되물었던 것이다.

　이용수 할머니의 문제 제기는 시민단체나 피해자-연대자 간의 관계에서 흔히 있을 수 있는 내부적 오해나 갈등이라고 할 수 있다. 누구라도 그러하듯이 인간관계는 항상 좋을 수 없고 오해, 갈등, 감정적 대립 등은 불가피하다. 문제의 핵심은 그것을 계기로 삼고 이용하면서 시작된 검찰-언론의 거대한 마녀사냥이었다. 주요 언론들은 검증되지 않은 보도를 통해서 윤 의원을 난도질하기 시작했다. 수십 년간 일본의 전시 성범죄에 맞서 피해자와 헌신적으로 연대해온 사람이 순식간에 '파렴치한 횡령범'으로 둔갑했다. 오랜 세월의 헌신과 성과는 한순간에 누더기가 됐고, 피해자와 연대자의 인간적 관계는 이간질당하고 파괴됐다.

여기에는 누군가를 표적으로 정해서 자극적이고 선정적인 속보, 단독, 특종 경쟁 속에 실검에 올리고, 영혼까지 탈탈 털면서 사람들의 관심을 끌어 단기간에 클릭수를 높이고, 그것이 수익으로 연결되는 족벌·상업 언론들의 수익 구조가 전제되어 있다. 이 나라의 족벌·상업 언론들을 보면 마치 먹잇감을 찾아다니는 하이에나 같을 때가 많다. 이처럼 부패하고 파렴치한 언론과 정치적 목적을 위해서 표적 수사와 표적 기소를 하며 특정 개인을 공격하는 정치검찰이 공조해 마녀사냥을 만들었다. 여기에 다시 지식인과 전문가들이 가세하고, 극우단체의 고소 고발까지 이어지면서, 족벌·상업 언론과 정치검찰의 마녀사냥이 상승작용을 일으켜 가속화됐다.

결국 손영미 소장의 비극적 선택이 있었고, 윤미향의 의정 활동 4년은 끝없는 마녀사냥과 고통으로 얼룩졌다. 이에 앞서 노무현 전 대통령이 죽음에 이르는 과정, 종북몰이와 통합진보당 강제해산 과정, 노회찬 의원이 죽음으로 내몰린 과정, 2019년의 조국몰이 등이 유사한 경로와 과정을 거치며 끔찍한 결과를 낳았다. 최근인 2023년 이선균 배우의 비극적 선택까지 모두 비슷한 패턴이었다.

그때마다 우리는 손을 놓고 팔짱 낀 채로 관망한 것은 아닌지 돌아봐야 한다. 언론과 권력기관이 누군가를 조리돌리며 사냥할 때, 그 사람이 겉으로 보이는 것과 완벽히 일치하는 사람이었는지, 인간적 결함이 있는지 없는지나 따지지 않았는지 돌아봐야 한다. 침묵하고 방조하다가 소중한 이들을 잃고서 뒤늦게 후회하지 않았는지 곱씹어야 한다. 나아가 마녀사냥의 메커니즘을 파악하고 이를 막을 수 있는 방법을 찾아야 한다. 이것이 중요한 이유는 마녀사냥은 기득권 체제와 구조를 유지하는 데 매우 결정적인 역할을 하기 때문이다.

> "마녀 광란은 가난한 자와 무산자들의 저항운동의 가능성을 박탈하고 이웃끼리 서로 싸우게 하며 모든 사람을 소외시키고 공포에 몰아넣었으며 불신을 고조시켰고 무기력하게 했다… 이렇게 해서 마녀 광란은 가난한 자들에게서 부의 재분배와 사회계급 타파를 요구할 수 있는 능력과 교회 및 사회제도에 대결할 수 있는 능력을 점점 더 박탈했다… 마녀 광란은 사회특권층의 마법적 총탄이었다."[161]

이러한 문제의식에서 2020년 윤미향 마녀사냥의 경험을 돌아보면서 그 메커니즘과 작동 방식을 분석하며 교훈과 과제를 찾아내려는 이 책의 목표가 어느 정도 이루어졌길 기대한다. 누가 마녀사냥의 다음 표적이 될 것인지 걱정하는 것보다 더 중요한 것은 언제든 다시 시작될 마녀사냥에 함께 맞서며 비극의 되풀이를 막는 것이다.

부록

위안부 운동의 역사
윤미향과 돈 문제에 대해

부록 1
위안부 운동의 역사

끌려간 소녀들

일본군은 2차 세계대전 중에 식민지와 점령지 여성들을 동원해 세계 역사에 유례가 없는 군대 위안소를 운영했다. 대다수 취업 사기, 유괴, 납치 등을 당해 위안부로 끌려간 당시 여성들의 나이는 11세에서 27세 사이였다.

1945년 일본의 패전과 함께 일본군은 일본군 성노예로 끌려간 여성들을 현지에 그대로 두고 철수하거나 살해했다. 목숨을 구해 어렵게 고향으로 돌아온 여성들은 위안소에서 당한 육체적·심리적 후유증을 안고 살아야 했고, 주위의 차가운 시선과 편견, 차별과 냉대를 견디며 긴 세월을 암흑의 침묵 속에 살아야만 했다.

2차 세계대전이 막바지로 치닫던 1943년, 윤정옥은 이화여전 1학년이었다. 조선총독부는 1학년 여학생들을 강당으로 불러 모아 '정신대 자원서'를 쓰게 했다. 윤정옥은 학도병과 결혼한다는 핑계로 학교를 자퇴한 뒤 고향으로 피신했다. 해방 뒤 학교로 돌아온 윤정옥은 '정신대'로 끌려간 소녀들이 돌아오지 못하고 전쟁터에서 '몹쓸 짓'을 당했다는 말을 들었다. 영문학자이자 이화여대 교수가 된 윤정옥의 뇌리에는 '돌아오지 못한 소녀'들이 지워지지 않고 늘 남아 있었다. 그러던 어느 날, 일본 언론에 소개된 배봉기 할머니의 기사를 보고 일본군 '위안부' 문제에 천착하게 된다.[162]

"전쟁터에서의 '일'이 부끄러워 고국으로 돌아갈 수 없었다"

충남 예산이 고향인 배봉기 할머니는 어린 시절 가난한 집안 형편으로 온 가족이 뿔뿔이 흩어져 살아야 했다. 식모살이를 하던 할머니는 '여자 소개인'의 말에 속아 일본 오키나와로 연행됐고, 다른 조선인 여성 6명과 함께 성노예가 될 것을 강요받았다. 할머니는 일본이 패전한 뒤에도 고향으로 돌아오지 않았는데, "전쟁터에서의 '일'이 부끄러워 고국으로 돌아갈 수 없었다"고 말했다.

1972년 5월, 일본 패전 이후 미국의 통치 아래 있던 오키나와가 일본 본토로 복귀했다. 이 일은 배 할머니가 자신이 일본군 위안부였음을 밝히는 계기가 됐다. 오키나와의 시정권을 회복한 일본 정부가 1945년 8월 15일 전에 일본에 입국한 사실이 확인되는 오키나와현 거주 조선인들에게 특별 영주를 허가한다는 조처를 발표했기 때문이다. 단, 신고 기간을 3년으로 제한했다.

배 할머니는 정규교육을 받지 못한 탓에 일본어와 우리말 둘 다 읽고 쓰지 못했다. 서류를 내지 못해 강제 추방의 공포에 시달리던 배 할머니는 예전에 함께 일했던 식당 주인에게 자신이 위안부로 오키나와에 와서 지금까지 살아왔다는 이야기를 털어놓았다. 식당 주인은 할머니의 사연을 담은 탄원서를 오키나와현 입국관리사무소에 제출했다. 그 결과 할머니는 추방당하지 않고 특별 영주 자격을 얻을 수 있었지만, 1975년 10월에 일본 언론이 배 할머니의 사연을 기사로 쓰면서[163] 감추고 싶었던 쓰라린 개인사가 세상에 알려지게 됐다.

그때까지만 해도 일본군 '위안부'의 존재는 거의 알려지지 않은 상황이었다. 배봉기 할머니의 기사를 읽은 윤정옥 교수는 몇 년 뒤 기사가 실린 신문을 들고 무작정 배 할머니가 산다는 오키나와에 찾아갔다. 주소도, 배 할머니의 생존 여부도 모른 채 헤매던 윤 교수는 극적으로 할머니를 만날 수 있었다. 하지만 당시 배 할머니는 '위안부' 생활로 인한 여러 정신질환에 시달리고 있었다.

배봉기 할머니를 면담하면서 '위안부' 문제를 알게 된 윤 교수는 사비를 털어 일본군 '위안부' 실태조사에 나섰다. 해외 실태조사는 주로 여름·겨울방학을 이용했다. 어떤 대가나 명예를 바라고 한 일이 아니었다. 그러던 중 한국 여성운동의 '대모'인 이효재 전 이화여대 교수에게 일본인 기생관광 조사에 한창이던 여성학자들을 소개받았다. 윤 교수는 그들과 일본군 '위안부' 문제 답사팀을 구성해 일본 규슈의 여러 지역, 또 홋카이도, 도쿄, 사이타마현 등과 파푸아뉴기니 등지를 다니며 피해자들의 증언을 모았다. 그리고 1988년, 제주도에서 '여성과 관광문화'를 주제로 열린 국제 세미나에서 그 결과를 발표했다.

윤정옥 교수는 세미나에서 발표한 일본군 '위안부' 피해자 실태조사를 1990년 1월 4일부터 한겨레신문에 '정신대 취재기'로 연재했다. 그해 11월에 37개 여성단체가 연합하여 정신대문제대책협의회(정대협)를 출범시켰고, 1991년 8월 14일에는 고 김학순 할머니가 국내에서는 처음으로 공개 기자회견을 통해 위안부 피해 증언에 나섰다.

이렇게 해방 이후 수십 년간 쉬쉬해왔던 일본군 '위안부' 문제가 비로소 한국 사회에 공론화됐다. 김학순 할머니 이후로 정대협에 신고 전화가 설치되었고, 피해자들이 하나둘 나타나기 시작했다.

일본군 '위안부' 피해자에서 여성 인권 운동가로

김학순 할머니는 1924년 중국 만주의 길림성에서 태어났다. 독립운동을 하던 아버지를 따라 만주를 떠돌다

1941년 아버지가 돌아가신 뒤 양아버지가 일본군에 넘겨 만주에서 '위안부' 생활을 하게 되었다. 그 후 한국 상인의 도움으로 탈출하여 1946년 귀국한 후 결혼해 가정을 꾸렸으나 한국전쟁 때 남편을 잃었고, 이후 어린 아들도 익사 사고로 잃었다. 행상과 파출부 생활을 하며 지내던 할머니는 1990년 6월, 일본이 군 위안부 문제에 관여하지 않았다고 발표하자 분노에 찼다.

"내가 결심을 단단하게 했어요. 아니다, 이것은 바로잡아야 한다. 누가 나오라고 말한 것도 아니고 내 스스로…." '증거를 대라'는 이들에게 김 할머니는 "살아 있는 내가 바로 증거"라고 했다. 김 할머니는 "위안부로 고통받았던 내가 이렇게 시퍼렇게 살아 있는데 일본은 위안부를 끌어간 사실이 없다고 하고 우리 정부는 모르겠다 하니 말이나 됩니까"라고 말했다.[164]

한편 김복동 할머니는 일본군 '위안부' 인권운동에서 빼놓을 수 없는 상징적인 인물이다. 경남 양산이 고향인 김 할머니는 만 열네 살에 동네 구장과 반장, 일본인에게 속아서 공장에서 일하는 것으로 알고 위안부로 끌려갔다고 한다. 그는 1992년에 자신이 피해자임을 밝히고, 1993년 유엔인권위원회에 일본군 위안부 피해자로서 처음으로 본인이 겪은 위안부 피해 사실을 증언했다. 이후 미국, 일본, 유럽 등 세계 곳곳을 돌며 일본군 위안부 피해 사실을 증언했다. 그리고 김복동 할머니는 길원옥 할머니와 함께 2012년 3월 8일 세계 여성의 날을 맞아 전시 성폭력 문제로 고통받는 세계 여성들을 돕기 위한 '나비기금'을 출범하기도 했다.

2019년에 세상을 떠난 김복동 할머니는 일본의 진정한 사죄와 제대로 된 배상을 통한 일본군 '위안부' 문제 해결뿐 아니라 현재도 분쟁 지역에서 자행되고 있는 전시 성폭력 문제를 해결하기 위해 노력하는 평화 운동가이자 여성 인권 활동가였다.

이용수 할머니는 1928년 대구에서 태어나 1944년 타이완의 일본군 위안소로 끌려갔다가 1946년 고향으로 돌아왔다. 위안부 피해자들이 다들 그랬듯이 이용수 할머니도 자신의 과거를 드러내는 것이 수치스러웠을 것이다. 김학순 할머니의 증언에 용기를 얻은 이용수 할머니는 1992년 위안부 피해자 신고를 받던 정대협에 전화를 걸어 "내가 아니라 친구가 피해자인데…"라며 과거를 감추고 살아야 했던 자신을 세상에 드러냈다. 그때 전화를 받은 정대협 간사가 윤미향이다

이용수 할머니는 김학순, 김복동, 길원옥 할머니와 함께 일본의 성노예 전쟁 범죄를 국제 사회에 알리는 데 큰 족적을 남겼다. 2007년 2월에 미 의회에서 처음 열린 위안부 피해 관련 청문회에서 할머니는 성노예 실상 등 일본군의 반인륜적 전쟁 범죄를 증언했다. 할머니의 증언에 힘입어 미 하원은 2차 세계대전 당시 일본군의 위안부 강제 동원과 관련하여 일본 정부에게 공식적이고 분명한 인정과 사과, 역사적 책임을 요구하는 결의안(121호 결의안)을 만장일치로 통과시켰다. 영화《아이 캔 스피크》는 이용수 할머니의 일화를 소재로 제작한 영화다.

수요시위, 세계에서 가장 긴 시위

김학순 할머니의 공개 증언을 시작으로 피해자들의 신고 전화가 이어지고, '위안부' 문제를 입증하는 자료들도 속속 드러나기 시작했다. 하지만 일본 정부는 책임을 회피하고 역사적 사실을 은폐하려는 망언을 계속했다. 정대협은 이런 일본 정부를 압박하는 방안으로 정기적인 시위를 벌이기로 결의했고, 당시 미야자와 기이치 일본 총리의 방한을 앞둔 1992년 1월 8일 수요일에 일본 대사관 앞에서 항의 시위를 벌였다. 이 시위를 시작으로 매주 수요일마다 집회를 열어 '진상 규명과 공식 사죄, 법적 배상의 책임'을 외치고 있다. 공식 명칭은 "일본군 '위안부' 문제 해결을 위한 정기 수요 시위"다. 수요집회는 1995년 고베 대지진이 있었던 한 주를 빼고는 비가 오나 눈이 오나 쉬지 않고 이어졌고, 세계 최장기 정기 시위로 널리 알려져 있다. 수요시위는 한국뿐만 아니라 일본, 미국, 영국, 독일, 프랑스, 호주, 뉴질랜드, 캐나다, 폴란드, 남아프리카공화국, 필리핀, 태국, 미얀마 등 세계 곳곳에서 열려 과거를 반성하지 않는 일본의 우익에게는 가장 두렵고 불편한 평화 행사가 되었다.

윤미향과 돈 문제에 대해

이 글은 윤미향 의원에 대한 마녀사냥이 절정에 치닫고 있던 2020년 5월 21일에 홍윤신 일본 오사카경제법과대 교수가 자신의 페이스북에 올린 글이다. 홍 교수는 일본군 위안부 문제를 오랫동안 연구해온 학자다. 윤미향 의원이 비리와 횡령을 저질렀다는 의혹을 반박하기 위해 이 글을 올리면서 홍윤신 교수는 "어느 언론사든 허가 필요 없습니다. 가져다 쓰십시오"라고 했지만 어떤 언론도 이 글에 주목하거나 가져다 쓰지 않았다.

1975년 위안부임을 밝힌 배봉기 할머니가 한국 사회에 알려진 것은 몇 해 되지 않았다. 아니 일본 사회에서도 그녀는 1991년 자신의 아픔을 말한 김학순 할머니와는 대조적으로 알려지지 않았다. 나는 이런 차이가 나는 까닭은 이 증언을 들을 사회적인 기반, 즉 듣는 자의 문제이기도 했다고 생각한다. 전자의 배봉기 할머니는 불행히도 오키나와라는, 일본과는 분리돼 미군정 하에 놓여 있던 토지에서 살았고, 미군정에서 일본으로 복귀하는 즉시 외국인으로 강제 추방당할 위기 속에서 자신이 위안부임을 말할 수밖에 없는 상황이었다.

한국 사회는 군사독재 하의 엄혹한 정치 현실 안에 있었지만 직접적으로 그녀와 연대할 수 없었던 또 다른 이유 중 하나가 분단 현실이었다. 오갈 곳 없는 이 여성을 도와준 사람은 조선총련 오키나와 지부의 일꾼이었던 김수섭, 김현옥 씨 부부였다. 여성운동의 발전에 특히 정신대문제대책협의회의 발전이 이야기되지만, 더 중요한 것은 초기 정대협의 멤버 윤정옥을 비롯해 많은 활동가들이 분단 이데올로기로 피해 여성을 대하지 않았다는 점에 있다.

윤정옥은 80년과 88년에 오키나와를 방문했고 배봉기 할머니를 만났으나, 초기에 조선총련의 도움을 받은 배봉기 할머니를 만나는 것조차 정부 차원의 방해를 받았다. 윤정옥은 오랜 시간 공적 자금을 받는 것을 경계해왔다고 이야기했는데, 한국 정부의 지원을 받으면 나중에 어떤 방식으로든 조사, 진상 규명, 이후의 협상까지 정대협이 가진 피해자 중심주의에 간섭을 받게 될 것을 염려했기 때문이다. 한일 합의('2015 한일 위안부 합의')는 피해자 중심주의를 위해 가난을 감수했던 이 조직의 역사를 긍정하게 한다.

초기 정대협 선배들의 성명문을 보면, 긴 시간 동안 경제적 곤궁을 무릅쓰고 운동한 여성운동의 역사에 대해 생각하게 된다. 연일 보도되는 윤미향과 돈 문제 보도는 복잡한 심경을 가지게 한다. 개인적인 소회를 말하자면 … 내가 윤미향 전 대표를 전적으로 신뢰하게 된 점이 바로 그녀가 가진, 돈에 관한 이상한 비현실성 때문이다.

내가 그녀를 알게 된 2000년대부터 (윤미향은) 그 많은 강연 강사료를 꼬박꼬박 챙겨 자기 단체에 기부하곤 했다. 이유는 '상근 간사'임이 미안해서라고 했다. 처음 그 이야기를 들었을 때 나는 귀를 의심했고 정말 이 여자 뭔가 싶었다. 그녀는 초기 정대협 멤버들이 정부 간섭을 피하기 위해 공적 자금들을 철저히 거부했던 당시부터 일해온 몇 안 되는 상근 간사 중 한 명이었다.

윤미향은 대표가 된 이후 수요시위나 소녀상 건립 운동 등에서도 여러 가지 클라우드 펀딩을 기획하고, 마리몬느와 같은 자선단체와 연대했다. 이런 다양한 방식과 아이디어로 운동을 이어가는 모습은 여전히 돈 문제로 힘든 일본의 위안부 문제 운동단체에게도 '귀감'이 되었다. NGO를 해본, 아니 작은 정치운동이라도 해본 사람들은 결국 운동이라는 것이 이런 돈을 모으는 일이라는 것쯤은 상식으로 알고 있으리라.

20년도 더 된 이야기지만 윤미향이 상근 간사에서 대표가 된 이후까지 지속된 자기 단체, 자기 밑의 비상근 활동가들에 관한 과도하리만큼 강한 죄책감, 기부, 그것을 알았을 당시 내가 느꼈던 부끄러움은 말로 다 표현할 수가 없다. 이후에 나 역시 위안부 문제로 강연을 하게 될 경우 반드시 기부를 하고 있다. 억대의 돈이 연일 신문에서 보도되고 있는데, 정대협 상근 간사 여덟(명)과 그녀의 기부가 의미하는 바는 무엇인가? 검찰은 또 무엇을 어떻게 밝힐 것인가? 그들은 또 무엇을 밝히기 위해, 홀로 남은 위안부의 쉼터까지 검열의 잣대를 들이대는 것인가? 우리는 이 검찰을 통해 어떤 도덕성을 밝히고 싶은 것인가?

꼬박꼬박 기부한 강연료

작년 9월 끝까지 배봉기 할머니를 돌본, 오키나와 지부의 일꾼이었던 김수섭 선생님이 돌아가셨다. 당장 장례비가 없었다. 두 분 다 생활보호 대상자이고 납치 문제 이후 일본 사회 내에서 엄혹해진 조선 국적자에 관한 편견과 생활의 어려움은 고스란히 이 두 분들 몫이었다.

오키나와의 위안소 연구자인 나는 이분들의 곤궁을 잘 알고 있었다. 긴장됐다. 두 분들과 친분이 없더라도 오키나와 위안부 문제에 관심이 있던 연구자에게 모두 전화를 돌려 돈을 모았다. 윤미향도 내가 전화를 돌린 한 명이었으나, 역시 그녀의 돈 관념은 달랐고 그것이 나를 울게 했다. 정대협 이름으로 기부를 받기로 했는데, 또 한 번 전화가 왔다. 자기 이름으로 따로 몇 만 엔을 김현옥 선생님께 직접 전달해달라는 것이다. 장례식 비용이 너무 빡빡해서, 장례를 다 치르고 나서 김현옥 선생님의 식비가 없을까 봐 챙긴 것이었다. 그녀는 돈이 다 빠져 나간 이후 외롭게 남아 있을 사람을 상상할 수 있는 … 그토록 많은 위안부들의 장례식장을 지킨 사람이다.

긴 세월 정대협의 재정 환경은 어려웠고, 정의연으로 새로 운동을 시작한 배경에 재정 문제가 포함돼 있다고 생각한다면 … 운동단체의 재정 문제를 다룰 때 방만한 운영(?) 혹은 영수 증(?) 같은 걸 요구하는 것이 아니라 다양한 방식의 문제 제기 가 가능하지 않을까?

30년 이상 활동을 지속해온 이 운동단체가 왜 초기에 그토 록 정부 보조금을 거부했었는지를 한국 사회가 위안부 문제를 다뤄온 역사와 함께 검토해보는 건 중요한 주제가 될 수 있다. 인권운동 전반의 국가 기금 운용의 실과 허에 대해서도 논할 수 있다. 건물 비용만 기부하고 나머지는 환수해버리는 기업의 '보여주기식' 기부 문화가 얼마나 많은 폐해를 낳고 있는지 점 검할 수 있으며, 사회적 약자를 위한 기부금 가운데 '안 받고 말 지…'라는 자포자기의 심정을 낳게 하는 기부금이 얼마나 많은 지도 점검할 수 있다.

정의연은 5월 21일 새벽 5시경까지 검찰의 조사(압수수색)를 받았다. 얼마 전까지 국회의원들이 때만 되면 드나들던 그 쉼 터에, 아무도 관심조차 갖지 않았을 때부터 정의감 하나로 그 자리를 지킨 상근자 한 분과 할머니 한 분이 계신 마포의 그 작 은 쉼터가 이제 언론의 무자비한 의혹 제기 기사들 때문에 '방만한 조직운영'을 하는 단체의 공간으로 취급됐다.

한 명의 위안부가 외롭게 사는 공간 자체에 대한 상상력조차 없는 당신이, 죽어나간 단 한 명의 위안부를 위해 만 원 한 장 낸 적이 없는 당신이, 윤미향을 향해 영수증 요구를 뻔뻔하게 하는 그 소소한 입질을 더 이상 참을 수가 없다. 내게는 세계적 위안부 운동의 폄훼보다 정의연을 방만한 운영을 한 단체로 몰아가는 여론이 더 분노스러운 것이다.

나는 윤미향의 시간을 믿는다. 믿은 만큼 엄중히 물을 것이다. 그러나 정부와 시민, 언론조차도 한순간에 돌팔매질을 할 수 있는 운동이 이 운동이다. 30년은 누가 돈을 쥐어준다고 해서 버틸 수 있는 그런 시간이 아니다. 버티길 바란다.

덧붙임: 김수섭 선생님 장례식 비용 모금. 당시 나는 일본에 있었기에 나는 내가 가진 돈을 정대협 이름으로 기부를 했고, 이후 윤미향이 자신의 이름으로 기부해달라고 한 것까지 일단 내가 먼저 드리고 나중에 받았다. 한국에서 윤미향이 기부금을 주었을 때, 차마 받을 수 없어서 김복동 기금과 제주도에서 어렵게 운동하는 운동단체에 기부해달라고 부탁했다.

나는 정대협 이름으로 기부된 수많은 평화 운동의 기부금들, 직접 위안부 문제와 상관없으나 어렵게 일하는 작은 평화 운동 단체에 기부한 것이 조직 차원이 아니었다고 충분히 상상하는 한 사람이다. 내가 정대협과 윤미향에게 받은 돈을 제주도에 기부한 것처럼 … 사회의 각지에서 어렵게 운동하는 평화 운동 단체에, 자기 이름이 아닌 조직의 이름으로 기부한 … 수많은 문제의식의 발자취였을지 모른다고 어렵지 않게 상상한다. 이 기부금들에 영수증을 달라고 요구하는 이 사회는 정상일까?

부록 2

주석

1 강경란, 〈정의연 오보·왜곡보도, 피해구제는 가능한나〉,《'정의연 오보 사태' 언론에 무엇을 남겼나 토론회 자료집》, 2013.5.31., 44-45쪽.

2 "일본이 경계하는 윤미향 후보" 조선일보 기사 삭제, 미디어오늘, 2020.4.11.

3 정의연 마녀사냥의 함의, 박노자 개인 블로그, 2020.5.30.

4 17일간의 구타·성추행 그리고 자살시도, 오마이뉴스, 2004.12.22.

5 〈PD수첩: 부당거래, 국정원과 日 극우〉, MBC, 2021.8.10.

6 오태규, 〈정의연 오보 사태의 배경과 우리 사회에 남긴 과제〉,《'정의연 오보 사태' 언론에 무엇을 남겼나 토론회 자료집》, 23쪽.

7 이용수 할머니 "정의연 운동 성과에 대한 폄훼는 안 돼 … 단체의 투명화로 국민들 공감 얻어야", 경향신문, 2020.5.13.

8 최용상 "민주당, 윤미향 영입하려 날 뺐다"… 공천 불만 제기, YTN, 2020.5.14.

9 가자평화인권당·가자환경당, 더불어시민당 비례 배제 반발, KBS, 2020.3.23.

10 〈시사직격: 언론, 비틀거리다〉, KBS, 2020.10.23.

11 조선희, 〈쟁점별로 짚어본 정의연 보도 실태와 문제점〉,《'정의연 오보 사태' 언론에 무엇을 남겼나 토론회 자료집》, 14쪽.

12 엘리자베스 노엘레 노이만, 김경숙 옮김,《침묵의 나선》, 사이, 2016.

13 신문윤리위, 조선일보 '위안부 쉼터 고가 매입' 보도에 "주장에 가까워", 미디어스, 2020.7.3.

14 윤미향 단독 인터뷰 ①, 민중의 소리, 2023.2.21.

15 위 기사

16 신형철, 연민의 인간 공포의 인간, 경향신문, 2020.4.29.

17 〈김어준의 뉴스공장〉, TBS, 2020.5.28.

18 윤미향,《윤미향과 나비의 꿈》, 내일을여는책, 2023, 20쪽.

19 윤미향, 266쪽.

20 고든 올포트, 석기용 옮김,《편견》, 교양인, 2020, 377-378쪽.

21 고든 올포트, 325쪽.

22 고든 올포트, 376쪽.

23 리 하틀리 카터, 이영래 옮김,《너는 팩트에 끌리지 않는다》, 비즈니스북스, 2020, 236쪽.

24 윌 스토, 문희경 옮김,《이야기의 탄생》, 흐름출판, 2020, 180쪽.

25 윌 스토, 184쪽.

26 한스 로슬링 외, 이창신 옮김,《팩트풀니스》, 김영사, 2019, 73쪽, 294쪽.

27 김대수,《뇌 과학이 인생에 필요한 순간》, 브라이트, 2021, 50쪽. 뇌의 작동 원리 중 하나인 '동조화의 법칙'이다.

28 김대수, 42쪽.

29 조지 레이코프, 유나영 옮김,《코끼리는 생각하지 마》, 와이즈베리, 2015, 279쪽.

30 김대수, 77쪽, 79쪽.

31 강경란, 49쪽.

32 땀, 웃음… 윤미향 보도는 스토킹 수준, YTN, 2020.6.15.

33 단독 | 정의연 4년간 13억 국고 보조금 중 8억 사라졌다, 조선일보, 2020.5.15.

34 단독 | 윤미향, 여가부 심의위원으로 활동했다, 조선일보, 2020.6.16.

35 사설 | 사기성 계획서로 10억 타내고 기부·보조금 수십 억 누락하고, 조선일보, 2020.5.23.

36 정의연 "檢, 인권침해 중단하라" vs 검찰 "위법·부당한 내용 없어", 서울경제, 2020.7.17.

37 윤석열 "나랏돈 투입됐다, 정의연 모든 의혹 신속 규명하라", 중앙일보, 2020.5.26.

38 사설 | 검찰총장 "민주 허울 쓴 독재 배격" 검사들이 답하라, 조선일보, 2020.8.4.

39 尹 "정의연 사태로 공정 무너져"… 윤미향 방지법 통과 촉구, 중앙일보, 2022.1.25.

40 김재영·이서현,〈정의롭다는 착각: 검찰과 언론의 관행 분석〉, 한국언론정보학회 세미나, 2023.4.7.

41 "할머니들 뒤에서 쌈짓돈 챙긴 것 아니라면 기부금 공개해야", 조선일보, 2020.5.14.

42 배고프다 한 할머니에 "돈 없다"던 윤미향, 집 5채 현금으로만 샀다, 조선일보, 2020.5.25.

43 권영진 대권 도전설에… 대구시장 출마 리스트 돈다, 매일신문, 2020.6.28.

44 딸 미국 유학 보낸 윤미향 부부, 소득세는 5년간 640만 원, 조선일보, 2020.5.11.

45 정의연 기부금 장부서 사라진 2억 4000만원… 엉터리 회계 논란, 중앙일보, 2020.5.13.

46 김경율 "후안무치의 끝"… 윤미향 "고가 매입 아냐", 세계일보, 2020.5.18.

47 김경율 "정의연, 회계장부 내라했더니 원숭이·펭수 그려낸 꼴", 중앙일보, 2020.5.19.

48 경제민주주의21 "'위안부 운동 사유화' 안 돼…윤미향 사퇴해야", 조선일보, 2020.5.26.

49 김경율 "윤미향, 기존 입장 반복… '회계' 해명 전혀 없어", 머니투데이, 2020.5.29.

50 부정 수령액에 비해 횡령액 작고 딸 유학비·재산 출처 명확치 않아, 서울일보, 2020.9.15.

51 "윤미향 부부 세금 도둑… 檢 확정적 표현" 회계학자의 일침, 중앙일보, 2020.9.15.

52 윤미향 쫓는 김경율 "여가부, 당장 옷 벗어라"… 정의연 보조금 의혹 비판, 머니투데이, 2020.9.25.

53 김경율이 고발한다│수상한 지출 지적하자 쉬쉬… 돈 문제 흐릿한 '진보 호소인들', 중앙일보, 2022.2.28.

54 참여연대 집행위원장, 조국 지지 교수·변호사 등 겨냥 "위선자들… 구역질난다", 조선일보, 2019.9.29. 김경율 "조국 펀드, 수일간 밤샘 분석했더니 정말 심각한 문제", 중앙일보, 2019.10.1.

55 '화천대유'란 불구덩이에 이 남자가 뛰어든 이유, 조선일보, 2021.10.2.

56 김경율·서민 "대장동, '인허가권' 남용으로 횡령·배임한 사건", 시사오늘, 2022.12.3.

57 안혜리의 시선: 김만배의 삶, 김경율의 삶, 중앙일보, 2021.10.7.

58 시민 필버 나선 김경율 "검수완박 추진 민주당·정의당, 역사의 대죄인", 조선일보, 2022.4.29.

59 박유하가 고발한다│유시민 1년 구형 과하다? '제국의 위안부' 8년 재갈은 잊었나, 중앙일보, 2022.4.18.

60 위 기사

61 김명수·이성윤도 리스트 올렸다… '프로 고발러' 된 이종배, 중앙일보, 2021.2.12.

62 인터뷰|이종배 서울市의회 의원, 월간조선, 2022년 8월호.

63 "정의연 후원금 모집 못하게 하라" 시민단체 가처분신청, 조선일보, 2020.5.22.

64 "보수와 결탁한 프로 고발러냐고요?", 아시아경제, 2020.7.27.

65 바로 잡습니다|5월 25일자 조국 고발한 시민단체 대표, 與 비례 등록 땐 '운전기사' 기사, 한국경제, 2022.7.4.

66 김재명, "유대인을 죽여라!" 프랑스 폭민은 나치 돌격대의 예고편이었다, 프레시안, 2024.7.20.

67 에드워드 윌슨, 이한음 옮김,《인간 본성에 대하여》, 사이언스북스, 2017, 141-142쪽.

68 르네 지라르, 김진식 옮김,《희생양》, 민음사, 2007, 27쪽.

69 조너선 하이트 외, 왕수민 옮김,《나쁜 교육》, 프시케의숲, 2019, 178쪽.

70 르네 지라르, 67쪽.

71 조너선 하이트 외, 179쪽.

72 이경원,《감정 민주화》, 한울, 2021, 31쪽.

73 이경원, 130쪽.

74 이경원, 111쪽.

75 이경원, 181-182쪽.

76 조지 레이코프, 유나영 옮김,《코끼리는 생각하지 마》, 와이즈베리, 2015, 10쪽.

77 조지 레이코프, 279쪽.

78 김대수, 42쪽.

79 홍수, "기억의 불완전함: 내 기억은 얼마나 진짜 기억일까?"에서 참조, 한겨레 과학웹진 사이언스온, 2013.8.23.

80 "김봉현과 검사님들의 1도, 2부, 3빽"에서 참조, 퇴근 오 분 전, 브런치스토리, 2020.12.10.

81 '일폐, 이부, 삼공, 사백', 검사들이 수사 받는 네 가지 방법, 시사인, 2021.11.17.

82 리 하틀리 카터, 236쪽.

83 조지 레이코프, 281쪽.

84 리 하틀리 카터, 283쪽.

85 리 하틀리 카터, 288쪽.

86 리 하틀리 카터, 23쪽.

87 강경란, 43쪽.

88 리 하틀리 카터, 279쪽.

89 조지 레이코프, 278쪽.

90 김영욱, 〈언론자유의 패러독스와 시장 모델의 실패〉,《언론자유의 역설과 저널리즘의 딜레마》, 멀리깊이, 2022, 171쪽, 193쪽.

91 리 하틀리 카터, 125쪽.

92 윤미향, 74쪽.

93 유재웅,《위기 사회 대한민국, 생생한 사례 연구》, 커뮤니케이션북스, 2021, 16쪽.

94 강경란, 45쪽.

95 언중위 조정 신청 1위는 '정치인', 미디어스, 2023.6.19.

96 윤미향 의원께 드리는 사과문, 김두관 의원 페이스북, 2023.2.13.

97 엄기호,《고통은 나눌 수 있는가》, 나무연필, 2019, 189, 191, 198쪽.

98 이석기·김재연 의원 자격심사… 통진당 경선의 진실, 경향신문, 2013.3.22.

99 윤미향, 101쪽.

100 정혜신,《당신이 옳다》, 해냄, 2018, 109쪽.

101 조국,《조국의 시간》, 한길사, 2021, 10쪽.

102 조국, 279쪽.

103 윤미향, 102쪽.

104 강경란, 43쪽.

105 오태규, 25쪽.

106 윤미향과 정의연의 '언론 플레이'는 실패했다, 미디어오늘, 2020.5.26.

107 기자수첩: 윤미향을 말해야 하는 이유, 민중의소리, 2023.2.22.

108 김재현, 〈질문이 힘이다〉, 네이버 블로그 포비쌤의 교육 이야기, 2018.1.17.

109 나익주, 〈해제: 삶을 지배하는 프레임〉, 조지 레이코프, 312쪽.

110 조지 레이코프, 219쪽.

111 조지 레이코프, 280쪽.

112 조지 레이코프, 178, 186쪽.

113 마이클 샌델, 안진환 옮김,《정치와 도덕을 말하다》, 와이즈베리, 2016, 351-352쪽.

114 마이클 샌델, 13쪽.

115 로버트 쉴러, 박슬라 옮김,《내러티브 경제학》, 알에이치코리아, 2021, 438-439쪽.

116 조나 삭스, 김효정 옮김, 《스토리 전쟁》, 을유문화사, 2013, 49-50쪽.

117 채영길, 〈한국 언론은 어떤 민주주의를 희망하는가?〉, 《'정의연 오보 사태' 언론에 무엇을 남겼나 토론회 자료집》, 39쪽.

118 유족 동의 없는 조선일보 양회동 분신 장면 보도 출처는 검찰 CCTV, 미디어오늘, 2023.7.24.

119 엄경철 당시 KBS 보도국장 인터뷰, "KBS 검찰 출입처도 폐지⋯ 공판 중심주의로 가겠다", UPI뉴스, 2019.11.10.

120 오태규, 26쪽.

121 언론비상시국회의, 제67회 신문의날 성명서 〈윤석열 정부 들어, 언론이 더욱 부끄럽습니다〉 중 일부, 2023.4.7.

122 이정훈, 〈언론의 자유는 언론을 위한 특권인가, 모두를 위한 자유인가〉, 《언론 자유의 역설과 저널리즘의 딜레마》, 68쪽.

123 이정훈, 65쪽.

124 정권의 방송 장악 돕는 족벌언론들⋯ '언론자유의 역설', 시민언론 민들레, 2023.7.9.

125 이정환, 〈저널리즘 생태계 변화: 키워드 7〉, 《한국 언론 직면하기》, 자유언론실천재단, 2022, 107쪽.

126 팩트체크│미국서 허위 보도 하면 1천억 원 징벌 배상?, 연합뉴스, 2021.8.1.

127 대통령 풍자 영상 최초 제작자 "고발·압수수색으로 절망 빠져", 미디어오늘, 2024.4.22.

128 美 인권보고서 "한국, 명예훼손죄 적용해 표현·언론자유 제한", 연합뉴스, 2023.3.21.

129 한국 언론자유 지수 62위, 이명박·박근혜 정부 시절 회귀, 미디어스, 2024.5.3.

130 검, '명예훼손'으로 언론 길들이기?, 주간경향, 2023.10.9.

131 허순철, 〈영국의 명예훼손법 개정과 그 의미〉, 《공법학연구》, vol.16, 2015.

132 '사실적시 명예훼손죄' 합헌, 해외 사례는?, 뉴스로드, 2021.2.26.

133 이봉현의 저널리즘책무실│언론 바우처, 실험해보자, 한겨레, 2021.5.4.

134 김영욱, 182-183쪽.

135 건설금융 자본이 언론을 삼키고 있다, 미디어오늘, 2022.5.19.

136 이정환, 84-85쪽.

137 김영욱, 171쪽.

138 김영욱, 192쪽.

139 조항제, 〈한국 언론의 고질, 정파성과 그 극복 방안으로서 공정성〉, 《한국 언론 직면하기》, 150쪽.

140 배진아, 〈미디어 다양성 개념 재정립: 전문가 인식 분석〉, 《한국방송학보》, 2019.7., 139쪽.

141 데이비드 버킹엄, 조연하 외 옮김, 《미디어 교육 선언》, 학이시습, 2019, 129쪽.

142 원용진, 〈미디어 생태학적 관점에서 본 미디어 리터러시 교육〉, 《4차 산업혁명 시대의 미디어 리터러시 교육》, 지금, 2018, 31쪽.

143 데이비드 버킹엄, 49-50쪽.

144 김양은, 〈디지털 시민과 미디어 리터러시〉, 《한국 언론 직면하기》, 356쪽.

145 김양은, 379-381쪽.

146 박영흠, 〈법조 뉴스 생산 관행 연구〉, 《한국언론정보학보》, 통권 101호, 2020, 292쪽.

147 윤미향 2차 공판보고서, 윤미향 의원 블로그, 2022.2.22.

148 한상진 등, 《윤석열과 검찰개혁》, 뉴스타파, 2022, 8쪽 및 한동수, 《검찰의 심장부에서》, 오마이북, 2024, 33쪽 참조.

149 오병두, 후기 '검사들의 나라', 법치주의는 어떻게 왜곡되는가, 참여연대 사법감시센터, 2022.8.31.

150 임은정, 《계속 가보겠습니다》, 메디치미디어, 2022, 151쪽, 280쪽. 한동수, 220쪽.

151 박영흠, 291쪽. 한동수, 230쪽, 294쪽.

152 권석천의 시시각각 | 검찰청의 편집자들, 중앙일보, 2019.10.22.

153 박영흠, 277쪽.

154 박영흠, 282쪽.

155 언론을 통한 피의 사실 공표, 한국일보, 2023.2.7.

156 박영흠, 285쪽.

157 박영흠, 277쪽.

158 박영흠, 296쪽.

159 박영흠, 296쪽.

160 박영흠, 297쪽.

161 마빈 해리스, 박종렬 옮김, 《문화의 수수께끼》, 한길사, 2017, 310쪽.

162 ‘위안부'의 진실 … 숨겨진 문을 열었다, 내일신문, 2017.8.24.

163 우리가 잊어버린 최초의 위안부 증언자… 그 이름, 배봉기, 한겨레, 2015.8.7.

164 김학순 할머니 위안부 피해 증언 30년… "일본이 날뛰는데 뭘 망설이냐!", 경향
신문, 2021.8.12.

마녀는 어떻게 만들어지는가

검찰과 언론, 혐오와 낙인의 카르텔

초판 1쇄 2025년 6월 12일 발행

지은이 송요훈 이도경 전지윤
펴낸이 김현종
총괄이사 배소라 **출판본부장** 안형태
편집 최세정 진용주 김수진
디자인 조주희 김연주 **마케팅** 김예리 김인영
미디어·경영지원본부 신혜선 백범선 박윤수 이주리 문상철 신잉걸

펴낸곳 (주)메디치미디어
출판등록 2008년 8월 20일 제300-2008-76호
주소 서울특별시 중구 중림로7길 4
전화 02-735-3308 **팩스** 02-735-3309
이메일 medici@medicimedia.co.kr **홈페이지** www.medicimedia.co.kr
페이스북 medicimedia **인스타그램** @medicimedia
유튜브 medici_media

ⓒ 송요훈, 이도경, 전지윤, 2025
ISBN 979-11-5706-440-3 (03300)